陕西省宏观经济研究院年度报告项目
陕西省宏观经济软科学研究基地项目
教育部人文社科重点研究基地——中国西部经济发展研究中心项目
陕西省哲学社会科学重点研究基地——陕西省宏观经济与经济增长质量协同创新中心项目
西北大学“双一流”建设项目

2020 SHAANXI
MACRO-ECONOMIC
DEVELOPMENT REPORT

SHAANXI'S MACRO-ECONOMY GOING INTO
THE "14TH FIVE YEAR PLAN"

2020 陕西宏观经济发展报告

面向“十四五”时期的陕西宏观经济

任保平　吴振磊◎等著

中国经济出版社
CHINA ECONOMIC PUBLISHING HOUSE
北京

图书在版编目（CIP）数据

陕西宏观经济发展报告.2020：面向“十四五”时期的陕西宏观经济／任保平等著.--北京：中国经济出版社，2020.9

ISBN 978-7-5136-6150-8

Ⅰ.①陕… Ⅱ.①任… Ⅲ.①区域经济-宏观经济分析-研究报告-陕西-2020 Ⅳ.①F127.41

中国版本图书馆 CIP 数据核字（2020）第 071083 号

责任编辑 闫明明
责任印制 巢新强
封面设计 华子设计

出版发行 中国经济出版社
印 刷 者 北京九州迅驰传媒文化有限公司
经 销 者 各地新华书店
开　　本 710mm×1000mm 1/16
印　　张 18.75
字　　数 259 千字
版　　次 2020 年 9 月第 1 版
印　　次 2020 年 9 月第 1 次
定　　价 88.00 元
广告经营许可证 京西工商广字第 8179 号

中国经济出版社 **网址** www.economyph.com **社址** 北京市东城区安定门外大街 58 号 **邮编** 100011

编委会

马朝琦　西北大学社会科学科研管理处处长

汪　涛　西北大学发展规划与学科建设处处长

李丰庆　西北大学社会科学科研管理处副处长

师　博　西北大学经济管理学院副院长

李　辉　西北大学经济管理学院副院长

茹少峰　西北大学经济管理学院数理经济学系主任

郭　晗　西北大学教务处副处长

序　言

积极谋划“十四五”
开启陕西奋力追赶超越的新时代

2015年2月13—16日，习近平总书记回陕视察工作。视察期间，习近平总书记从“四个全面”战略布局的高度，深刻阐述了关系陕西现代化建设全局和长远发展的一系列重大问题，作出了陕西正处在追赶超越阶段的重要论断，这是对陕西发展的科学定位和殷切期望。同时，提出了扎实推进经济持续健康发展、扎实推进农业现代化建设、扎实加强文化建设、扎实做好保障和改善民生工作、扎实落实全面从严治党的“五个扎实”要求。2020年是“十三五”收官和“十四五”开局之年，更加需要把“追赶超越”与“五个扎实”相结合，积极谋划“十四五”，开启陕西高质量发展的新时代。

一、奋力追赶超越和“五个扎实”推动陕西发展进入新阶段

五年多来，全省上下奋力追赶超越、积极落实“五个扎实”，并且积极推进“五新战略”，使陕西经济社会发展进入了新的时代。

一是经济发展实现跨越，进入新的发展阶段。2019年，全省实现生产总值25793.17亿元，比上年增长6.0%。其中，第一产业增

加值为1990.93亿元，增长4.4%；第二产业增加值为11980.75亿元，增长5.7%；第三产业增加值为11821.49亿元，增长6.5%。全部迈上新台阶，进入新的发展方阵，成为中等收入省份。全省追赶超越的步伐明显加快，经济社会发展进入新时代。

二是供给侧结构性改革顺利推进。五年来，全省下力气推进去产能、去库存、去杠杆、降成本、补短板，加快实施农业供给侧结构性改革，使供给体系质量进一步提升。煤炭去产能、化解钢铁过剩产能、商品房去库存都取得积极进展。农村集体产权制度改革加快推进，“三变”改革示范村逐步扩大。结构调整持续深入，以采掘为主的能源型经济结构正在向能源精深加工、非能产业多元支撑转型，优质增量规模化递增，存量效益不断提高。科技创新成果居全国前列，大型运输机、新能源汽车、闪存芯片、高端液晶面板等成为“陕西智造”新名片，全省经济正在步入高质量发展轨道。

三是培育发展新动能的步伐不断加快。五年来，全省深入实施创新驱动发展战略，扎实推进创新型省份建设，大力促进军民融合、部省融合、央地融合，加快建设各类创新平台，使创新供给能力进一步提高。实施民营企业创新发展工程和民营经济转型示范工程，全力推动“大众创业、万众创新”。在继续推进陕北转型持续发展和陕南绿色循环发展的同时，全面启动关中协同创新发展，全省呈现三大区域协调共进、大中小城市协调发展的良好局面。

四是生态环境与民生建设持续推进。五年来，全省在追赶超越中，把生态环境建设和民生建设作为重点，取得积极效果。坚持科学治霾，全省特别是关中地区空气质量明显好转。持之以恒地落实各项民生政策，把脱贫攻坚作为头等大事和第一民生工程，深入实施产业脱贫、易地扶贫搬迁等八大工程，加大对深度贫困地区投入力度。推动社会保障扩面提标，企业退休人员基本养老金实现“十三连涨”，城乡居民医疗保险政府补助高于全国。

五是改革开放新高地建设不断推进。国企、国资等关键性改革，国有林场、盐业、电力、安全生产、价格等重点领域改革不断深入。“一带一路”五大中心建设步伐加快，西安至欧洲、美国的客运航线、中欧班列开通运营，丝博会、欧亚经济论坛、杨凌农高会、陕粤港澳合作周、首届世界西商大会等活动成果丰硕。

二、“十四五”要开启奋力追赶超越、陕西高质量发展新时代

党的十九大报告做出了我国处于中国特色社会主义新时代的重大判断，意味着中国经济开始进入全面现代化的新时代。同时，我国经济开始从高速增长阶段转向了高质量发展阶段，高质量发展成为未来中国经济发展的新指向。2019 年，全省实现生产总值 25793. 17 亿元，开始进入转型升级的新阶段和全面现代化建设的新时代。在进入“十四五”新的阶段后仍然需要继续奋力追赶超越，努力开启陕西高质量发展的新时代。

1. 加快构建富有陕西特色的现代化经济体系

党的十九大报告提出了建立现代化经济体系的新任务，在“十四五”新阶段的陕西追赶超越中，必须把建立富有陕西特色的现代化经济体系作为首要任务。要坚持把供给侧结构性改革作为建设现代化经济体系的战略举措，以振兴实体经济为着力点，推进“三去一降一补”，优化产业结构，加快新旧动能转换，不断提高供给体系质量；要把创新作为建设现代化经济体系的战略支撑，充分发挥陕西省科教、军工、产业等优势，大力推进创新型省份建设，加快建立以企业为主体、市场为导向、产学研深度融合的技术创新体系。

2. 大力推进“三大变革”，实现陕西经济高质量发展

经济高质量发展应该成为“十四五”时期陕西经济发展的目标导向。深入推进质量强省战略，加快推动重大科技创新、智能制造等工业高质量发展工程，努力扩大中高端供给；推动互联网、大数据、人工智能与实体经济深度融合，培育陕西追赶超越的新增长点。一是加快陕西追赶超越的质量变革，把提高供给体系质量作为主攻方向，深入推进质量强省战略，加快推动重大科技创新、智能制造等工业高质量发展工程，努力扩大中高端供给。二是加快陕西追赶超越的效率变革，围绕使市场在资源配置中起决定性作用和更好地发挥政府作用，健全陕西市场经济体系。降低陕西省实体经济的运行成本，不断提高劳动效率、资本效率、土地效率、资源效率、环境效率，不断提高陕西经济发展中的全要素生产率。三是加快陕西追赶超越的动力变革，统筹推动新型工业化、信息化、城镇化、农业现代化同步发展，形成新时代陕西经济发展的新动力结构。

3. 积极培育“十四五”陕西追赶超越新动能

培育新动能就是要给经济增长带来新的活力、新的动力、新的能量。“十四五”时期陕西追赶超越的关键在于新动能的培育。培育经济发展的新动能，“十四五”时期的路径在于：一是培育具有陕西特色的战略性新兴产业。以陕西省战略性新兴产业、资源主导型产业的骨干龙头企业为主导，以产业技术创新需求和转型升级为目标，围绕产业技术创新链组建产学研用联合、技术标准构建和应用推广的各类产业技术创新战略联盟。二是培育有竞争力的陕西创新型主体。努力培育创新型领军企业、创新型个人、创新型区域、创新型科研院所和高等院校、创新型国家平台、创新型政府等新的经济主体。特别要实施企业研发机构培育建设工程，支持打造一批集技术研发、人才集聚、成果转化为一体的综合性企业创新主体。三是完善新动能培育的协同创新机制。新动能培育需要政府、企业各方面的协同创新。协同创新是实现创新资源与生产要素有效聚合，促进科技与经济紧密结合，解决好创新驱动问题的根本举措。新动能培育重点是要发挥好企业主体、高校院所主力军作用和政府部门的协同引导作用。企业主体方面，要主动对接和依靠科学家、科技人员，加强与高校院所的紧密合作，更好地掌握和利用前沿技术。

4. 以全面深化改革构筑“十四五”陕西追赶超越新高地

新时代的陕西追赶超越要向创新要红利、向改革要红利。进入“十四五”新阶段，陕西进一步追赶超越的关键在于创新型经济发展，而让创新发挥作用的关键是改革。因此，构筑新高地的关键路径在于深化改革，需要在深化改革上实现追赶超越。一是深化经济体制改革的追赶超越。重点是加快国有企业改革，促进非公经济发展，造就具有活力的微观经济主体。围绕抓转变、调结构、促发展，不断提高企业经济运行的水平和质量。二是深化供给侧结构性改革的追赶超越。重点在于加速传统产业升级，提升新兴产业比重，在做好减法和除法的基础上，重点加强加法和乘法。积极发展新产业、新业态、新商业模式等，推动经济转型升级。三是深化科技体制改革的追赶超越。重点推进创新型省份建设，推进军民融合深度发展。把创新强省作为推动发展的新战略，紧紧抓住和用好新一轮科技革命与产业变革重大机遇，加快形成促进创新的体制机制。加速推进军民融合和战略性新兴产业发展，实现全省科技资源大统筹，在建立高效完备的军民融合服务体系等方面取得新突破。四是深化教育体制改革的追赶超越。重点解决陕西教育与经济发展的结合问题，实现教育强省和教育富民。以教育大省转向教育强省为改革目标，让科教资源转变为促进陕西追赶超越的先进生产力。五是深化对外开放体制改革的追赶超越。重点在于拓展海外发展新空间，培育开放竞争新优势。围绕“一带一路”建设的实施，抓住全球产业链布局新机遇，拓展“海外陕西”发展空间，深化对外经贸交流，积极参与国际产能合作，努力打造内陆改革开放新高地。做好陕西自贸区建设，加快培育外贸竞争新优势，拓展“陕货”境外市场，使自贸区成为带动陕西经济全面深度开放和国际化水平大幅提升的新平台。

《陕西宏观经济发展报告 2020》的主题是面向“十四五”时期的陕西经济，这是一个很好的选题，体现了西北大学积极服务陕西经济的理念和决心。受本报告负责人的委托，是以为序。

西北大学校长、教授、博士生导师

郭立宏

2020 年 2 月 4 日于西北大学长安校区

目　录

1 陕西“十四五”时期发展目标和内容的思考

“十四五”时期既是我国由全面建成小康社会向基本实现社会主义现代化迈进的关键时期，也是陕西省加快追赶超越的重要阶段，因此高质量编制“十四五”规划具有重要意义。需要提前谋划“十四五”规划的思路和内容。在编制理念上，要坚持习近平新时代中国特色社会主义思想的指导，坚持高质量发展的导向，突出陕西现代化新征程的全局性、战略性。

1.1 陕西“十四五”时期发展战略的研究

发展战略是一个国家为了达到一定时期的发展目标而制定的规划，是一个国家最高层次的战略。国家战略要立足于发挥各地优势，集中力量办大事。地方区域经济发展既要立足于本地特色，达到区域一定时期的经济发展目标，又要服从、服务于国家战略。陕西省在发展中始终与国家战略深入融合，如西部大开发、关中—天水经济区、国家级新区、新型城镇化、“一带一路”建设、科技资源统筹、创新发展示范等。陕西成为多重国家战略叠加之地，在国家战略中被赋予关键性角色。无论是创新驱动发展，还是转方式调结构的绿色发展；无论是“中国制造 2025”，还是云计算和大数据的深刻影响，都为陕西未来经济社会发展带来了新的挑战。

同时，2020 年既是建成小康社会的关键时期，又是陕西现代化建设开局的过渡时期；既是“十三五”任务完成的时期，又是“十四五”规划的准备期。因此，需要做好陕西未来发展战略的研究，研究世界经济发展的趋势，研究国家未来战略，研究陕西在国家未来战略中的地位以及陕西中长期的发展战略，做好陕西未来发展的顶层设计，提前布局和谋划陕西“十四五”发展规划。

一是进行陕西高质量发展的战略研究。把高质量发展作为“十四五”的目标。党的十九大报告指出，我国经济已由高速增长阶段转向高质量发展阶段，高质量发展是当前和今后一个时期发展的根本要求，高质量发展要实现三个转变，即质量转变、效率转变、动力转变。这样就需要把高质量发展作为“十四五”的一个主要目标。

二是继续把“追赶超越”和“五新战略”延续到“十四五”的目标中。奋力追赶超越、落实“五个扎实”是陕西未来发展的根本遵循，同时把“培育新动能、构筑新高地、激发新活力、共建新生活、彰显新形象”作为战略任务。

1.2 把“建立陕西现代化经济体系”作为陕西“十四五”规划的重要内容

党的十九大首次提出了建立现代化经济体系，并对建设现代化经济体系进行了全面部署。建设现代化经济体系是党中央从党和国家事业全局出发，着眼于实现“两个一百年”奋斗目标、顺应中国特色社会主义进入新时代的新要求作出的重大决策部署。建设现代化经济体系是紧扣新时代我国社会主要矛盾转化、落实中国特色社会主义经济建设布局的内在要求，是决胜全面建成小康社会、开启全面建设社会主义现代化国家新征程的基本途径，也是适应我国经济由高速增长阶段转向高质量发展阶段，转变经济发展方式、转换发展动能和全面均衡发展的迫切需要，因此意义深远而重大。构建具有陕西特色的现代化经济体系，必须进一步深化市场化改革，加快营造良好的创新创业环境。通过建设统一开放、竞争有序的市场体系，实现市场准入畅通、市场开放有序、市场竞争充分、市场秩序规范，加快形成企业自主经营公平竞争、要素自由流动平等交换的现代化市场体系。

增强经济发展动力，不断提升产业创新能力，激发创新发展活力，必须尽快建立以企业为主体、市场为导向、产学研深度融合的技术创新体系。强化企业创新主体地位，必须进一步强化科技创新体系建设，完善创新政策激励，优化创新生态。以构建创新创业生态圈为目标，积极培育创新主体，激活创新要素，营造创新环境。这就需要在“十四五”规划中对陕西建立现代化经济体系进行全面部署，全面启动陕西现代化经济体系建设的任务。

1.3 “十四五”时期乡村振兴战略的内容和措施

乡村振兴战略是习近平总书记在党的十九大报告中提出的战略。农业、农村、农民问题是关系国计民生的根本性问题，必须始终把解决好“三农”问题作为全党工作的重中之重，因此实施乡村振兴战略。2018 年 1 月 2 日，中共中央、国务院印发了 2018 年中央一号文件，即《中共中央、国务院关于实施乡村振兴战略的意见》。3 月 5 日，国务院总理李克强在做政府工作报告时指出，要大力实施乡村振兴战略。5 月 31 日，中共中央政治局召开会议，审议《国家乡村振兴战略规划（2018—2022 年）》。实施乡村振兴战略，是党的十九大作出的重大决策部署，是新时代“三农”工作的总抓手，是陕西践行“五个扎实”要求、加快追赶超越的重大历史任务，是落实“五新”战略任务、满足三秦人民美好生活期待的内在需要。因此，建议研究陕西省乡村振兴战略，并在“十四五”规划中积极推进乡村振兴战略，把乡村振兴战略与大力发展现代农业结合起来。深化农业供给侧结构性改革，加快构建现代农业产业体系、生产体系、经营体系，提高农业创新力、竞争力和全要素生产率。坚持农业农村优先发展，以完善农村产权制度和要素市场化配置为重点，推进体制机制创新，增强改革的系统性、整体性、协同性，激活主体、激活要素、激活市场，推动城乡融合发展。

1.4 把供给侧结构性改革作为陕西“十四五”规划的工作主线

党的十九大把供给侧结构性改革作为建立现代化经济体系的重要方面。2017 年 12 月召开的中央经济工作会议强调，扎实推进供给侧结构性改革，促进新动能持续快速成长，加快制造业优化升级，继续抓好“三去一降一补”，深化简政放权、放管结合、优化服务改革。中央经济工作会议把供给侧结构性改革作为未来经济发展的主线。这表明供给侧结构性改革不仅着眼于解决当前中国经济的结构性矛盾，更是着眼于中国经济的中长期发展。从短期目标来看，要确保完成 2015 年中央经济工作会议提出的“去产能、去库存”等主要任务，同时要着力实现“稳增长”和“降风险”。从中长期来看，供给侧结构性改革的基本目标还是加快转变经济发展方式，提高劳动生产率，提高全要素生产率，稳定经济潜在增长率。

如何通过深化供给侧结构性改革解决当前陕西经济发展中的深层次问题、如何提高陕西省供给体系的质量和效率，成为“十四五”时期经济社会发展的主线。供给侧结构性改革的重点在于开发结构性增长的潜力，调动企业活力，这些问题都必须在发展的过程中解决。“三去一降一补”等方面的问题需要在服从长期发展目标的改革中解决，用发展的办法去产能、去库存，同时又不能产生新的过剩产能和库存，补短板则更是要补发展的短板。因此，陕西省供给侧结构性改革的短期任务在于去产能、去库存、去杠杆、降成本、补短板，而长期的发展目标在于开发经济增长潜力，用改革推动发展，在发展中深化改革。坚持“加减乘除”并举，从而推进陕西省供给侧结构性改革的深化。

1.5 “十四五”时期强化创新型省份建设和创新型经济发展

党的十九大报告提出了加快建设创新型国家的任务。创新是引领发展的第一动力，是建设现代化经济体系的战略支撑。跻身创新型国家前列，是我国基本实现社会主义现代化的重要指标。现在，新一轮科技革命和产业革命加速推进，创新驱动成为许多国家谋求竞争优势的核心战略。如果我们不识变、不应变、不求变，就可能陷入战略被动，错失发展机遇，甚至错过整整一个时代。党的十九大作出加快建设创新型国家的战略部署，强调强化基础研究、加强应用研究、加强国家创新体系建设、深化科技体制改革、倡导创新文化、培养造就科技人才等，体现了把握发展自主权、提高核心竞争力的深远考量。

这些政策举措，为建设科技强国、质量强国、航天强国、网络强国、交通强国、数字中国、智慧社会提供了有力支撑。在陕西省“十四五”时期需要强化落实创新型省份建设的任务，发展创新型经济，努力促使陕西省的科教优势转换为经济优势。依托陕西的科技优势，推动产学研协同创新，为创新型经济提供基础。以科技创新带动产业化创新，为创新型经济提供载体。推动科技创业，建立有效的创新创业激励机制，构建创新创业的“互联网+”平台。

1.6 把自贸区建设作为“十四五”时期提升陕西开放水平的着力点

2017年4月，陕西作为第三批自贸区挂牌，对陕西省今后的经济发展意义重大，自贸区的建设可以在全球价值链体系中促进陕西产业的转型升级。自贸区的投融资便利化、利率市场化和人民币跨境使用改革，可以吸引国外高端生产要素，如技术、人力资本要素到本地投资于航空航天、商贸物流、文化旅游、能源金融四大产业，将四大产业纳入全球价值链体系，以促进这些产业的转型升级。给企业提供足够的广阔发展空间，促进商业模式重构、生产力释放、贸易市场机会增强，实现陕西经济在全球经济链中的新定位。因此自贸区建设可以提高陕西对外开放的层次。

陕西自贸区的设立能够高标准对接国际经贸规则，扩大对外开放的范围。同时，从投资管理、贸易便利化、金融、服务开放及事中事后监管等方面进行制度创新，消除了陕西“引进来”和“走出去”的各种壁垒，在更广领域、更大范围和更高层次上形成各具特色、各有侧重的开放开发格局，从而提高陕西对外开放的层次。自贸区将会促进陕西打造创新驱动的经济增长新模式。自贸区建设能够助力陕西打造内陆型改革开放新高地，培育创新驱动型经济增长模式。以开发“丝绸之路经济带”市场需求潜力为基础，依靠自由贸易试验区的投资和贸易便利化制度，大力吸引国际顶尖高新技术企业投资，形成高新产业集聚区，通过技术外溢带动陕西乃至西部地区的技术创新能力，打造创新驱动的陕西经济增长新模式。因此，应把自贸区建设作为“十四五”时期陕西提升开放水平的着力点。

1.7 利用《关中平原城市群发展规划》打造陕西“十四五”时期经济发展的新增长极

2018年2月2日，国家发展改革委、住房和城乡建设部印发了《关中平原城市群发展规划》的通知。通知指出培育发展关中平原城市群，发挥其承东启西、连接南北的区位优势，推动全国经济增长和市场空间由东向西、由南向北拓展，有利于引领和支撑西北地区开发开放，有利于推进西部大开发，有利于纵深推进“一带一路”建设。陕西、山西、甘肃省人民政府和国务院有关部门要认真贯彻落实《国务院关于关中平原城市群发展规划的批复》精神，提高认识、紧密合作、扎实推进，共同推动落实，努力把关中平原城市群建设成为具有国际影响力的国家级城市群、内陆改革开放新高地。关中平原城市群规划范围包括陕西省的西安、宝鸡、咸阳、铜川、渭南5个市，杨凌农业高新技术产业示范区及商洛市的商州区、洛南县、丹凤县、柞水县。因此，在“十四五”时期陕西经济发展中，要充分利用《关中平原城市群发展规划》，在把西安打造成改革开放新高地的同时，积极促进西安以外宝鸡、咸阳、铜川、渭南的进一步发展，打造陕西经济发展的多重开放门户和多重增长极，以拓宽陕西未来发展的空间。

2 陕西“十四五”时期经济发展新动能的培育

党的十九大报告指出，我国经济已由高速增长阶段转向高质量发展阶段，正处在转变发展方式、优化经济结构、转换增长动力的攻关期，建设现代化经济体系是跨越关口的迫切要求和我国发展的战略目标。站在这样一个新的历史起点，陕西省有正积极推动经济发展质量变革、效率变革、动力变革，不断谱写追赶超越新篇章。

2.1 陕西“十四五”时期经济发展新动能培育的内涵

陕西省作为“一带一路”建设的排头兵，在新动能培育的问题上展开了相应的战略部署。在省十三次党代会中提出了奋力追赶超越的目标和“五新”战略任务，其中陕西经济发展的新动能培育正是重中之重。新动能的培育与增强是陕西省制造业能否迈向中高端的关键因素，而若想在新常态下培育经济发展的新动能，关键是要适应世界新产业革命的趋势，培育和壮大战略性新兴产业。因此，新动能培育的核心是战略性新兴产业的发展。战略性新兴产业的发展包括两个方面：一是反映新工业革命标志的高端产业，如智能制造、机器人、新能源、新材料、环保产业、生物技术等。二是体现新科技革命的互联网经济和数字经济。培育新产业的动力在于创新驱动，在于科技创新和产业创新。这方面陕西有两大优势：一方面，科教资源丰富，人力资本丰富；另一方面，拥有数量众多的军工企业，具有军民融合的基础。

此外，培育陕西经济发展新动能的动力在于创新，创新本身就是新动能，它既是追赶超越的根本引擎，也是培育新动能的动力所在。只有通过创新驱动发展，破除体制机制障碍，才能最大限度地解放和激发科技蕴藏的巨大潜能。习近平总书记曾指出：“当前，世界经济复苏艰难曲折，中国经济也面临着一定的下行压力。解决这些问题，关键在于坚持创新驱动发展，开拓发展新境界。”创新已经成为全社会的共识，党的十九大报告把“加快建设创新型国家”纳入“建设现代化经济体系”的组成部分，并强调“创新是建设现代化经济体系的战略支撑”。因此因循发展创新型经济路径是陕西省实施追赶超越战略的基本出路，未来我们要长期坚持以创新支撑陕西省现代化经济体系。它是战略支撑，既不是战役支撑，也不是战术支撑；它是要长期地、一以贯之地以创新支撑陕西省现代化经济体系，而现代化经济体系实际上就是陕西省经济发展必须迈过的关口和下一步的战略目标。所以陕西要以产业创新为抓手，以制度创新为保障，坚定走创新型经济发展的路子，这是陕西在追赶超越战略中实现新动能培育的内在要求和现实要求。

当前，陕西省新技术、新产业、新业态在各个领域均发展较好，成为培育壮大产业发展新动能的重要力量，有效地支撑了制造业持续稳固的发展。代表工业发展新方向、技术附加值高、符合消费升级方向的产品生产形势良好。但是，陕西省的产业发展中仍存在一些不可忽视的问题。目前，陕西省面临主导产业持续“空挡”，传统优势产业支撑力逐步减弱的突出矛盾，整体产业竞争力不强、创新型企业较少、战略性新兴产业发展相对缓慢，转型升级的任务依然很重。

传统产业占比大、经济增长质量不高是当前陕西省经济的突出特征。同时，在腾讯研究院发布的“互联网+指数”中陕西省处于全国中游。此外，陕西省经济外向度不高，外贸依存度排名较落后，对外贸易发展形势较为严峻。与此同时，提高人民群众的生活水平也需要加速培育发展新动能。以上这些问题都让我们意识到陕西省“十四五”经济发展的新动能培育及新旧动能转化迫在眉睫。

2.2 陕西“十四五”时期经济发展新动能培育的目标与路径

2.2.1 陕西“十四五”时期经济发展新动能培育的目标

(1) 近期目标

到 2020 年，陕西经济发展实现同步够格全面建成小康社会，科技创新成为经济发展中的重要驱动力，供给侧结构性改革取得重要成效，创新创业活力全面激发，科技和经济服务体系实现协同优化，在新一代信息技术、高端装备制造、新材料、生物技术、新能源、节能环保、新能源汽车产业上实现突破发展，形成经济社会发展新引擎，推进科技战略性新兴产业的技术水平和规模居全国前列，建成全国战略性新兴产业重要的制造中心和科技创新中心。

在创新型省份建设方面，到 2020 年，陕西省创新能力大幅提升，成功引进和培养一批战略性新兴产业领军人才与高水平团队，建设一批国家级、省级工程研究中心（实验室）和企业技术中心，建成一批创新创业示范基地、众创空间和公共服务平台，形成较为完善的自主创新体系，产业创新能力跻身全国前列。

在新兴产业发展方面，到 2020 年，陕西省战略性新兴产业增加值突破 4500 亿元，占 GDP 比重达到 15%，带动关联产业规模超万亿元。战略性新兴产业成为带动高质量就业，实现产业转型升级、绿色发展的重要支撑和拉动新消费热点的重要源头。在若干重点领域形成先发优势，攻克一批具有自主知识产权的关键技术，形成一批具有全球影响力的行业排头兵企业，培育一批具有全国领先水平和发展主导力的创新型骨干企业，促进产业向航空、航天、软件、新材料等高技术产业基地、园区聚集，打造集成电路、智能终端、高端装备制造等一批产业链较完整、配套体系较完善、产值超千亿元的新兴产业集群。

(2) 中期目标

到 2030 年，陕西经济发展初步实现现代化目标，科技创新成为经济发展的第一驱动力，在人工智能、增材制造、云计算等前沿产业领域，处于全国领先水平，科技进步贡献率大幅提升。

在创新型省份建设方面，建立完善的产学研协同创新体系，并建立完善的体制机制，以保障其有效运行。科技创新和产业创新能力在全国处于领先水平。

在新兴产业发展层面，到2030年，陕西省战略性新兴产业增加值突破1.5万亿元，占GDP总量超过25%，带动关联产业超过3万亿元。战略性新兴产业实现高质量发展，使若干个产业领域在国际上形成知名品牌企业，并具备国际竞争优势。同时，生产性服务业和高端消费服务业得到长足发展，形成对经济发展的重要支撑。

2.2.2 陕西“十四五”时期经济发展新动能培育的路径

根据陕西省经济发展的现实状况，一方面，传统的增长结构和动力进入了深刻的调整期，而新的增长结构和动力正在加速酝酿。但由于其体量还不够大，持续快速增长的格局还未最终确立。一些行业正在进行深入、持续地调整，而另一些行业则如初升的太阳，生机勃勃。经济运行的复杂多变，给陕西省准确把握经济总体态势增加了难度。如果仅从经济增速入手，容易得到悲观的看法。当传统动能由强变弱时，需要新动能异军突起和传统动能转型，从而形成新的“双引擎”，推动陕西省经济跃上新台阶。因此在今后的发展中，我们应通过结构优化升级和培育新的增长点，实现高质量、高效益的持续平稳增长。另一方面，在新旧动能转换中，虽然陕西省传统经济领域存在下行压力，但总体经济调整是温和可控的，因而我们应化急调为慢调，努力实现“软着陆”。具体而言，就是把握重点精准用力，吸收借鉴上述国内外新旧动能转换的先进经验，取长补短，抓住经济结构性矛盾凸显带来的“倒逼式”转型时机，全面实施“五新”战略，在变中求进，从而在迈向西部强省的新征途上迈出坚实的步伐。

（1）加快产业链条延伸，实现产业有序接续

如果将“新动能”对应“新经济”，那么“旧动能”应该对应传统产业和传统经济模式，既包括“两高一剩”产业，也包括对经济增长支撑作用下降的对外贸易。对于这些“旧动能”，我们要加快产业链条延伸，实现产业有序接续，从而转换为“新动能”。

若想实现工业经济加快转型升级、达到追赶超越，培育打造产业链既是其必由之路，也是实现陕西省新旧动能转换的关键所在。新时期的产业竞争就是产业链的竞争，当前陕西省的一批产业链正在形成。在当下只有将新经济与传统产业不断加速融合，推动产业链、供应链与价值链重塑，才能为新旧动能接续转换注入强劲动力。首先，陕西省应强化轿车产业链条，吸引其配套企业来陕发展，打造新能源汽车整车集成、动力电池、驱动电机等核心产品。同时加强电子信息产业链建设，积极发展芯片设计、封装、测试及下游大数据软硬件装备产业链，重点培育大数据存储装备及配套产业、大数据平台服务和分析产业、智慧建筑应用配套信息技术产业，大力发展特种光纤光缆、超大尺寸光纤预制棒及配套材料、大尺寸蓝宝石晶体衬底、氮化铝功能复合陶瓷基板和光电器件等光通信产品，延伸发展集成电路专用电子化学品及电子浆料制备等关键配套材料。其次，建立智能终端产业链，一方面发展上游机壳、面板等领域配套产业，另一方面继续引进知名手机整机企业，扩大产业规模。此外，支线飞机、钛材料、煤制烯烃、机器人、3D 打印等一批产业链也应加快发展，从而为陕西工业实现追赶超越奠定坚实基础。总而言之，我们应推进产业链“协同创新、智能提升、服务支撑、品牌打造、绿色改造、全球合作”，努力走出一条符合陕西省实际、体现跨越赶超的发展道路。通过整合资源拓宽陕西省产业发展的深度与广度，实现产业有序接续，保持陕西省经济的持续发展。

（2）提升传统产业，培育新兴产业

近年来，陕西省经济发展虽然保持了平稳较快增长，但经济总量与发达省份之间仍存在较大差距，这既是发展环境所致，也与产业结构不合理、发展动力单一密切相关。因此，强化产业抓手是陕西省本轮新旧动能转换的主要着力点。提升传统产业、培育新兴产业的任务任重而道远。我们要从过度依赖资源、劳动力转向依靠科技进步，提高全要素生产率对经济增长的贡献率，提高经济增长的质量与效益。

首先，对于落后产能要坚决淘汰，为优势产能留出空间。工业化的调整升级正处在一个关键时期，当前工作的重点应痛下决心，釜底抽薪，淘汰过剩的产能。对于家电、纺织、地方炼化、轮胎、农机、造纸、家具、建筑、陶瓷等传统产业，要加快智能概念和智能技术应用，创新经营模式，推动传统产业向智慧服务、智能制造拓展，以激发传统产业的新活力。通过相应的税收、会计、折旧等政策，鼓励企业生产新的产品。依靠企业、政府、金融、科技的共同努力，对传统产业进行技术改造和转型升级。其次，推动新型产业加快崛起也是实现新旧动能转换的关键。对于陕鼓动力、中国西电、宝石机械、比亚迪等陕西省大批龙头企业，应通过产品智能化、生产智能化、装备智能化、管理智能化、服务智能化，推动其从“制造”迈向“智造”。此外，还应布局以科技和信息化为核心的新兴工业，从而提振“陕西智造”的信心和软实力。

（3）发挥企业家精神，培育创新主体

新旧动能的转换必须培育并保护创新者和企业家，通过培育创新者带来新的技术与思想，有助于推动经济向低代价增长迈进。我们必须创新人才培养引进政策和激励机制，为科研人员创造安心钻研、潜心创新的良好条件，让各类人才的创造活力竞相迸发、聪明才智充分涌流，把广大科研人员凝聚到陕西省的经济发展建设中。新旧动能的转换正是要通过这些科技创新项目与人才的结合，打造出人才 + 技术 + 资本 + 服务“四位一体”的科技成果产业化模式。

同时，全面深化改革需要激发市场蕴藏的活力，而市场的活力来自人，特别是来自企业家与企业家精神，企业家是经济增长过程中最稀缺也是最重要的要素。2017 年 10 月 18 日，习近平总书记在党的十九大报告中指出，要“激发和保护企业家精神，鼓励更多社会主体投身创新创业，建设知识型、技能型、创新型劳动者大军，弘扬劳模精神和工匠精神”。由此足以见得，激发和保护企业家精神在新旧动能转换中的重要意义。陕西省已经开始重视企业家在经济发展中的重要作用，为此我们要加快打造一批勇于开拓创新的优秀企业家队伍，激励企业家奋发有为、砥砺前行，引领和激发制造业创新发展的活力。政府应以企业家精神为指导，实施政府职能系统再造工程，推动行政管理体制改革，不断深化“放管服”改革，加快发展混合所有制经济，坚定不移地支持非公有制经济发展，构建“亲”“清”政商关系，厚植企业家成长和发展的基础。此外，今后还应进一步保护企业家的产权、创新收益和其他合法权益，营造依法保护企业家合法权益的法制环境，建立社会容错和企业家自我纠错“双轨制”。

（4）把握趋势释放信息化能量

当前，孕育兴起的新一轮科技革命和产业变革，正在加速重构全球分工体系和竞争格局。习近平总书记曾强调，世界经济加速向以网络信息技术产业为重要内容的经济活动转变。因此，陕西省在新旧动能转换中要把握这一趋势，以信息化培育新动能，用新动能推动新发展。

首先，我们要发展数字化、网络化、智能化的制造新模式。加快信息技术与制造业的融合，积极培育推广制造的模式。其次，应打造适应互联网时代的企业新型能力。经济发展新旧动能的转换最终要落实到企业新旧能力的更替。而培育企业的新型能力是推动信息化和工业化深度融合的出发点和落脚点。在应对新一轮产业变革的竞争中，陕西省企业应把智能装备、工业软件设计、管理变革、流程优化等转化为自身的新型能力。再次，我们要夯实制造业与互联网融合发展的“新四基”。支持核心基础零部件（元器件）、先进基础工艺、关键基础材料和产业技术基础的应用与发展，以解决制约制造业转型升级的“卡脖子”问题。对于制造业与互联网融合发展而言，还要解决数据采集、传输、处理、应用等关键技术自主可控程度低、研发应用水平不高等问题。最后，还要构建基于互联网的开放式大企业创新创业平台，从而形成大中小企业联合创新创业新局面。只有这样才能释放信息化能量，促进陕西省新旧动能转换目标的实现。

2.3 陕西“十四五”时期经济发展新动能培育的对策

2.3.1 发展创新型经济，培育“十四五”经济发展新动能

创新型经济是以知识和人才作为依托，以创新为主要的驱动力，以发展拥有自主知识产权的新技术和新产品为着力点，以创新产业作为标志的经济。创新型经济的发展能够促进新产业的成长。陕西科教资源丰富，但成果转化并批量生产，进而形成产业规模的比例还较低，虽然专利技术数量具有优势，但专利实施率还有待提高，科技进步和高新技术对经济增长的贡献率有待进一步提升。因此在培育新动能的过程中，要加快创新型经济的发展。目前，陕西省经济正处于转型升级的关键时期，落实追赶超越面临的严峻挑战是尽快形成新的增长动能以取代传统增长动能，而新动能的形成依赖于发展创新型经济。依据陕西省发展创新型经济的条件和制约因素，从创新平台、创新产业、创新人才和创新环境等层面出发，提出如下具体的对策建议。

（1）依托陕西的科技优势，推动产学研协同创新，为创新型经济提供基础

培育经济发展新动能，发展创新型经济，要强调以科技创新和产业创新相结合，知识创新主体和技术创新主体的合作创新，实现经济增长从物质向创新的根本动力转变。要依靠创新发展，形成完整的创新链。创新链是指“知识创新—孵化高新技术—采用高新技术”的链条，其中大学和科学院是知识创新的主体，提供原始创新的成果，各种类型的孵化器（科技园）将知识创新的成果孵化为高新技术，企业作为技术创新的主体将高新技术转化为现实的产品、现实的生产力。通过完整的创新链，解决了知识创新和技术创新的对接问题，从而具备了强大的科技创新能力。进一步通过将科技创新成果产业化，就能够实现科技创新与产业创新的对接，进而实现科技发展与经济发展的协同。因此，要推动省内高校研究机构与企业共建创新平台和新技术孵化器，推动产学研协同创新，从而处理好知识创

新与技术创新的关系，提高科技创新能力。解决长期以来以大学和研究机构为主体的知识创新体系和以企业为主体的技术创新体系之间存在的“两张皮”问题，改变过去以传统的技术转移方式，推动大学和企业共同进入高新技术孵化领域，实现科学价值和商业价值的结合。以支持西安交大科技创新港建设为例，要在重点领域尽快实现突破，围绕陕西省结构调整建设高校一流学科，聚焦国家战略性新兴产业，形成一批新的增长点。

（2）以科技创新带动产业化创新，为创新型经济提供载体

创新型经济的建设，关键是形成创新型产业。因此，要处理好科技创新与产业创新的关系，对不同类型的产业采取不同的创新方式，提高科技成果转化能力。作为创新驱动的主动力，科技创新要实，要实在产业化创新上。由此形成新的增长点，既包括前瞻性培育战略性新兴产业，又包括高科技产业化，还包括传统产业的技术产业改造。因此，具体来说，在航空航天、生物制药、无人机、3D打印等需要突破型创新的领域，实施知识创新带动型产业化创新，更偏重于大学及科学家的作用。而在能源化工、电子信息等需要渐进型创新的领域，实施技术创新带动型产业化创新，更偏重于企业自身创新的作用。同时，对服装、食品、家具等传统行业，实施采取新技术型产业化创新，特别要重视“互联网+”对传统产业的提升作用。在每类不同的产业中，都要积极引导科技创新资源向主导产业和骨干企业集聚，形成新的增长动力源泉。

（3）推动科技创业，建立有效的创新创业激励机制，构建创新创业的“互联网+”平台

要处理好科技创新与科技创业的关系，借科技创业实现科技创新，将科技创新转化为增长动力。首先，积极鼓励和培育创业创新精神。大力培育浓郁的创新文化氛围，克服和消除妨碍创业创新的传统观念和模糊认识，不仅要摒弃“求稳少险”“国有依附”的落后观念，同时还要发扬“大胆创新”“理性创业”的创业精神。其次，建立创新创业风险共担机制和创新创业利益共享机制。利用风险分担机制吸引风险投资，利用利益分担机制实现各类创新创业人才的价值共享，通过这两个方面形成有效的创业激励。最后，建立创新创业的“互联网 +”平台，提供众创的无限平台，帮助企业稳步扩大成果转化引导资金规模，加大与国家初创引导基金的战略合作。通过大数据和云计算降低市场与技术的门槛，既能够提供信息，也能够借助平台提供融资、研发、制造在内的创新团队，还能够借助平台解决新产品的市场问题，从而降低创新创业的风险。

(4) 大力引进和培养高端创新创业人才，为构建全面创新体系奠定坚实的人力资本基础

在高端创新创业人才引进方面，要加大投入力度。要把人才作为科技创新的最关键一环，加强人才引进，积极打破系统、地域等界限，整合各类人才资源，拓展人才发展平台。在传统的发展过程中，强调低劳动力和土地成本作为比较优势。这种低成本比较优势在贸易领域是有效的，但在创新型经济中就不适用了。低价位的薪酬只能吸引低素质劳动力，只有高价位的薪酬才能吸引到高端人才。因此，要加大投入力度，要把人才作为科技创新的最关键一环，加强人才引进，积极打破系统、地域等界限，整合各类人才资源，拓展人才发展平台。此外，在创新人才的培育方面，要实现从单一到多元的转变。以往对于创新人才的认识往往停留在研发人员，而创新体系的形成要求技术创新、战略创新、管理创新和文化创新发挥协同作用。全面有效的创新体系，既需要研究开发人才和科学家，也需要高素质的一线生产者和管理者。因此，在创新人才培育方面，要优化教育结构，改进教育模式，培育创新体系各方面需要的多层次创新人才，充分调动各种创新人才的积极性，形成尊重人才、用好人才的制度和机制保障，为构建全面创新体系构筑坚实的人力资本基础。最后，要为创新创业人才提供宜居、宜研、宜产业化的环境。为创新创业人才提供相应的生活保障，提供体制机制和政策上的便利，解决高端创新创业人才来陕西发展的后顾之忧，最大限度地激发广大科技人才的创新动力和创业激情。

(5) 借鉴先进经济体的实践经验，支持企业科技创新

一是支持陕西省企业建立研发准备金制度，对其按规定支出、符合加计扣除政策，且属于国家重点支持的高新技术领域的研发项目，按研究开发实际投入予以一定比例或限额的事后支持。二是在陕西省设立科技创新银行、科技创业证券公司等新型金融机构，为创新型企业提供专业化金融服务；利用上交所和深交所创业板设立的单独层次，支持尚未盈利的互联网和高新技术企业上市融资；开展股权众筹融资试点，支持科技型企业向境内外合格投资者筹集资金。三是设立军民融合创新研究院，推进陕西省军民两用高端技术研发与科技成果转化；投资引导基金参与设立一定规模的军民融合产业基金，参与发起国家军民融合产业发展基金，搭建军民融合项目投融资平台。四是鼓励海外高层次人才创新创业团队发起设立专业性、公益性、开放性的新型研发机构，并予以经费支持。积极开展支持企业通过融资租赁方式加快设备更新和技术改造专项行动，安排专项财政资金，对中小企业、科技型企业和科研院所通过融资租赁购置的先进研发生产设备，经认定后给予补贴，支持企业开展技术装备改造。

2.3.2 实施科教驱动战略，培育陕西“十四五”时期新动能

新动能的培育壮大，一方面以有正向激励的新制度为依托，另一方面更在于经济中新要素的培育，尤其是创新驱动所必需的技术、人才、信息、知识等高级要素，才能从根本上形成持续不断的动力之源。而培育经济新要素的一大重要途径源于科技教育，政府的科技支持可以提升地区的知识创新和技术创新能力，教育支持能够提高地区劳动力的素质，促进人力资本积累，从而长期影响全社会的技术进步和人力资本水平，带来经济增长动力的根本变革。陕西科教资源丰富，有 100 多所高等院校、1000 多所科研机构，62 位两院院士、160 多万名科技人员，61 家国家级重点实验室、工程中心和企业技术中心，7 个国家级高新区，科教优势集聚。如何把科教优势转化为发展优势，如何立足科教资源实现新动能培育、完成新旧动能转换，是新时代陕西实现追赶超越、落实“五新战略”的关键所在。新时代陕西省在科教驱动战略方面的具体建议如下。

(1) 建立陕西科技、教育和经济的一体化机制，推进科教驱动引领新动能

立足未来世界和国内经济、科技发展的新趋势，以市场为导向，产业化为目标，企业为主体，人才为核心，公共研发体系为平台，形成辐射陕西周边、拓展海内外的科教兴陕新机制。一是加快省内产学研创新试点建设，全面提升陕西高新技术的自主创新力。全力支持创新试点的示范建设，支持西安试验区、自创区、西咸双创示范基地、杨凌示范区等创新试点的建设，大力推进省市企业科技部门与省内高校、科研院所建立合作机制。二是完善人才培养，搭建科教引领经济的发展新平台。全面支持高校创新创业课程建设，积极邀请科技专家、知名学者、企业精英、创业先锋举办双创讲堂，培养学生双创意识和激发学生双创热情，为陕西新动能培育和“五个扎实”提供人才支撑。三是积极探索有效科教驱动模式。一方面要从科教支持走向众创推动，培育科创小镇打造交大西部创新港、西工大翱翔小镇等，助推高校科技成果转化；另一方面要以科教支持加速省内科技创新体系建设，营造良好的创新驱动环境。

(2) 深化教育与科技体制改革，为科教驱动扫除障碍

不断进行体制创新，消除制约科技进步、科技与经济相结合的体制障碍，使陕西科教资源优势的巨大能量得到空前释放，形成新时代追赶超越的智慧引擎。一是以产权制度改革为突破口，推动已完成企业化转制的开发类科研机构建立现代企业制度，引导、保障和促进中央在陕科研机构的体制改革与创新。形成以企业为主体，科研机构、高等院校、中介服务机构和政府机构互相联动的创新网络及运行机制，实现陕西在追赶超越新阶段教育和科技体制改革的新突破。二是完善财政科技资金投入体系，坚持科教强省、人才兴省和创新驱动发展战略。把科技教育投入作为战略性投入予以重点保障，强化政策支撑，着力支持人才优先发展。支持实施“三秦学者”，吸引海外高层次科技人才来陕工作、团队建设等。三是完善高校人才和外省科技人才的留陕机制，从激励机制、人才政策、户籍改革等多方面兼顾省内人才的培育和省外人才的吸引。

（3）提高科教对经济发展的贡献率，塑造陕西发展新引擎

在继续保持现有的知识和科技力量优势的基础上，进一步将这种优势快速转化为新经济优势，促进陕西科教优势向经济优势和竞争优势转化，解决陕西在新时代经济发展中科技教育优势与经济发展滞后的矛盾，促进科技进步，充分利用高科技和信息化、知识化、网络化促进陕西新旧动能的顺利转化。一是大力推动高等院校、科研院所与企业的合作，鼓励有条件的高等院校建立科技园区，积极发展高新技术产业，不断提高对全省经济增长的贡献率，使陕西高校成为既出人才又出成果，既能进行知识创新又能为经济发展服务的重要基地。二是完善科技教育和经济结合的配套设施。对于产学研合作的重大项目实行扶持政策，并保证投融资渠道畅通，实行税收减免政策，保证产学研合作健康发展。建立高校和科研机构向企业转让、拍卖科研成果，企业向高校和科研机构进行项目招标的双向交易的市场运行机制。对一些重大项目的科研开发和成果转让进行必要试点，通过示范发现问题、组织配合、搞好演练、取得经验，为陕西“高等院校与科研机构的合作”“高等院校与企业、地方经济的合作”创造条件。

（4）建立和完善科技创新体系

一是建立和完善科学研究体系。积极支持高等院校和科研机构瞄准基础性、前瞻性和战略性的重点应用研究和高技术研究目标，抢占科技“制高点”，为科技创新和高新技术产业发展提供重大技术成果与高技术人才储备和支持。二是建立和完善技术开发体系。围绕陕西省重点发展的产业和产品结构调整，以增强产业技术竞争力和企业技术创新能力为目标，以关中高新技术产业带，尤其是国家高新技术产业开发区为重点，完善科技创业服务中心、生产力促进中心、企业孵化器等的服务功能，建设开放共享的科技创新服务平台。三是建立和完善科技创新创业服务体系。鼓励、引导和扶持各类科技中介服务机构发展，形成以中介组织为主体的科技中介服务体系，加快技术产权交易、科技成果评估、科技信息咨询等专业服务水平高、机制灵活、行为规范的科技中介机构的改革和发展，为科技中介服务奠定坚实的基础。

(5) 促进科教与经济相结合

一是推动高校、科研院所与企业的新联合。高校以技术入股、“产学研”结合、“科工贸”一体等多种形式与企业联合，组建依靠科研成果转化形成新产品的科技型企业，聚合高校的人才、科技优势和企业资金、设备优势、市场优势，加速科研成果转化为现实生产力的进程。二是发展科教经济一体化的产、学、研联合体。联合金融机构、公众机构、高等院校、科研院所和企业等多种力量，组建新技术风险投资基金，或直接创办新技术产业化上市公司，共同实现技术资本、产业资本和人才资本的优化组合，培育地区新动能增长点。三是形成高校、科研机构与企业合作的新方式。在合作形式与内容上从单纯的教学实习、合作教育向人才培养、研究开发、生产经营的全方位合作转变；在合作范围与合作对象上，由高等院校或科研院所与企业“一对一”式的合作向高等院校、科研院所和企业群体式合作转变；在合作层次与类型上，由一次性技术转让、技术咨询向技术入股、技术承包、联营科技企业和合办研究开发与人才培训机构等转变。

2.3.3 培育具有陕西特色的新兴产业的“十四五”时期新动能

2010 年 9 月 8 日，国务院召开常务会议，审议并通过了《国务院关于加快培育和发展战略性新兴产业的决定》，确定了战略性新兴产业的范围。战略性新兴产业囊括新一代信息技术、节能环保、生物、高端装备、新材料、新能源、新能源汽车七大产业。该决定指出，到 2020 年，战略性新兴产业增加值占国内生产总值的比重力争达到 15% 左右，节能环保、新一代信息技术、生物、高端装备制造产业成为国民经济的支柱产业，新能源、新材料、新能源汽车产业成为国民经济的先导产业。在这一大背景下，陕西省既要推进传统优势产业转型升级，又要乘着信息化、新技术的春风，努力培育战略性新兴产业。基于此，现提出以下建议。

(1) 要紧跟新科技革命轨迹

未来的科技革命将会以绿色、智能和可持续为特征，因此陕西省在培育战略性新兴产业时，要沿着即将到来的新科技革命的轨迹，选择那些具有广阔市场前景、能源资源消耗低、带动系数大、就业机会多、综合效益好的产业领域，进行重点培育和拓展。陕西省应以产业技术创新需求和转型升级为目标，围绕产业技术创新链，组建产学研用联合、技术标准构建和应用推广的各类产业技术创新战略联盟。同时应实施“互联网＋”带动战略，发展分享经济，培育壮大基于互联网的新业态，提升产业创新力和竞争力。要推进工业化与信息化深度融合，具体落实在技术融合、产品融合、业务融合、产业衍生四个方面。实施品牌和质量战略，加快向产业链两端延伸、向价值链高端攀升，提高产业竞争力和产品附加值。

（2）要因地制宜，构建符合陕西省实际的产业结构

陕西省在进行战略性新兴产业建设时要在把握未来国际产业发展新趋势的基础上，充分考虑自身现有的经济基础、已有的产业结构特点，坚持遵循比较优势的原则，选择陕西省最有基础、最具优势条件，能够率先突破的产业发展，防止出现一哄而起、浪费资源的现象。首先，在战略性新兴产业建设中应不断扩大优势重点产业的规模。从产业内部来看，以节能材料和环境保护设备制造为代表的节能环保产业一直属于陕西省固定资产投资的重点，而以比亚迪、陕汽为代表的新能源汽车产业，以风电、光伏产业为代表的新能源产业成为后起之秀，对其固定资产投资也不能忽视。其次，应加大对新一代信息技术产业的扶持，使其领跑全省经济增长。通过打造通信网络、物联网、新型平板显示、高性能集成电路和云计算等板块，共建陕西省新一代信息技术产业。最后，要着眼全省，推动区域竞相发展。

（3）要考虑战略性新兴产业的发展风险

一般来讲，现代战略性新兴产业具有高投资、高收益、高风险的特征。发展清洁煤、太阳能硅片等产业要考虑水资源状况；发展生物质能源要考虑可用耕地的状况和粮食安全；发展网络技术要考虑国家信息安全。这些制约因素，在不同的战略性新兴产业发展中会以不同形式表现出来。因此，在选择战略性新兴产业、制定产业发展政策时，要充分了解不同产业发展可能带来的负面影响甚至风险，并趋利避害地做好应对风险的准备工作。与此同时，陕西省在新动能培育中要做好顶层设计和规划，防止产业雷同、盲目发展，从而导致出现新的产能过剩。在防止盲目性上，一是要关注核心科技和关键技术的研发和产业化；二是要合理规划，选择优势产业与主导产业，进行差异化发展；三是要依托已有工业体系，融合发展；四是要重视生产性服务业。

2.3.4 实现传统产业改造，培育经济发展新动能

目前，国内消化产能过剩正经历阵痛期，重化工业主导的经济下行尚未见底，能源化工已由原来的旺盛需求转为平缓需求。在这样的时间节点上，我们需要从国家工业化发展阶段、发展战略导向和陕西省资源优势角度，认真思考带动和支撑陕西新一轮发展增长动力，从而实现从传统产业向现代产业的转变，同时也是旧动能到新动能的转变。要实现这一目标，我们需要从以下几个方面做起。

(1) 创新技术，推动传统产业生产改造

在国际发展竞争日趋激烈和我国发展动力转换的新阶段，陕西省必须紧紧依靠创新驱动，推动产业发展实现由粗放型向集约型转变、由价值链中低端向中高端转变，才能为经济可持续发展和迈上更高的台阶提供新的动力。在产业的接续上应加快提高传统产业领域自主创新能力，利用新技术突破传统产业发展的瓶颈，以高端品牌代替产能过剩问题。同时，要紧密跟踪国际最新技术创新和产业发展动态，坚持问题导向、需求牵引，高标准、大范围、跨领域进行技术交流与合作，把握产业前沿方向。此外，在技术创新时要充分利用陕西省丰富的高教与科研资源优势，整合现有科研院所、企业资源，形成关键技术和共性技术的研究开发体系。加大技术改造和设备更新力度，推动建立一批由企业、科研院所和高校共同参与的产业创新战略联盟，将研究成果转化为创新技术，真正做到产学研相结合。

(2) 创新商业模式，推动传统产业营销升级换代

创新创业是我国未来数十年经济社会发展的主旋律之一，商业模式创新既是其高端形态，也是改变产业竞争格局的重要力量。商业模式创新实

践已经超越以盈利为主要目的的传统企业，拓展到社会企业、非政府组织和政府部门，这不仅是以盈利为主要目的的传统企业所需要的，而且是社会企业、非政府组织和政府部门所需要的。传统产业要想取得进一步的发展，就需要学习运用互联网、大数据技术，以客户需求确定生产供应，实现产品个性化、多样化定制，减少库存积压问题。只有以“客户价值主张”的创新为核心，以关键资源和关键流程为依托，以盈利模式为财务安全的基准线，寻求各个方面的协调发展，才能使传统产业在新旧动能转化的过程中紧跟大潮。

（3）融合发展，走传统产业转型之路

新动能的发展并不意味着排斥传统产业，更不意味着产业空心化。目前我国出现大量的产能过剩，重要根源之一在于过去出口导向的发展方式，在外部市场萎缩之后产能难以消化。同时，传统产业依然是支持陕西省经济发展的重要因素，完全淘汰不是明智之举，要走与新兴产业融合发展之路，既能降低改革阵痛，又能节约改革成本。当前，很多新的市场主体都在探索新兴产业与传统产业的融合，并以此助力传统经济转型升级。陕西省经济要增长，既不能没有传统产业，也不能没有新兴产业，更不能出现二者之间相互撕裂的格局。在未来的政策调整与体制变革中应以融合发展作为基本导向，只有通过融合打造出一个个具有强大生命力的“新经济实体”，才能闯出一条传统产业转型升级的新路。

2.3.5 发展网络经济和数字经济，培育陕西“十四五”时期新动能

网络经济是指由于计算机互联网络在社会经济生活中普遍应用，使所有的经济活动都基于互联网平台上信息流的传递和处理，经济信息成本急剧降低，从而导致信息替代资本在经济中起主导作用，并最终成为经济核心资源的全球化经济形态。数字经济也是在互联网络与计算机信息技术产业的基础上发展起来的新型经济形态，是一个信息和商务活动都数字化的全新的社会政治和经济系统。在数字经济的模式下，企业、消费者和政府

之间通过网络进行的交易迅速增长，商品和服务的生产、分销与销售都依赖数字技术，数字经济的商业模式创建了一个企业和消费者双赢的环境。近年来，网络经济与数字经济成为全球经济增长新引擎，世界各主要国家的数字经济规模都在大幅提升，增长速度不断加快，许多国家数字经济的增速已远远超过 GDP 的增长速度。与此同时，大数据、云计算、人工智能、共享经济等新技术和新业态不断涌现，不断创造出新的产业和经济增长点。网络经济与数字经济的快速发展，在增加就业岗位、推进经济结构优化、促进节能减排、实现绿色发展以及提高经济增长质量方面发挥着突出作用。研究表明，数字化程度每提高 10%，人均 GDP 增长 0.5% ~ 0.62%，在全球经济增长乏力情境下，数字经济被视为推动经济变革、效率变革和动力变革的加速器、撬动经济发展的新杠杆。在促进陕西省网络经济与数字经济进一步发展的过程中，具体对策建议如下。

（1）充分激发数字经济发展潜能

近年来，陕西省电子商务平台发展迅速，电子商务聚集区逐步形成。随着“丝绸之路经济带”的提出，陕西省抢抓战略机遇，积极建成了一批电子商务产业示范园区，明确将电子商务产业作为园区未来发展的主导产业，成功吸引大批电子商务应用和服务企业入驻，电子商务及支撑产业已达到较高的发展水平，成为西部乃至全国领先的电子商务产业高地。加之基于移动支付的新金融、O2O 等新商业模式的兴起，网络化生产经营与消费方式逐渐深化，资金周转、物流效率普遍改善，产业结构调整步伐加快。传统零售企业纷纷发力网络销售端，建立起零售网站，小商品批发市场的经营户开始由实体销售向网上交易转型，电子商务 O2O 模式的快速发展引人注目，成为企业抢占行业高地的重要据点，为陕西省数字经济发展积累了海量信息资源，可以为综合、系统、智能决策服务，将会创造出巨大的社会经济价值。

（2）加快互联网基础设施建设

依托智慧城市建设，加快宽带网络升级改造，深入开展“光纤入户”“全光网陕西省”工程建设，加强全省 4G 网络覆盖和城市 Wi - Fi 热点布局，不断完善电信普遍服务。加大农村宽带网络建设力度，统筹提高城乡宽带网络普及水平和接入能力，着力缩小“数字鸿沟”，不断扩大移动通信覆盖范围，鼓励移动用户向 4G 迁移，提升移动宽带速率。持续推进电信基础设施共建共享，统筹互联网数据中心等云计算基础设施布局，推进下一代互联网规模化商用和下一代广播电视网规模建设。鼓励电信企业积极承担社会责任，增强服务能力，实现电信资费合理下降和透明收费，在网费偏高的城市开展宽带免费提速和降价活动，更多让利于民；同时，推动电信企业通过定向流量优惠、闲时流量赠送等多种方式降低流量资费水平，提升性价比。鼓励民间资本参与宽带网络基础设施建设，扩大民间资本开展移动通信转售业务试点，支持民间资本在互联网领域投资，鼓励民间资本以参股方式进入基础电信运营市场。

（3）制定出台产业扶持政策

在互联网领域加强与兄弟省市的对接沟通，加大对互联网创新创业的扶持力度。设立互联网产业发展专项资金，加强对中小微互联网企业扶持力度，同时注重相关政策的宣传推广，确保政策的贯彻执行。一要强化资金扶持，引导资金集中用于支持互联网基础设施提升、公共平台建设、公共服务补助、政府购买服务、重点孵化项目、人才引进培养、龙头企业引进培育、初创企业补助、创业启动资金扶持、市场开拓等。二要强化创业扶持，加快构建“众创空间”互联网创业服务平台，促进创业者与市场充分对接，推动“大众创业、万众创新”。省级新增引导资金采取资金资助、融资担保等方式，每年扶持一批重点孵化项目。三要强化研发扶持，经认定的互联网企业研究开发费用，未形成无形资产计入当期损益的，在按照规定据实扣除的基础上，按研究开发费用的一定比例扣除；形成无形资产的，按无形资产成本的相应比例进行摊销。互联网企业符合规定的固定资产，享受加速折旧企业所得税优惠政策。

（4）明确具有企业家精神的人才激励政策

积极改善陕西省互联网产业发展配套环境，以为陕西省互联网行业培育和留住众多高素质人才为核心，充分发挥陕西省丰富的科教资源优势，坚持开放包容的人才理念，实行更加开放的人才政策，建立切实可行的人才落地转化机制，促进各级各类型互联网人才的引进和培养。其中，针对普通人才，可通过政府补贴培训费用等方式，鼓励互联网企业招聘应届毕业生；针对行业高端人才，对其配偶就业、子女入学、落户等提供优惠政策，以吸引各类优秀人才在陕西省长期发展。另外，积极开展互联网产业各类型创业大赛，鼓励支持理论与实践创新，吸引创新人才、创新团队在陕西省集聚，对于经认定的创新人才、企业，给予一定的资金政策扶持。此外，加强对劳动力的互联网技能培训，开展互联网知识普及和教育培训，提高社会数字化认知和应用水平，提升劳动者数字技能，打造高技能数字化产业大军，培养造就一大批既懂产业技能又懂互联网技术的复合型高技能人才。

2.3.6 培育具有大市场、高附加值和竞争力的名牌产品

地区品牌产品的建设代表一个地方产业、产品的主体形象，对本地区的经济发展起着举足轻重的作用。同时，有品牌效应也是产业链的聚集与协同效应在市场上的综合体现，具有市场拉动和放大效用。通过建立具有大市场、高附加值和竞争力的名牌产品，相当于为陕西省的企业建立了一个地区形象平台。随着名牌产品的形成及发展，陕西省的产品和服务的品牌形象价值也得到相应的整体提升，可以起到传播信息、创造市场需求、树立消费者信心以及排斥竞争对手的作用。省内名牌产品还能使域内企业获得协同效应，并形成共同进化机制。具体对策建议如下。

（1）尽快出台品牌建设的具体指导意见和行动计划

把品牌建设纳入“五新战略”新动能培育中，把品牌建设作为新动能培育的重中之重，制定品牌强省的战略规划，在规划基础上出台具有可实施性的《关于打造“陕西制造”品牌的意见》《陕西品牌建设行动计划》《陕西品牌建设的激励机制》，大力推进实施消费品工业增品种、提品质、创品牌的“三品”战略。具体而言，首先，提升质量标准，坚持以质量为本，深化质量为本理念，引导企业增强质量、品牌和营销意识，弘扬工匠

精神，实施精细化质量管理，树立追求卓越的质量文化，推广先进标准应用体系和先进质量管理模式，打造全国优质品牌，推动消费品工业走以质取胜的发展道路。其次，深化商标注册管理体制，切实加强注册商标行政保护，持续推进商标注册便利化，拓宽商标申请渠道，大力推进商标网上申请，完善商标确权程序，推进商标监管规范化，充分利用互联网大数据防止侵权假冒、违法代理等行为。

（2）发展提升制造业品牌

以全省优势产业和战略新兴产业为重点，按照大力发展先进制造业，改造提升传统产业，推动生产型制造向服务型制造转变的要求，实施品牌培育工程，培育国际知名、国内领先的品牌企业，培育国内知名、行业领先的品牌企业，努力走出一条以标准、质量和品牌建设引领产业升级的新路子。研究制定产业集群品牌管理措施，促进生产要素向优势品牌聚集，推动优势产业品牌在产业结构优化和规模扩张中发挥更大作用，使“陕西制造”由区域性品牌向全国性、世界性品牌跃升，积极打造一批特色鲜明、竞争力强、市场信誉好的“陕西制造”品牌。坚持以创新为核心，以差异化满足不同层次的消费需求，以质量为生命，以高质量的产品承载品牌价值，以市场为导向，以市场和顾客的认可程度作为评判品牌优劣的标尺，加快构建以创新、智能、绿色和高质量为主要特征的发展新动能，把握“互联网＋”、大数据等新一代信息技术的先机，持之以恒地推进工业品牌培育，为制造业品牌走上定位差异化、结构优化、价值强化的发展路径奠定基础。

（3）加强农产品品牌建设

农产品领域作为品牌开发的处女地，一直处于商业品牌的边缘地带。在目前农产品电商日益发展的背景下，加强农产品品牌建设显得尤为重要。在“五新战略”的新动能培育过程中，以农业产业化龙头企业、高标准农业板块基地和现代农业示范区为重点，坚持把提高质量效益作为主攻方向，向品牌经营要利润，创新培育和发展在全国有较高知名度的农产品加工产业品牌；全面实施“一县一标”品牌培育工程，加强对农民、农村经济组织和涉农企业的商标法律宣传，积极引导注册并依法规范使用农产品商标以及地理标志商标，鼓励具有地方特色的茶叶、苹果、石榴等特色农产品，申请注册地理标志证明商标或集体商标、申报农业“三品”认证，争创农产品区域公用品牌全国“百强”；及时总结推广“商标富农”工作经验，搭建交流平台，不断健全农业商标品牌建设工作机制，推动农业加快转变发展方式，大力推行“公司＋商标品牌（地理标志）＋农户”产业化经营模式，进一步提高农民进入市场的组织化程度。

（4）加快培育服务业品牌

明确服务业品牌建设的重点领域，在大力推进传统服务业以商标品牌为核心转型升级的基础上，推动生产性服务业向专业化和价值链高端延伸、生活性服务业向精细化和高品质转变，以基础条件好、增长潜力大、带动作用强的研发设计、金融、物流、信息、旅游、文化、商务等现代服务业为重点，培育一批知名品牌服务企业（集团），培育和发展有较高知名度的服务业品牌，提升对生产的服务支撑能力；鼓励帮助传统手工艺品、历史品牌产品的集中产区，积极申报地理标志证明商标、集体商标；加快发展生活性服务业，推动服务业向高端发展，开展商贸服务业转型行动，大力支持传统商贸企业搭建电子商务交易平台，鼓励发展线上贸易，培育打造陕西本土特色电商品牌和体验店；加快推进电子商务园区建设，促进电子商务集中集聚发展；搭建农村电商服务平台，积极发展农村电子商务，开展文化旅游产业融合升级行动，鼓励商业模式创新和业态创新，及时对新业态、新服务提供商标保护。

（5）推进品牌集群建设

以传统支柱产业、优势产业为依托，不断完善配套基础设施建设，转变政府职能，加强品牌保护，培育形成行业性品牌集群；以高新开发区、工业园区、农业园区、服务业园区和关联产业连片区为依托，鼓励品牌抱团发展、板块式发展，培育形成一批品牌相对集中的地区性品牌集群。积极开展商标战略示范城市、示范县、示范企业建设创建活动，培育一批国家级商标战略示范城市、示范县、示范企业，认定一批省级商标战略示范市、示范企业，促进品牌运用、保护、管理能力和水平的提高。实施企业品牌、城市品牌、区域经济品牌“三位一体”的品牌建设战略，跳出为发展品牌而发展品牌的单一模式，实现品牌集群的形成与区域经济发展的良性互动。充分利用产品博览会、网络营销、新闻媒体报道等多种渠道进行集群品牌形象的塑造和维护，加强对集群品牌的系统管理，不仅要注重品牌形象塑造和对外宣传，还应制定品牌发展战略、明确品牌定位以及加大专业人才引进力度。

(6) 加强品牌激励与支持

鼓励企业通过商标出资、质押、并购、许可、转让等手段，挖掘商标经济价值，丰富品牌内涵，增强市场竞争力。选择陕西省创新能力强、发展前景好的中小民营企业争创驰名商标、著名商标，加强对拥有驰名商标、著名商标中小民营企业的上市培育。建立和完善促进品牌建设的激励机制，对创牌企业给予多方面的鼓励和支持。对新认定的国家级（中国名牌产品、驰名商标、全国性商业老字号等）和省级（名牌产品、知名商号、著名商标、地方性商业老字号等）品牌企业，由省级和当地政府分别给予一定的奖励。建立和完善促进品牌建设的支持体系，形成政府、企业、社会合力打造的制度框架和推进机制。构建科学系统的“陕西品牌”的高标准体系，为企业聚焦陕西品牌建设、开展对标达标活动以及第三方机构实施评价提供指导依据。

3 陕西“十四五”时期现代化产业体系构建研究

现代化产业体系是有别于传统产业体系的新型生产体系，其基本要求涵盖以下六个方面：一是体现创新性，这是现代化产业体系的动力特征；二是体现开放性，这是现代化产业体系的效能特征；三是体现融合性，这是现代化产业体系的结构特征；四是体现集聚性，这是现代化产业体系的空间特征；五是体现可持续性，这是现代化产业体系的标志性特征；六是体现市场适应性，这是现代化产业体系的基本特征。构建具有陕西特色的现代化产业体系的目的在于确保陕西国民经济持续、健康、稳定的发展，以推动高质量发展为目标，实现良好的经济效益和社会效益。陕西产业发展正处于由传统产业体系向现代化产业体系转型的过程中，在此关键阶段，按照高质量发展的目标要求，紧扣新发展理念，并结合陕西产业的发展现状和存在问题，逐步构建起具有陕西特色的现代化产业体系。

3.1 陕西产业发展现状和存在的问题

3.1.1 陕西产业的发展现状

(1) 产业发展规模持续扩大，整体实力和综合竞争力显著增强

近年来，陕西加快制造强省建设步伐，聚焦推进制造业研发模式、制造模式和服务模式变革，在打造汽车产业集群，推动新一代信息技术产业链协同发展，培育航空航天与高端装备制造新增长点，推动新材料、新产品研发应用等传统优势产业方面均取得突破性成就，工业经济发展的质量

效益明显改善，新型工业化特色产业发展进程加快。2018 年，全省地区生产总值为 24438. 32 亿元，居全国第 15 位；增速达 8. 3%，居全国第 5 位。全年全部工业增加值为 9634. 8 亿元，比上年增长 9%。2018 年，全省规模以上工业总体保持平稳向好的增长态势，40 个大类行业中有 37 个行业增加值同比保持增长，增长面较上年提高 7. 5 个百分点，其中 17 个行业增速较上年加快。

（2）产业结构升级显著加快，“双核驱动”格局初步形成

一方面，陕西化石能源储量丰富，能源产业是陕西经济发展的支柱，长期以来都是助推陕西经济发展最强的引擎。近年来，面对能源产品价格下跌、市场需求不足、化解过剩产能等各方面因素带来的风险和挑战，省委、省政府及时出台“以化补油”，大力发展装备制造业等多项举措，有效减轻了能源工业下降给全省经济发展带来的不利影响，通过“优煤、强电、稳油、扩气、促新、深转化”，着力优化能源布局结构，加快能源资源深度转化，着力构建现代能源产业体系，提高能源产业发展质量和效率，有效促进陕西省产业结构不断优化升级。另一方面，陕西三次产业结构持续优化，三次产业增加值占 GDP 比重从 1978 年的 30. 4∶52. 0∶17. 6调整为 2018 年的 7. 5∶49. 7∶42. 8，实现了质的飞跃。2018 年，全省战略性新兴产业完成增加值 2649. 9 亿元，占 GDP 比重为 10. 8%，比上年增长 10. 4%。其中，工业战略性新兴产业增加值增长 10. 1%，服务业战略性新兴产业增加值增长 12. 6%，增速首次高于工业战略性新兴产业增加值。

（3）生产要素配置效率不断提高，产业发展创新驱动持续发力

近年来，以三星、华为、中兴为代表的大批高新技术企业纷纷在陕西投资设立科技研发中心，陕西省网络经济、数字经济等新产业、新业态、新商业模式加速成长，进一步推动陕西创新驱动发展。2018 年，陕西省综合科技创新水平指数为 66. 58，居全国第 9 位。其中，科技活动产出指数为 76. 06，居全国第 4 位，每万人发明专利拥有量为 10. 315 件，登记各类技术合同 37952 项，合同交易总额达到 1125. 28 亿元，同比增长 21. 97%，

均居全国前列。中国西部科技创新港、中科院西安科学园等科创平台建设有序推进，基础研究持续发力。2018 年，陕西共有 33 项科技成果获得国家科学技术奖，居全国第 5 位，占全国三大奖授奖总数的 12.05%。科创企业蓬勃发展，2018 年先后组织 12 批次科技型中小企业评价入库，全省高新技术企业数量突破2500 家，备案瞪羚企业 159 家，纳入《国家高新区瞪羚企业发展报告》瞪羚企业 64 家，独角兽企业实现零突破。通过采取提高科技成果所有人收益比例，产学研协同推进科技成果转化，建立“人才池”“专利池”等举措促进科技成果在陕转化。全省各级各类孵化载体逾 400 家，孵化、服务企业和团队超过 1.4 万家。陕西省军工企业汇集，国防科技实力雄厚，2018 年积极引导“军转民”“民参军”，军民融合企业超过 1000 家，产业规模居全国第 2 位。2018 年，陕西科技进步对经济增长贡献率已增至 58.3%，位居全国前列。以企业为主体的产学研用一体化创新体系初步建立，科技引领产业发展作用持续增强，生产要素的配置效率得到有效提高，推动经济迈向高质量发展。

（4）产业空间布局日趋合理，集聚效应逐步显现

近年来，陕西省统筹推进工业稳增长和调结构，加快形成一大批先进产业集群，力求打造全链条、高端化的产业聚集和配套聚集，为推动产业转型升级提供重要抓手。航空航天工业、汽车制造业、现代化工、医药制造、新一代信息技术产业、新材料为陕西省六大新支柱产业，产业集群呈现出较好的发展势头，有力推动了全省经济高质量发展。以电子信息产业为例，全球第一大显示器研发制造商冠捷科技集团在咸阳投资建厂，建成投产后年产值可达 70 亿元，产品通过中欧班列远销欧洲市场；2018 年 3 月，三星存储芯片二期项目在西安开工，追加投资达 70 亿美元。自 2012 年西安引进三星存储芯片项目以来，先后成功带动了 100 多家配套企业落户高新区，使陕西省形成了较为完整的半导体产业链。此外，陕西省主体功能区规划和开发区建设实施取得阶段性成效，生产要素的空间配置和组合趋于优化，取得了显著的经济效益和社会效益，并且发挥了对周围区域的辐射和带动作用，形成了生产力空间布局。自 1991 年 3 月西安高新区获批成为国家级高新区以来，至2014年1月国务院正式批复陕西设立西咸新区，陕西先后形成了24个拥有市级经济管理权限的开发区、新区和组团区域。截至2018年9月，全省7个国家级高新区实现生产总值4191亿元，占全省GDP的比重为24.85%，省级高新区也达到14家，实现省级高新区地级市全覆盖。高新技术产业开发区已成为推动陕西产业转型发展的重要载体，为产业整体发展提供了有力的平台支撑。

（5）产业发展基础条件日益完备，产业体系优化的可持续性增强

现代化的基础设施是现代化产业发展的前提，完备高效的基础设施建设能够为产业的优化调整和高质量发展提供重要物质保障。截至2018年底，陕西省高速公路通车里程达到5475千米，全年货物运输总量17.33亿吨，比上年增长6.2%；货物运输周转量4025.99亿吨千米，比上年增长7%；旅客运输总量7.28亿人，比上年增长2.3%。西安咸阳国际机场旅客吞吐量达4460万人，全国排名第7，并获批第五航权；中欧班列“长安号”实载开行1235列，重载率、满载率均居全国第1位，铁路旅客发送人数、货物发送量增幅分别居全国第1位和第2位。2018年，全省规模以上工业发电量1782.22亿千瓦时。从结构来看，水力、风力和太阳能发电占发电量的比重达12.1%，较2017年上升1.1个百分点，发电结构持续优化。生态环境是产业体系赖以长期发展的重要基础。2018年，陕西扎实推进污染防治攻坚战。通过实施散煤和“散乱污”企业综合整治，全省$PM_{2.5}$平均浓度下降10.5%，重污染天数下降20.7%；落实最严格水资源管理制度，实行水资源消耗总量和强度双控行动，全面推行河长制，实施湖长制，开展水源地整治和城市黑臭水体治理，使主要河流水质稳步改善；实施固体废物污染专项防治，治理沙化土地105.5万亩，完成造林749万亩。主要固体污染物、大气污染物、废水排放量指标明显下降。目前，全省已基本形成与产业发展相适应的综合交通网络、能源供应保障体系、污染防治体系，为现代化产业体系建设提供了可靠的基础条件保障。

3.1.2 陕西产业发展存在的问题

通过对陕西传统制造业和先进制造业、能源产业、化工产业、纺织业和服务业等具有代表性的产业发展现状进行系统分析，并与其他兄弟省份做比较分析后，本研究明确了目前陕西产业发展存在的问题，包括以下几个方面。

（1）产业结构出现失衡，过度依赖于能源和化工产业

陕西国有企业，尤其是能化企业始终占据绝对的主导地位，民营企业与国有及国有控股企业的规模存在较大差距。2017 年，由陕西省企业家协会发布的陕西百强企业中，民营企业入围 29 户，占比仅为 22.86%，民营企业利润总额在百强企业中占比仅为 25.77%。尽管陕西非公经济增加值 2016 年首次突破万亿元，拉动 GDP 增长 4.3 个百分点，对经济增长的贡献率达 56.7%，非公经济的发展速度不断加快且贡献逐步增强，但与全国其他省区，尤其是与经济发达省份相比仍存在较大差距。此外，陕西非公经济主要集中于资金少、成本低、低附加值的传统行业，产业层次偏低；工业企业主要集中在农产品加工业、医药制造业等行业，而资本、技术密集型行业进入相对较少；在服务业方面，附加值较低的传统服务业所占比重偏大，而在金融、教育及技术服务业等现代服务业领域涉足较少。在企业层面，非公有制企业普遍存在规模偏小、资源型初加工企业占比较大的问题，而高新技术企业普遍存在体量小、竞争力弱的问题。2018 年，陕西百强企业中，百亿元规模以上企业共 32 家，民营企业仅有 9 家。从全国工商联发布的 2018 年中国民营企业 500 强榜单来看，仅有 5 家陕西企业上榜，不仅与广东、江苏、浙江等东部发达省份存在相当大的差距，而且与四川、重庆等西部省区也存在一定差距。

（2）创新成果转化率有待提高，市场活力激而不发

2017 年，陕西 R&D 经费投入增至 460.94 亿元，比上年增长了 9.86%，R&D 经费投入强度（R&D 经费与 GDP 之比）为 2.1%，比上年减少了 0.06 个百分点，首次低于全国平均水平，与全省“十三五”规划中 2.6% 的目标相比仍存在较大差距。一是在 R&D 经费投入的构成方面，2017 年陕西 R&D 经费中政府资金、企业资金和其他资金占 R&D 经费的比重分别为 50.46%、45.75% 和 3.79%，政府资金仍是全省 R&D 经费投入的主要来源。在企业资金中，在陕央属单位的 R&D 经费投入占全省 R&D 经费投入的比例高达 63.72%。与此同时，从产业发展角度来看，规模以上工业制造业新产品销售收入占规模以上工业制造业总产值的比重与全国平均水平相比也存在不小差距。二是在 R&D 经费投入的地区分布方面，2017 年西安 R&D 经费占全省的比重达 78.14%，西安、宝鸡、咸阳和渭南四市占全省总量的 91.58%。可见，陕西的研发投入主要集中在关中地区，地域分布严重不均衡。以上状况充分说明：与陕西整体雄厚的科技创新实力相比，陕西科技研发强度仍有待进一步提高，研发投入的结构及空间布局都有待进一步优化，有效打破制约科技成果转化能力提升的桎梏已是迫在眉睫。三是在市场活力方面，综合创新力有限，科技创新的转换率不高导致生产要素分散，制约着要素配置效率提高，造成产业组织程度比较低，导致总体配套能力弱，全产业链的科技研发能力受阻，陕西难以打造强大的整体产业链，市场活力难以得到真正激发，进而无法满足大企业在技术创新、质量认证、经营管理等多方面的要求，导致大企业与中小企业的有机协作难以维持，省内配套率整体水平偏低。以汽车产业为例，2016 年安徽省内配套率为 60%，而陕西则不到 40%。

（3）产业集群化程度有待进一步提高

与全国工业发达省市相比，陕西省产业集群依然处于起步阶段，面临整体规模偏小、支撑体系不健全、龙头企业不强、产业配套和园区化水平不高等多块短板，以提高产业集群化程度推动经济高质量发展依然任重道远。一是先进制造业产业集群仍广泛存在瓶颈环节、薄弱环节和缺失环节。未能充分集中陕西的科教资源优势，对重点产业共性的“卡脖子”技术的协同攻关力度不够，推进产业集群尤其是先进制造业产业集群贡献的技术支撑还不足。二是缺乏具有原创知识产权的自主品牌，产品质量和附加值有待进一步提高。提高陕西产业集群化程度所面临的一个主要掣肘就是产业链方面的短板仍然存在。陕西省产业发展大多集中在生产加工环节，产业链较短，产品的附加值较低，尤其是制造业主要产业的产业链配套状况还不尽如人意。科教人才等优势资源未能充分发挥作用，陕西产业转型发展，加速集聚所需的技术支撑仍存在不足。因此，亟待构建一套具有陕西特色的，以企业为主体、市场为导向、产学研深度融合的全链条产业技术创新体系。三是能够发挥辐射带动作用，引领产业集群化的龙头企业不多。陕西国有企业比重偏高，民营企业普遍不大不强等问题长期存在。具有技术等资源优势的核心企业和龙头企业，无法牢牢占据产业链的中上游，难以充分发挥引领产业集聚，辐射带动产业内部或相关产业企业的作用。因此，补齐“领头羊”企业这块短板是提高陕西省产业集群化程度的关键。通过并购重组、整合资源等方式做强做优做大国有企业，通过减税降费等举措培育民营企业的市场竞争力，目前已成为摆在陕西省面前亟待解决的难题。

（4）现代服务业发展有待提质增效

与全国及个别发达省份相比，陕西服务业发展仍存在一些亟待解决的突出问题，主要表现在以下几个方面：一是服务业发展效率低于全国平均水平。就物流业而言，全国社会物流总费用占社会生产总值的比重为14.8%，而陕西为15.2%，说明陕西省物流业发展运行效率与全国平均水平仍存在差距。从物流行业相关的服务业增加值占比上看，全省服务业增加值占全省GDP的比重为42.8%，远低于全国平均水平9.4个百分点。从物流行业来看，陕西在交通运输业、邮政、仓储和装卸搬运、配送、流通加工、包装、信息及相关服务等功能效率尚有巨大提升空间，适应生产和消费需求的物流供应链需持续优化升级。二是服务业企业规模普遍“小而弱”，缺乏核心竞争力。陕西的民营企业，无论是在数量还是实力上与东部发达地区都相去甚远，普遍存在经营基础薄弱、高水平管理人才欠缺、行业运营收入不高等问题，现已成为陕西省服务业企业发展壮大的主要掣肘。三是现代生产性服务业与先进制造业的互动融合仍需加强。近年来，陕西陆续出台一系列政策举措鼓励生产性服务业与先进制造业融合发展。

2019 年，陕西省政府工作报告中强调“推动先进制造业与生产性服务业深度融合，促进制造企业与生产性服务企业资源整合、业务融合”，其中具体提到要促进制造业企业由设备提供商向系统集成服务商转变，鼓励大中型骨干企业、“专精特新”科技型中小企业向研发设计上游扩展。围绕制造业集群构建区域服务体系，促进融资租赁、法律咨询、人力资源服务等生产性服务业发展壮大。

(5) 以数字经济为代表的新兴产业成长不足

作为新兴产业的代表，陕西数字经济发展态势不容乐观，主要表现在以下四个方面。

第一，陕西数字经济发展水平仍然有待进一步提高。从与全国对比上看，2018 年我国数字经济总量达到 31.3 万亿元，占 GDP 的比重为 34.8%，而陕西省占比仅为 25%，低于全国近 10 个百分点。从与发达省份的对比来看，陕西数字经济发展存在较大差距。广东、江苏、浙江和山东数字经济总量均突破 2 万亿元，上海、北京、福建、湖北、四川、河南、河北数字经济总量突破 1 万亿元，而陕西省仅为 6000 亿元。从与行业间、区域间的对比来看，2018 年陕西省服务业、工业、农业中数字经济占行业增加值的比重分别为 27%、13% 和 4.92%，均低于全国平均水平，同时省内各市区数字经济发展也不平衡，最大差距达 4 倍以上。

第二，数字技术与企业转型发展的融合度还不够高。一是工业生产数字化程度较低。相关数据显示，陕西省工业企业设备数字化率仅为 39%，关键工序数字化率为 44.2%。二是个别企业数字化改造提升的积极性不高。目前，陕西省数字化研发工具普及率仅为 60.2%，一些效益较好的国有大型企业的数字化投入水平为销售收入的 0.1% ~0.2%，低于国内相关企业 0.5% 的水平，其他国有企业和大量中小企业的数字化投入水平更低。三是数字化转型服务支撑能力不足。目前陕西省网络协同比例为 22.8%，智能制造就绪率为 3.8%。

第三，推进数字经济发展的工作合力还不够。一是缺乏统一规划，宏观引领不够。陕西省至今未能形成全省数字经济发展规划，缺乏在宏观上谋划数字经济发展的战略布局。二是数字分割，利用效率还不够高。目前全省数据开放、政务数据、数字共享、数据运用由四个省级部门分别负责。由于有的职能重复，加之各单位间缺乏统筹协调，使一些政务数据分割，资源利用不够高效，数据汇集、开发和应用的效率还不尽如人意。三是有关部门服务数字经济的职能还没有完全划转到位，体制机制的效果还未能较好地显现。

第四，支持数字经济发展的力度还不够大，主要表现在：一是政策配套不足，落实不够。在配套政策规划广度、出台政策进度、地方响应程度等方面，陕西与贵州等数字经济发展势头强劲的省份仍存在一定差距，特别是一些已经出台的政策未能得到很好的落实。二是资金支持不够。贵州省明确每年至少投入 3 亿元用于支持大数据产业发展及应用；吉林省首年补贴 2.5 亿元，且每年增加至少 5000 万元的投入；山西等省份也纷纷通过专项资金支持当地数字产业发展，陕西省相较于以上省区还存在不少差距。三是人才支撑不足。陕西省相关企业普遍存在人才匮乏，且人才来源渠道不足的问题。数据分析师、人机交互工程师等专业数字人才不足的问题已严重制约陕西省产业数字化转型发展进程。

3.2 “十四五”时期构建具有陕西特色的现代化产业体系的基本内容

3.2.1 “十四五”时期构建具有陕西特色的现代化产业体系的指导思想

习近平总书记强调，要贯彻新发展理念，建设现代化经济体系。因此，按照创新、协调、绿色、开放、共享“五大发展理念”的内涵要求，再结合陕西省情与产业发展的条件，从而建立具有陕西特色现代化产业体系的总体框架。

第一，结合创新发展理念，以创新驱动构建创新型特色产业体系。陕西省应面向能源化工、装备制造、航空航天以及新一代信息技术、新材料、生物技术等战略性新兴产业提质增效的需求，加大技术研发投入力度，构建科研与产业协同发展的产业生态。

第二，结合协调发展理念，促进陕西特色产业体系的调整升级，实现产业协调发展。首先，通过新技术、新材料、新工艺、新装备的开发与运用，提升改造有色冶金、建筑材料、食品加工、纺织轻工等传统产业，通过提升产品附加值为各产业的进一步发展提供基础；其次，利用针对性政策措施鼓励陕西省的特色优势产业发展，发挥陕西的比较优势，从市场角度出发，根据陕西产业发展现状提出相应的产业发展对策，培育特色优势产业；最后，通过大力发展文化旅游等现代服务业推进产业结构调整，吸纳从业人员，在实体经济发展基础上注重对文化的培育，彰显陕西独特而深厚的文化内涵，构建具有陕西文化特色的现代化产业体系。

第三，结合绿色发展理念，从能源消耗和环境治理角度明确陕西产业体系构建的方向。在构建具有陕西特色的现代化产业体系的同时，注重其对资源的利用与环境的影响，避免过度利用自然资源，减少生态环境破坏，同时做好生态环境的修复工作。美化生活环境，提高人民生活质量，在解放和发展生产力的基础上保护生产力。

第四，结合开放发展理念，培育贸易新业态和新模式，推动全面开放新格局下陕西现代化产业体系构建。充分利用“一带一路”建设的政策扶持与陕西省的地理优势，通过科学制定经济交流与合作的具体规范要求，鼓励推动本土企业积极开拓海外市场，通过发挥区域比较优势推动构建具有陕西特色的现代化产业体系。

第五，结合共享发展理念，在高质量发展阶段我国收入分配格局优化背景下，构建具有陕西特色的现代化产业体系。陕西应按照共享发展理念要求，加强跨区域规划的协调实施，在满足条件的地区引导形成城市群。优化全省城镇布局，选取经济发展基础好，特色鲜明的县城、城镇及中心小城镇，加强城镇市政基础设施建设和示范工程建设，推动城乡一体化发展，有效解决城乡、区域间发展不均衡的问题，构建能够惠及民生，助力乡村振兴的现代化产业体系。

3.2.2 “十四五”时期构建具有陕西特色的现代化产业体系的战略目标

构建具有陕西特色的现代化产业体系必须以现代化为目标，从而推动经济发展和社会进步。作为历史发展的必然阶段与客观趋势，现代化不仅意味着科学技术的进步和先进方法的引进，更包含着社会制度与文化领域的动态改进过程。党的十八大报告指出，“坚持走中国特色新型工业化、信息化、城镇化、农业现代化道路，推动信息化和工业化深度融合、工业化和城镇化良性互动、城镇化和农业现代化相互协调，促进工业化、信息化、城镇化、农业现代化同步发展”。由此可见，构建现代化产业体系应以“新四化”为战略目标，持续推动陕西经济发展朝着高质量方向稳步迈进。

3.2.3 “十四五”时期构建具有陕西特色的现代化产业体系的具体要求

一是系统化。构建系统化的现代化产业体系，就要求系统整合各关联要素，通过产业聚集形成产业链，避免偏重单一产业造成的产业结构失衡，并通过特定的规则和协议，提高产业体系内的资源配置效率，激发企业主体创新活力。对陕西而言，系统化的现代化产业体系构建需要政府积极开展产业链招商，引进有实力的跨国公司、央企和民企落户陕西，并充分发挥本省龙头企业的带动效应，引导中小企业与龙头企业开展形式多样的经济技术合作，形成高效运转的供产销协作配套链，从而构建连接紧密、相互补充、合作共赢的产业集群体系。

二是科学化。构建科学化的现代化产业体系，必须要以习近平新时代中国特色社会主义思想为引领，在新发展理念的指导下，首先对陕西整体产业以及相关特色产业进行系统思考和研究，充分结合国内其他省份及国际实践经验构想出合理的发展愿景与目标，科学论证理想的产业结构布局；再进一步分析所在地区发展阶段、资源禀赋、人文环境等客观条件和现实差距，充分发挥主观能动性，在省级层面整合资源，制定最优实现路径，通过持续、全面地推进各项改革举措，实现产业的结构调整和转型升级，增强陕西省产业的竞争力，最终构建起兼具科学理论指导和陕西特色的现代化产业体系。

三是合理化。构建合理化的现代化产业体系，要求陕西根据目前自身所处的经济发展阶段，以及科学技术水平、消费需求结构、人口基本素质等资源禀赋，对不合理的产业结构加以优化调整，实现生产要素的合理配置，推动各产业协调发展。在构建现代化产业体系的过程中，应根据陕西经济发展现状对产业体系进行合理规划，构建与本省资源禀赋及需求结构相适应的现代化产业体系。

3.3 “十四五”时期构建具有陕西特色的现代化产业体系的基本结构

现代化产业体系的基本结构包含六个部分：一是体现产业实力的产业结构，重点考察大部分产品是否处于产业中高端。二是体现产业发展动力的主导产业、支柱产业、基础产业。考察能否形成层次分明、结构有序的产业系统。三是体现产业竞争力的产业组织，包括各类企业、企业集团、产业集群和企业集群，这是现代化产业体系的基本单元和载体。四是体现平台作用的支撑系统，包括区域创新能力、融资能力和基础设施支撑能力。五是体现产业区域特征的禀赋支撑，包括地区资源地理条件、禀赋特征及产业优势等关键要素。六是体现产业发展氛围的环境因素，主要包括宏观调控的制度环境、营商环境等，这是促进现代化产业体系构建的基本条件。基于此，应该构建具有陕西特色的现代化产业体系“六位协同”的基本框架。

3.3.1 战略性新兴产业体系

加快以新一代信息技术为主的高新技术产业发展步伐，聚焦高端产业和产业高端，推动陕西构建现代化的战略性新兴产业体系。现代化的战略性新兴产业体系体现了陕西现代化产业体系的现代特色，是陕西现代化产业体系的主导和新支柱产业，代表未来的发展趋势和新动能。

一是大力发展集成电路、新型显示、光电子、大数据与云计算、增材制造（3D 打印）、机器人、无人机、卫星应用、新材料等高新技术产业。

二是实施产业链推进方案，推动先进装备制造、集成电路、新能源汽车、新材料等产业和产品向价值链中高端跃升。

三是做大做强轨道交通、工业机器人等产业，加快推进新舟 700 飞机研制生产、C919 飞机配套、通用飞机和无人机等产业发展，促进卫星移动通信、导航、遥感等航天领域业态集聚。

四是发展壮大新一代信息技术产业集群，抓好三星二期、华天集成电路封装测试、奕斯伟硅材料等重大项目建设。

五是大力推进比亚迪二期、陕汽商用车等整车项目，加快完善汽车产业链配套。

六是做强以高端金属材料为代表的新材料产业。积极构建创新药物、现代中药等生物技术产业链。

七是加强重点产业共性技术研发平台建设。加强电子信息、高端装备、能源化工、新能源汽车、新材料、节能环保、生物医药、现代农业等重点产业创新能力顶层设计和部署。

八是推进“秦云工程”，通过建设工业云、工商云、环保云、健康云等推动“陕西省行业云”的发展。系统化谋划大数据产业，全力构建行业云中心、大数据资产评估中心、大数据交易所、产业基地、产业基金、大数据产业联盟、大数据研究院、大数据创新培训中心、大数据集团公司和大数据管理机构的“十位一体”产业生态体系。

3.3.2 智能制造产业体系

智能制造是制造业未来发展的重要方向，是陕西重塑制造业竞争优势和提升经济实力的关键领域。

一是以新能源汽车和航空制造、智能制造为主的先进制造业，在“3+1”万亿大产业中位列第二，新能源汽车和航空制造的共同特点是产业链长、覆盖面广、上下游关联产业众多，能够有力支撑和拉动其他产业的发展。

二是先进制造业是实体经济的主体，是技术创新和服务业发展的基础依托，是陕西现代化产业体系的重要构成。在这方面，以信息、网络和移动互联网技术为基础，发展城市智能化管理、铁路列车智能化指挥中心、机械加工与井下作业现场无人化移动操作信息系统；以先进机械制造技术为基础，发展地下资源开采无人作业重型装备、地下轨道列车道路修筑的压裂变掘进重型机械和轨道列车装备。

三是航空制造是陕西的优势产业，其产业总资产、生产总值、从业人员均占全国的 1/4 以上，航空配套能力、研制水平和综合实力居全国前列。以航空技术为基础，发展近低空通用飞行器、观光旅游飞行器、新能源特种飞机。

四是新能源汽车作为国家战略性新兴产业之一，在新一轮产业转型升级中被视为工业 4.0 的代表、中国制造业崛起的突破口。

3.3.3 现代服务业体系

现代服务业体系具体包括制造业与服务业融合的产业体系、商贸物流服务产业体系和现代新型服务业体系三个部分。

一是制造业与服务业融合的产业体系。促进制造企业与生产性服务企业资源整合、业务融合，支持汽车、输变电、节能环保、数控机床等领域企业加速由设备提供商向系统集成服务商转变。围绕制造业集群构建区域服务体系，促进融资租赁、检验检测、法律咨询、信息技术、人力资源服务等生产性服务业发展壮大。

二是商贸物流服务产业体系，即以枢纽经济、门户经济、流动经济为主的商贸物流业体系。西安是关中平原城市群的中心城市，是亚欧大陆桥经济带的心脏，拥有发展商贸物流业的天然区位优势。西安已形成了“二港二园三体系十中心”的物流发展大格局，以枢纽经济、门户经济、流动经济为主的商贸物流业已成为陕西经济发展新动能，拉动地方经济增长的主力军。

三是现代新型服务业体系。以现代服务业为倾斜支持方向，发展仓储与邮电、软件和互联网、物流与电子商务、金融与证券、房地产服务、科技和地质勘探服务、新型教育服务。以西安作为“新丝绸之路经济带”的桥头堡为契机，发展西安物资集散中心和农业技术出口信息中心。发展名贵中药材种植及其加工、花卉种植培养和渔业养殖及其中和效益发挥产业。

3.3.4 军民融合发展产业体系

军民融合发展产业体系是体现陕西特色的产业体系，是陕西现代化产业体系的基础。

一是依托国家创新试点深入推进军民、部省、央地融合，紧扣先进制造业发展需求健全科技攻关机制、强化统筹组织，攻克一批关键核心技术。

二是健全军民融合政策和产业体系，加快创建西安国家军民融合创新示范区，争取国家军民融合服务平台落地。

三是大力实施军民融合产业创新发展工程，加快推进西安国家航空产业基地、航天产业基地、兵器工业基地、电子信息产业园、汉中航空智慧新城等建设。

四是推动军民融合标准化、通用化建设，形成军民融合产业多点支撑发展格局，建设一流的国家军民融合创新示范样板。

3.3.5 现代农业产业体系

作为农业大省，陕西在经济发展与现代化产业体系构建的过程中，更不能忽略农业这一基础产业的转型发展，应把现代农业体系作为陕西现代产业体系构建的关键思路。

一是根据陕西省对现代农业发展的整体规划，重点推进“3 + X”特色产业发展，加快构建以苹果为代表的果业、以奶山羊为代表的畜牧业、以棚室栽培为代表的设施农业三个千亿级产业和区域特色产业的现代农业产业体系，持续推进具有陕西特色，发挥陕西资源优势的现代农业产业体系建设。

二是持续深化农业农村改革，现代农业产业体系的构建与农村的发展问题是紧密相连的，构建陕西特色现代农业产业体系，需要以深度贫困和计划摘帽县为重点区域，以陕西特色农业为关键途径，在加快数字化基础设施建设的同时实施产地初加工惠民工程，扶持一批加工型农民合作社，促进农产品就地加工转化，通过大力建设农产品仓储和初加工设施，延长产业链条。

三是提升农业信息化水平。基于现代科学技术的发展，以农业生产智能化、经营网络化、管理高效化、信息服务便捷化为目标，通过大数据、云计算、物联网、智能装备等信息技术在农业领域的应用推动现代农业产业体系的数据化发展，通过建设农业数据资源中心和农业地理信息系统加快发展精准农业、智慧农业，推动信息化与农业生产经营深度融合。

3.3.6 现代产业发展平台体系

现代产业发展平台体系是陕西现代化产业体系构建的支撑体系。

一是抓好中国西部科技创新港、中科院西安科学园、高精度地基授时系统、西工大翱翔小镇等项目建设，加快构建协同创新、优势叠加、产学研用一体的融合创新机制。

二是抓住国家重点实验室体系的机遇，争取更多国家级创新平台和资源布局陕西。鼓励企业、高校、院所跨学科、跨行业、跨领域联合共建省级创新平台，开展交叉性技术创新。

三是建立健全全省物联网体系平台、大数据交换平台、电子商务平台和信息共享平台，提升口岸信息化、智能化水平，促进枢纽经济、门户经济、流动经济快速发展。

四是着力建设重点产业共性技术研发、骨干企业创新能力提升、中小企业研发创新服务、小微企业孵化培育的四级全链条产业技术创新体系，实现“产业链、创新链、资金链、政策链”四链互动。

五是围绕陕西省重点产业领域，鼓励企业联合高校、院所建设产业创新中心、技术创新中心、制造业创新中心，开展共性核心关键技术攻关，持续推进技术成果系统化、配套化和工程化开发。

3.4 “十四五”时期加快构建具有陕西特色的现代化产业体系的实现路径

3.4.1 传统产业的改造提升

(1) 大力推进工业化与信息化深度融合

一是加快提高传统产业领域自主创新能力，利用新技术突破传统产业发展的瓶颈，以高端品牌代替产能过剩问题。二是坚持问题导向、需求牵引，高标准、大范围、跨领域进行技术交流与合作，紧密跟踪国际最新技术创新和产业发展动态，把握产业前沿方向。三是充分利用陕西省丰富的科教资源优势，整合现有科研院所、企业资源，形成关键技术和共性技术的研究开发体系。四是创新商业模式，推动陕西省传统产业营销模式的升级换代，运用互联网、大数据技术，以客户需求确定生产供应，实现产品个性化、多样化定制，减少库存积压。五是围绕产业技术创新链，培育壮大基于互联网的新业态，提升产业创新力和竞争力，推动产业链向两端延伸、价值链向高端攀升，提高产业竞争力和产品附加值。

(2) 推动传统能源化工产业向高端化发展

一是积极采用高新技术和先进适用技术，优化产业结构，淘汰落后生产能力，提高产品质量，满足市场的需求。二是加大一次能源转化和深加工的力度，注重推广新技术、新工艺、新装备，继续发展石油化工和精细化工，力争在煤化工和重化工两个方面取得突破，实现能源资源优势向经济优势转化，促进能源化工产业转型升级。三是引导陕西煤化工、石油化工、电力企业与科研院所建立战略合作，解决煤化工、石油化工和电力产业发展的技术瓶颈。四是抓好能源化工产业转型发展示范工程，以典型示范推动陕西能源化工产业转型发展，打造陕西经济发展新的增长点。

（3）提升陕西具备优势的特色产业

结合陕西省的资源禀赋及各行业发展的现状特征，有针对性地推动陕西特色优势产业的改造提升。一是航空产业。要围绕大型飞机、航空发动机等国家重大专项，重点推进大中型运输机、新型涡桨支线飞机、通用飞机、民用无人机、航空发动机、机载系统、关键部件、专用设备等产品研制和产业化，进一步延伸完善航空全产业链，建设全球最大涡桨支线飞机研制生产基地。积极推进运20、新舟700研制，新舟60/600系列化发展，运8/运9系列飞机改进改型，无人机研制和产业化。扩展C919/C929、ARJ21、AG600等重大机型配套业务。二是航天产业。要围绕国家民用空间基础设施、航天器在轨维护、载人航天和深空探测、新一代运载火箭等重大专项，重点发展火箭发动机和卫星通信、导航、遥感，全面提升航天产品技术水平和竞争力，加快推进北斗卫星应用示范、商业遥感卫星系统建设，推动微小卫星领域协同创新，打造国内领先的卫星应用产业集群。三是有色冶金产业。要对现有企业的采矿工艺、矿产品及其加工、冶炼、生产工艺等进行改造提升，淘汰落后生产工艺设备，推进清洁生产，逐步实现由初级矿产品、初级冶炼产品向深加工系列产品转变，提高产品的科技含量。重点发展钼钛锆产品、铅锌产品、电解铝和金银产品等支柱产品，建设六大科研生产基地，即钼业生产基地，钛材生产基地，难熔金属材料生产基地，核工业专用锆、铪材生产基地，贵金属生产基地和有色基础技术和应用技术研究开发基地。四是食品加工产业。要以国际国内消费需求变化为导向，重点打造果品加工、卷烟、酒类及饮料、乳品、方便食品等具有陕西特色的品牌，积极推广应用先进技术，延伸产业链，提升产品附加值，推动食品加工产业的转型升级。

3.4.2 新兴产业的发展壮大

（1）加快构建陕西特色战略性新兴产业体系

一是推动本省“双创”发展。在战略性新兴产业重点领域建设一批国家级、省级创新平台，强化基础创新能力，突破产业可持续发展的核心关键技术。围绕战略性新兴产业培育设立专业孵化器，构建集创新创业联盟、创业苗圃、创客中心、种子基金、创业课堂、创业导师、商务秘书服务等于一体的、市场化运作的创新创业服务体系。组建一批战略性新兴产业联盟，促进上下游企业、高校、院所建立常态化、紧密型交流合作机制，提升相关领域研发、制造、服务水平，促进协同创新。二是加快战略性新兴产业人才队伍建设，打造具有国内外竞争实力和创新活力的人才集聚区。一方面，要继续实施国家、省级各类高层次人才引进战略，在战略性新兴产业重点领域面向全球引进一批掌握国际领先技术、引领产业发展的杰出人才、领军人才、拔尖人才及紧缺人才，吸引熟悉企业资本运作的复合型经济管理人才和重点科技创新团队来陕创业；另一方面，要积极推动创新人才队伍培养，加强科技创新团队、青年科技新星等人才培养和选拔，开展高技术人才知识更新继续教育和高技能人才培训，加快培养一批具有战略眼光的优秀企业家，打造一批战略性新兴产业重点技术创新团队。

（2）大力发展具有陕西特色的文化产业

充分挖掘和利用好陕西文化资源的独特优势，推动文化创新，坚持文化自信，凸显中华文明精神标识。一是加强陕西的中华优秀传统文化研究挖掘、创新发展和普及工作，加大文化遗产保护力度，传承振兴民族民间文化，保护传统工艺，充分弘扬陕西丰厚的传统文化资源和红色文化资源。二是促进文化产品创作。推动陕西文化工作者创作更好更多的传播当代中国价值观念、体现中华文化精神、反映中国人审美追求的精品力作。三是推动全省基层公共文化设施资源共建共享，创新陕西公共文化服务运行机制，加快构建陕西普惠性、保基本、均等化、可持续的现代公共文化服务体系。四是大力推动陕西文化产业发展，补齐文化制造业短板。一方面，培育新型文化业态，培育文化市场和文化龙头企业，持续优化文化产业功能布局，打造专业园区，增加优质文化产品和服务供给；另一方面，探索引进培养文化产业专业人才新途径新模式，增强智力支撑。五是壮大市场主体，改善营商环境，促进小微文化企业和文化企业集团发展；增加财政投入，发挥杠杆作用，加大金融支持，拓宽融资渠道，支持文化企业再融资，解决企业融资难等举措，大力推动陕西文化产业的发展。六是加大文化与旅游相融合的力度，大力发展“互联网 + 旅游”“互联网 + 文化”；完善配套政策推进文化旅游资源整合、项目结合、产业融合，致力于打造一批特色鲜明的文化旅游景区、文化产业基地和标志性文化基础设施工作。

（3）推进陕西特色新型服务业发展

一是加大基础设施建设投资力度。加大通信基础设施特别是互联网基础设施的投资力度，促进通信网、互联网、广播电视网三网融合；加大物流基础设施的投资与建设，为现代服务业的实体运作创造条件；加大交通运输基础设施投资与建设，着力提升等级、优化结构、增强运输能力与服务水平；加大仓储基础设施的整合与优化力度；加快城市交通体系建设；加大投入力度，构建政、产、学、研“四位一体”的现代服务业公共服务平台。二是大力推进金融体系创新。积极构建现代金融服务体系，加快建设融资租赁中心，扩大业务品种和规模，加快建设金融要素市场中心，推动市场服务多元化和业务创新；发展民营金融机构，培育互联网金融、商业保理等新兴业态。三是加快构建以枢纽经济、门户经济、流动经济为主的商贸物流业体系。发挥陕西省独特的区位优势，进一步完善和发展西安已形成的“二港二园三体系十中心”的物流发展大格局，在基础设施及道路交通发展的同时辐射带动咸阳、宝鸡、铜川、渭南、汉中等周边地级市的商贸物流服务业发展，培育形成陕西经济发展的新动能。

（4）推进陕西特色现代农业发展

一是建立创新成果转化机制。以“集成技术 + 高效推广”模式为方向，建立产业示范区，鼓励公益性推广机构、科研院校与经营性服务组织联结，形成“一主多元”服务机制；推行“专家引领、专业融合、联合攻关”模式，建立农业科技创新联盟，推动科技资源整合与协同创新。二是创新种业发展机制，推动育种人才、技术、资源依法有偿流向企业，组建企业为主体的育种联盟，加快构建“育繁推一体化”现代种业体系。三是全面提升粮食综合产能，围绕四大粮食功能区，建立农机农艺融合示范区，打造规模连片的现代粮食生产基地，重点抓好30个粮食主产县、20个旱作农业县的高标准基本农田建设，启动耕地质量保护与提升行动；实施粮食单产提高工程，推进节水、高产、增效、绿色增产集成技术模式攻关，提高主要谷物综合产能。四是加快推进果业转型升级，以健全苹果苗木繁育体系为切入点，加快老化果园改造，大力发展矮化栽培，实现稳产能、提品质。稳定秦岭北麓猕猴桃产业带，发展秦巴山区原产地产业板块，形成优势产业带。优化鲜食、榨汁和酿酒葡萄品种布局，建成秦岭北麓鲜食型、长城沿线酿酒型、渭北旱塬鲜食及酿酒型三大葡萄产业板块。大力发展高效设施农业。五是以肉羊、奶山羊和肉牛为主，狠抓良种繁育推广，扶持壮大产业联盟，发展标准化养殖和家庭牧场，打造陕北肉羊、渭北肉牛和关中高端奶畜产业板块，推进畜牧业发展方式转变。

3.4.3 新动能的培育

(1) 发展创新型经济

一是以重大项目为依托，以成果转化为重点，搭建成果转化对接平台，通过创新链和产业链的深度融合促进陕西培育高质量发展新动能，催生产业转型新业态，释放经济高质量发展新活力。二是大力培育创新型经济发展的文化氛围，消除妨碍创新、创业、创造的体制和机制弊端，建立创新、创业、创造风险共担机制和利益共享机制，形成有效的激励机制；加强人才资源的合理配置和利用，整合陕西省各类人才资源，拓展人才发展平台。三是围绕陕西省重大发展战略和产业布局，加强创新链与产业链双向互动，大力培养能源化工、电子信息、航空航天等重点行业的创新型科技人才，为陕西省高质量发展提供强大的人才支持和智力保障。

(2) 发展网络经济和数字经济

一是加快互联网基础设施建设，依托智慧城市建设，加快宽带网络升级改造，深入开展“光纤入户”等工程建设，加强全省4G网络覆盖和城市Wi-Fi热点布局。二是加大农村地区宽带网络建设力度，统筹提高城乡宽带网络普及水平和接入能力，着力缩小“数字鸿沟”。三是持续推进电信基础设施共建共享，统筹互联网数据中心等云计算基础设施布局。制定出台数字产业扶持政策，强化资金扶持，引导资金集中用于支持互联网基础设施提升、公共平台建设、公共服务补助等；强化创业扶持，加快构建互联网创新创业服务平台，促进创业者与市场充分对接。四是充分发挥陕西省丰富的科教资源优势，建立切实可行的人才落地转化机制，促进互联网人才引进和培养。五是积极引导信息消费，在生活类信息消费方面，创新发展满足人民群众生活所需的各类便民惠民服务新业态，重点发展线上线下融合服务、数字创意内容和服务、交通旅游服务等；在公共服务类信息消费方面，推广在线公共服务，发展智慧健康服务、在线医疗服务、在线教育服务等。

（3）加强品牌建设

一是坚持以创新为核心，以差异化满足不同层次的消费需求，加快构建以创新、智能、绿色和高质量为主要特征的发展新动能，推进陕西工业品牌培育。二是加强陕西省农产品品牌建设，以农业产业化龙头企业、高标准农业板块基地和现代农业示范区为重点，培育和发展在全国有较高知名度的陕西农产品加工产业品牌；大力推行“公司 + 商标品牌 + 农户”产业化经营模式，进一步提高农民进入市场的组织化程度。三是加强陕西省服务业品牌建设，明确陕西服务业品牌建设的重点领域，推动生产性服务业向专业化和价值链高端延伸，培育一批知名陕西品牌服务企业，培育和发展有较高知名度的服务业品牌。四是加强陕西省品牌集群建设，以传统支柱产业、优势产业为依托，加强陕西品牌保护，培育形成陕西行业性品牌集群；鼓励品牌抱团发展，培育形成一批品牌相对集中的陕西品牌集群。积极开展商标战略示范城市、示范县、示范企业建设创建活动，培育一批国家级商标战略示范城市、示范县、示范企业；加强对拥有驰名商标、著名商标中小企业的上市培育。

3.4.4 产业空间布局的优化

(1) 推动关中创新发展

关中地区城市分布相对均衡，有丰富的历史资源和现代工业基础，形成了以陇海铁路为轴心，东起潼关西到宝鸡，与西安、宝鸡、咸阳、铜川、渭南点状布局结合的工业城镇带，建成了以航空航天、机械制造、电子信息、交通运输、电力、仪器仪表、装备制造等为支柱工业，兼有化工、建材、医药、纺织、冶金等门类的现代工业体系。关中地区要抓住《关中—天水经济区发展规划》启动实施契机，在“一轴一环三走廊”的空间格局下，促进产业集群化发展，推进产业结构优化升级，不断提高自主创新能力。

(2) 实现陕北持续发展

陕北的延安、榆林地区资源优势突出，是我国已探明的低硫、低灰、低磷、高热能的优质产煤区，我国陆上最大的整装天然气田和岩盐矿产区和较大的石油产区。丰富的能源资源奠定了陕北的主导产业及产业结构，陕北地区目前已形成了以西包公路、西延—神延铁路为主体的黄陵—榆林—神木—府谷煤炭开发和煤化工、电力、建材产业带；以延安交口河—永平为中心的石油采炼和石化工业区；以定边—靖边—横山为中心的天然气、石油采掘、加工和食用盐加工工业区。陕北地区要按照“珍惜资源，深度转化”的总体要求，加快工业结构由能源资源开发为主向资源开发与深度加工并重转移，积极发展新能源产业，逐步优化三次产业和工业内部结构，建成国内一流、世界知名的能源化工基地，推进陕北跨越式发展。

(3) 促进陕南循环发展

陕南地区产业布局以生物资源、水力资源、矿产资源开发、加工为主。目前，已建成了以钼、铼、汞、钾、蓝石棉、重晶石、磷、金等矿产为重点，以勉略宁、山镇柞和旬阳三个大型矿业综合开发区为中心，形成了以采掘和冶炼为主的原料工业区。以汉中市为中心，包括南郑、城固、洋县及勉县，充分利用交通、水利条件，依托现有工业和优势资源，初步形成了绿色食品、机械制造、医药化工、林特产品、食品加工工业区；汉江沿线，坚持水利、水电并重，积极实施梯级开发，形成了以电力、水利、水产加工等为主的综合开发沿江工业体系。陕南地区要按照保护山水资源，发展循环经济，实现突破发展的总体思路，要以生物加工、特色小镇生态旅游、新兴材料三大主导产业为主体，打造循环经济产业核心聚集区。

3.4.5 产业集群的培育

(1) 关中地区要发挥在多领域产业集群中的支撑作用

一是要继续做大做强装备制造产业集群，不断改造提升传统的装备制造产业集群，更加注重装备制造产业集群的服务性功能，积极引导装备制造符合生态环境要求。二是要培育壮大战略性新兴产业集群，推动新一代信息技术产业集群的跨越式发展。以西安国家高新开发区、西安经济开发区、西安咸阳新区和航空航天基地等为重要载体，加快发展集成电路设计与制造、集成电路封装测试、光电子集成电路、新兴半导体分立器件等半导体产业集群，积极发展通信设备制造、智能终端、关键零部件等通信产业集群，延伸发展行业应用软件、嵌入式软件、软件服务外包等高端软件产业集群，创新发展“互联网+协同制造”“互联网+现代农业”“互联网+智慧能源”“互联网+普惠金融”等信息技术服务产业集群。三是加快发展现代服务产业集群，加快发展金融、物流、旅游、文化等优势现代服务业。以西安为中心建立西北地区金融中心，开发规划西安经开区、西安国家高新区、西安咸阳新区等地，汇聚各界金融资源，吸引金融领域大中小企业入园，完善金融服务业生产体系，为陕西省其他产业的发展提供全面优质的金融服务；以西安经开区为重点开发对象，打造西北地区最大的现代物流中心，布局好区位交通条件、通信设施以及仓储空间等物流基础，集中物流公司形成产业集聚，发展大贸易大流通，推动“一带一路”建设物流运输规模化发展；打造现代文化旅游产业集群，加快泾河新城乐华城文化旅游产业集群的发展，以海洋公园和影视基地为两大主题，形成

文化 + 旅游 + 商业“三位一体”的现代文化旅游格局。

（2）陕北地区要根据能源资源禀赋条件，推动形成有利于可持续发展的产业集群

一是积极发展节能环保型产业，建设国家能源化工基地，积极推进煤向电、煤电向材料工业品、煤油气盐向化工产品的“三个转化”。二是依托煤炭、天然气、石油、岩盐四大资源，加快发展煤、油气、盐、电、化工五大支柱产业，形成综合开发、相互支撑的产业集群。

（3）陕南地区要积极打造绿色特色循环产业集群

一是促进茶产业集群化发展。做好发展茶产业的支持工作，提供财政投资，制定相关发展规划；充分发挥龙头企业的作用，通过引入新技术、专家人才，提高茶叶的科技含量与品质；培育茶文化，积极打造知名品牌，扩大陕茶叶市场的影响力和知名度，提高茶产品的知名度和附加值。二是推动中药材产业集群的形成。构建有陕南特色的中药材产品生产体系，壮大中药主要产业实力，延伸产业链并打造系列产品，建立基地稳定中药材供给源，增强陕南中药竞争力优势；不断提高中药材开发利用能力，积极发展非药用保健品、化工原料等关联产业；建立重点中药研究实验室，合理利用人才、知识、资金等资源要素，不断提高陕南中药产业的创新能力；构建中药物流平台，提升秦巴中药材系列产品的市场知名度，做好投融资、成果转让、创业指导、市场信息等方面的服务工作。

4 陕西“十四五”时期数字经济发展研究

党的十九大提出，要建设网络强国、数字中国、智慧社会，推动互联网、大数据、人工智能和实体经济深度融合，在创新引领、共享经济等领域培育新动能。数字经济是陕西省经济增长新动能培育的助推器，加快数字经济发展是陕西省“十四五”时期乃至未来更长时期的重要战略布局。为了准确研判数字经济对陕西省经济增长新动能的影响，因此提出进一步推进陕西“十四五”时期数字经济发展的对策建议。

4.1 数字经济为陕西“十四五”时期新动能培育带来的机遇和挑战

2018 年，陕西省 GDP 达 2.44 万亿元，增长 8.3%，虽然经济增速超过全国 GDP 平均水平，但人均 GDP 为 63477 元，略低于全国人均 GDP；2019 年上半年，全省实现 GDP 11625.57 亿元，同比增长 5.4%，经济下行压力大，陕西省经济发展仍滞后于全国平均水平。因此，“十四五”时期陕西经济要想实现追赶超越，需要把握全球经济发展和技术进步的新趋势和新格局，突破要素投入驱动型发展方式，寻找新抓手、培育新动能。

4.1.1 数字经济为陕西“十四五”时期新动能培育带来的机遇

(1) 推动智能产业体系发展的机遇

推动数字经济与实体经济融合，是陕西省实现产业转型升级，进而推动智能产业体系发展的重要抓手与契机。以新一代信息技术与制造技术深度融合为特征的智能制造模式，正在引发新一轮制造业变革，数字化、虚拟化、智能化技术将贯穿产品的全生命周期，柔性化、网络化、个性化生产将成为制造模式的新趋势，全球化、服务化、平台化将成为产业组织的新方式。数字经济也在引领农业现代化，农业 O2O、数字农业、智能农业等农业发展新模式，就是数字经济在农业领域应用的表现。在服务业领域，数字经济的影响与作用已经得到较好体现，以电子商务、互联网金融、网络教育、远程医疗、网约车等为代表的智能服务业，使陕西省居民的生产生活方式发生巨大改变。

（2）加速数字基础设施投资的机遇

随着数字经济的发展，数字基础设施的概念越发广泛，既包括信息基础设施，也包括对物理基础设施的数字化改造。在依靠传统物理基础设施驱动经济增长的过程中，衍生出政府投资对私人投资的挤出效应，抬高了投资的成本。数字基础设施形成的关键是技术，并且数字基础设施投资不再受物理空间的制约，在投资形成的过程中不会挤占数量有限的土地资源，投资效率远高于物理基础设施。陕西省信息产业的研发能力位于全国前列，在大力发展数字经济的背景下抓住数字基础设施投资的战略机遇，能够加快陕西省创新型省份建设。

（3）大力培育数字消费的机遇

在数字经济社会，人口红利已经由工业经济中的劳动力转变为以数字消费者数量为主导的生产要素。我国的数字消费者指数名列前茅，受益于人口年龄结构的优势，消费习惯更易改变，从而使数字化生活的渗透力度更为明显。中国仅用 9 年的时间就达到了 50% 的电子商务用户渗透率，而美国用了 14 年；在移动支付、实时通信和移动出行领域差距更为明显，中国仅用了 5 年，而美国至今还未达到这一水平。智能制造能够为数字消费提供日趋完善的硬件和信息服务，5G、人工智能等数字基础设施能够完善数字消费的平台建设，从而增进数字消费的满足感。陕西省作为西北地区的核心，人口规模和科技水平都有利于提升数字消费的广度和深度。

（4）建设数字丝绸之路的机遇

在 2017 年“一带一路”国际合作高峰论坛开幕式上，习近平主席指出：“我们要坚持创新驱动发展，加强在数字经济、人工智能、纳米技术、量子计算机等前沿领域合作，推动大数据、云计算、智慧城市建设，连接成 21 世纪的数字丝绸之路。”陕西省作为丝绸之路新起点，要鼓励和支持企业“走出去”，利用自身优势和丰富经验，发展跨境电子商务，建立信息示范区，更多地打造符合“丝绸之路经济带”建设需要的数字信息产品和配套服务。在技术交流、数据共享、市场贸易、信息消费等方面，搭建更多共建共享共赢的新平台，培育更多利益契合点和经济增长点，为陕西省以及“丝绸之路经济带”沿线国家和地区注入强大新动能。

4.1.2 数字经济为陕西“十四五”时期新动能培育带来的挑战

（1）数字经济对经济发展环境的挑战

目前，陕西省的数字经济发展环境还不够优良。对数字经济发展战略定位比较模糊，基础设施投资不够，服务水平有限，相关法律规范不够健全，知识产权保护不力。政府电子政务发展水平较低，政府监管缺位越位均较明显。社会诚信体系尚未建立，数字经济人才短缺。核心技术商业开发滞后，“数字 + 产业”融合与创新不够快。上述这些因素均对陕西省大力推动数字技术与数字经济快速发展形成了挑战。

（2）数字经济对企业技术升级的挑战

陕西省乃至我国数字经济崛起更多依靠“人口红利”“网民红利”和“市场红利”，突出表现在“一条腿长，一条腿短”，即“应用端”成熟、“创新端”和“基础端”薄弱，基础研究、原始创新和基础产业与国际先进水平相比差距较大。核心技术被“卡脖子”问题迫在眉睫，发达国家技术封锁越来越严，我国研发成本也将大幅攀升。陕西省虽然是教育大省，但信息技术水平大幅落后于上海、北京、浙江和广东等发达地区，尤其是企业研发投入较低、研发能力不足。芯片、超算中心、根服务器、大科学装置等前沿技术在陕西省基本处于空白，发展数字经济背景下陕西省企业技术升级也将面临巨大挑战。

（3）数字经济对数字鸿沟的挑战

数字鸿沟既包括基础设施接入层面的鸿沟，也包括数字素养方面的鸿沟。陕西省关中地区互联网普及和应用程度远高于陕北和陕南地区，“区位数字鸿沟”明显。同时，陕西省城乡之间也依然存在数字鸿沟，在4G技术的推动下农村互联网普及率得到提升，但仍以低端的通信和娱乐为主，对改进农村生产方式的作用有限，农村地区依然是陕西省“数字洼地”。更为关键的是，数字鸿沟不仅受制于网络设施的普及程度，更取决于公众运用数字技术的知识和能力。陕西省高层次人力资源主要集中在西安及周边地区，其他地区尤其是农村居民学历较低、缺乏网络知识和技能，成为克服“数字鸿沟”的巨大挑战。

4.2 陕西数字经济发展的整体评价

近年来，陕西省以习近平新时代中国特色社会主义思想为指导，牢固树立新发展理念，抢抓数字经济发展新机遇，以高质量发展为主线，以数字产业化、产业数字化为主攻方向，加快推进数字基础设施建设，数字经济的新业态和新模式不断涌现，数字经济正在成为新时代经济发展的新动能。

4.2.1 数字经济成为陕西经济高质量发展的重要支撑

目前，陕西省有网信企业总数为4300家，行业从业人员超过30万人。从发展速度来看，数字经济已成为驱动陕西省经济转型升级的新引擎和新亮点。根据中国信息通信研究院发布的《中国数字经济发展与就业白皮书（2019）》，2018年陕西数字经济规模超过6000亿元，占同期GDP比重超过25%，数字经济增速达到17%，显著高于同期GDP增速。

从数字经济的核心产业来看，根据陕西省统计局发布的战略性新兴产业发展现状，2018年陕西省新一代信息技术产业实现增加值677.7亿元，增长17.8%，增速比2017年加快5.4个百分点，明显高于同期经济增速。

在具体行业中，依托“互联网+”和大数据产业的发展，互联网信息服务增长59.7%，拉动新一代信息技术产业增长5.2个百分点。由三星带动的集成电路制造增长20.2%，拉动新一代信息技术产业增长6.8个百分点。由此可见，近年来陕西省数字经济加速发展，已成为经济高质量发展的重要支撑。

4.2.2 初步形成了数字经济产业体系

随着数字技术对实体经济的渗透和融合，陕西省的电子商务、共享经济、数字金融、数字消费等新经济、新业态、新模式正在蓬勃发展。陕西信息丝绸之路、数字经济试点示范区建设得到了有序推进，百度、阿里巴巴、腾讯、华为、京东等网信龙头企业陆续在陕落地，一批具有创新活力的本土数字经济产业加速成长，初步形成了一批有特色的数字经济产业体系。目前，陕西省聚集了中电20所、631所等122家产值过亿元的网信企业，其中规模超过千人的企业有12家；新三板挂牌的网信企业为50家，主板上市的网信企业为2家，分别是广电网络和烽火电子。根据西部数字经济研究院的统计，截至2018年底，陕西省拥有包括陕西广电网络传媒、陕西传媒网等各类互联网信息服务企业共计320家，产业规模达500亿元。

有以西安华讯得贸易有限公司等为代表的各类电子商务企业超过400家，估测行业年产值规模达到500亿元；有以航天云网、陕鼓集团、隆翔制造、宝鸡机床等为代表的智能制造企业300家，产业规模达2000亿元；有以摩拜单车、滴滴出行、曹操专车等为代表的共享经济企业达50家，产业规模达20亿元；有以陕众筹等为代表的互联网金融企业50余家，产业规模达100亿元；有以交大捷普、四叶草安全等为代表的网络安全企业共200余家，产业规模约为52亿元；有以中航618所、中兴测控等为代表的专业物联网企业300余家，产业规模达600亿元；有以美林数据、九索数据等为代表的大数据企业约100余家，产业规模达100亿元；有以英雄互娱、秦汉文化等为代表的数字文化产业200余家，产业规模达200亿元；有以华为西安研究所、中软国际、软通动力等为代表的软件服务企业2200

家，产业规模约为2800亿元；有以中电20所、中电39所、航天771所等为代表的卫星导航企业250家，产业规模达800亿元。由此可见，陕西省已初步形成了现代化的数字经济产业体系。

4.2.3 数字基础设施助推实体经济的数字化转型逐渐加速

近年来，为了适应新时代数字经济发展的需求，推动实体经济和数字经济融合发展，陕西省于2018年发布了《陕西省2018年数字经济工作要点》，于2019年发布了《关于开展数字经济试点示范的意见》，不断升级完善数字基础设施。2018年，陕西省互联网发展指数居全国第7位，较2017年提升6位；固定宽带平均可用下载速率达到26.92Mbps，同比提升41.8%，居全国第15位、西部地区第2位；固定宽带家庭普及率达到84.9%，同比提升10%；移动宽带用户普及率达到102.7%，同比提升8.5%，居全国第7位。西安市骨干直联点网间宽带扩容至490G，在西部4个国家级互联网骨干直联点中居第1位，全省互联网网间通信疏通能力不断增强。此外，2018年陕西省4G基站新增10942个，增速居全国第2位，99%以上的行政村实现4G覆盖，城乡数字鸿沟逐步缩小。

在传统产业数字化转型方面，随着数字技术的创新突破和融合渗透，传统企业不断加大数字化投入，加强数字技术在生产、运营、管理和营销等诸多方面的应用，推动各行各业数字化、网络化、智能化转型升级。目前，陕西省企业生产设备的数字化率达到39%，数字化研发工具普及率达到60.2%，关键工序数字化率为44.8%，实现网络化协同比率达22.8%，信息消费占总消费比重达到60%，数字经济正在成为陕西省经济结构转型升级的重要驱动力。

4.3 陕西数字经济发展中面临的突出问题

4.3.1 数字经济规模与全国数字经济发达省份相比还有较大差距

目前，全国各地都极为重视数字经济的发展，我国数字经济的发展规模呈现由东向西递减趋势，差距逐渐扩大。具有经济发展优势的长三角、珠三角等地区的重点城市对数字经济发展资源具有很强的吸引能力，对陕西省数字经济的发展产生挤出效应。近年来，陕西省数字经济规模一直保持快速上升趋势，但也必须意识到，陕西省数字经济的规模与全国其他数字经济先行省份仍然有着较大的差距。

根据中国信息通信研究院的统计，2018 年我国数字经济规模总量达到 31.3 万亿元，占 GDP 的比重达到 34.8%，占比高于我省近 9 个百分点。从规模来看，广东、江苏、浙江和山东数字经济总量均突破 2 万亿元，处于第一集团；上海、北京、福建、湖北、四川、河南、河北数字经济总量突破 1 万亿元，处于第二集团；宁夏、青海数字经济规模小于 1000 亿元，处于第四集团。其余省份均处于 1000 亿～10000 亿元的第三集团，其中我省数字经济规模在全国省区中处在第 18 名，位于中等靠后位置。从速度来看，贵州、福建的数字经济增速均超过 20%；江西、浙江和江苏的数字经济发展速度超过 19%，陕西省居全国第 6 位，处于比较靠前位置。由此可见，陕西省数字经济发展速度较快，但目前的规模相比发达地区仍然有不小的差距。

4.3.2 有关数字经济发展的顶层设计还需进一步提升

一是尚未出台数字经济发展的专项政策。虽然陕西省于 2018 年出台了《陕西省 2018 年数字经济工作要点》，并部署了 2018 年数字经济工作的 20 项任务，但全省数字经济发展尚未树立一盘棋思想，尚未出台数字经济领域专项政策，产业发展与行业应用大多以局部为主，缺乏体系化。

二是缺乏对陕西省数字经济发展的细化研究。现阶段陕西省在市场竞争力、技术竞争力、人才竞争力等领域均处于全国的“三四梯队”水平，尚未就如何把握发展机遇、发挥陕西特色优势提升数字经济竞争力的问题开展全面深入的研究。同时，市内各区县数字经济同质化发展严重，产业集聚效应不明显。

三是数字经济发展秩序监管体系落后。随着数字经济的快速发展，线上线下问题聚合交错，市场运行更加复杂，一些不正当竞争行为屡有显现，诈骗、传销、非法集资等网络犯罪迅速蔓延，利用信息不对称侵犯消费者权益问题大量存在，侵犯隐私现象层出不穷，而陕西省有关制度规范落后于市场的弊端不断凸显。

4.3.3 推动数字经济发展的人才、技术和管理支撑不足

一是人才支撑不足。人才是陕西省数字经济能否得到快速发展的关键因素。目前，陕西省数字技能人才短缺，严重影响了陕西省传统产业数字化转型进程。据统计，中国目前有约70万名数字经济人才，其中陕西省数字经济人才占全国的比重约为5%，远远低于上海的16.6%和北京的15.6%。

二是技术支撑不足。互联网与陕西省传统行业跨界融合发展不足，缺少有影响力、带动力的新产业、新模式、新业态，知名互联网龙头企业较少，整体盈利能力较弱。智能语音、量子通信等前沿技术的产业化水平与其技术水平还不匹配。

三是管理支撑不足。陕西省各地智慧城市、电子政务等领域的信息化建设正朝集中管理和集成应用方向发展，需要跨部门、跨行业、跨区域整合信息资源并实现互联互通，但受既有管理体制的约束，一些垂直业务系统还不能互联互通，巨量数据资源的价值未能被充分挖掘，大数据开发利用仍处在起步阶段。

4.3.4 数字技术与实体经济融合程度不够高

一是数字经济在生产领域的投入不足。陕西省资本大量涌入数字经济生活服务领域，但在生产领域技术和资源投入仍然不足，大部分制造业和农业数字化、智能化水平总体不高，距离创新、设计、生产制造等核心环节的实质性变革还有较大差距，大多数中小实体企业数字化转型尚处在起步阶段。

二是工业生产智能化程度较低。智能工厂偏少，柔性制造、个性化定制等新模式应用不多。现阶段全省对智能化应用的重视、投入程度不够，对智能化应用痛点理解不深，难以形成数字经济产业与行业应用融合发展新格局。

三是企业数字化改造提升面临较高壁垒。传统产业利用数字技术需要巨大的前期投入，且周期长、见效慢，数字技术发挥作用时间较长，相应组织必须进行适应性调整之后才能获得数字技术的正向收益，这对于想要转型的企业又是另一重挑战。

四是数字化转型服务支撑能力不足。陕西省信息工程服务和系统解决方案供应商还不能满足各行业量大面广的中小企业数字化转型需求。同时，大数据产业的支撑能力不够，数据资源的挖掘利用程度不深，应用潜力和开发价值还有待全面释放。

4.3.5 数字经济发展缺乏统一的评价体系与标准

一是数字经济综合评价体系建设滞后。相较于江苏、上海等先行地区，陕西省对数字经济发展成效的评价工作仍处于空白状态，难以有效就数字经济对全省经济社会发展的直接、间接带动效应进行评价。

二是数字经济产业统计边界模糊。数字经济业态多样、产业链长，与传统产业存在较多交叉点，难以从原有产业中剥离，易造成混淆，导致陕西省现行统计指标体系涉及行业代码多、统计口径不统一、施行难度大等问题，不利于准确研判全省数字经济产业发展的现实状况。

4.4 “十四五”时期进一步推进陕西数字经济发展的对策

当前，数字经济在国民经济中的地位稳步提升，已经成为中国经济提质增效、实现高质量发展的新动能、新机遇。为了让数字经济成为陕西“十四五”时期经济发展的新动能，针对陕西省目前数字经济发展过程中存在的突出问题，提出如下政策建议。

4.4.1 提高数字经济在陕西经济发展中的首位度

数字经济发展的最终目标是智能经济，制高点是人工智能。因此，陕西省数字经济发展要以智能化为主导方向，突出智能产品和服务解决方案，必须牢牢抓紧这个战略重点，倾全省之力优先发展人工智能，提高数字经济在陕西发展中的首位度。一是通过数字新技术重构陕西省实体经济，汇入更多智能，实现陕西省实体经济的新升级。二是通过培育数字化发展新动能，着力提高数字经济规模占陕西总体经济规模的比重。三是各地区结合自身产业特点和优势，抓住数字经济发展“风口”，大跨度向以数字为基础的新实体经济“换道”，在新技术、新模式、新业态方面定好位。

4.4.2 促进陕西产业的数字化转型

一是推动农业数字化转型。利用云计算等新一代技术整合相关农业资源，建设陕西大农业数据公共服务平台，提供农产品质量安全追溯、电子商务信息，加快数字技术在农业领域全产业链的广泛应用，实现对农村传统生产经营模式的改造提升。

二是积极推动工业数字化升级。推动云计算、大数据、物联网等信息技术对装备制造、航空航天、能源化工等陕西特色优势产业改造，鼓励发展网络化协同、个性化定制、众包设计、服务型制造等新业态、新模式。

三是实现服务业数字化发展。实现大数据在服务业中的创新应用，积极推动信息技术与商贸物流、现代金融、文化旅游等生产性服务业融合。加快互联网与医疗、教育、餐饮等生活型服务业等行业互动。培育壮大数字文化创意产业，促进动漫、电子图书、新媒体等产业集聚发展。

4.4.3 积极推进陕西数字化新兴产业的发展

一是促进数字经济与实体经济融合。实施实体经济数字化转型行动计划，实施工业互联网行动计划，扎实推进“互联网+”现代农业行动计划，建设农业数字经济示范区，重点发展农业物联网。持续推进电子商务进农村、进社区示范工作，统筹建设各类数字经济园区发展和数字领域创新创业平台建设，实施“互联网+”中小企业创新创业行动计划。

二是加强陕西物联网产业的发展。在陕西经济新旧动能转换的重要时刻，物联网对加速传统产业网络化、智能化、服务化转型升级以及经济社会创新、可持续发展具有重要意义。陕西是国内物联网起步较早省份，在物联网感知层的传感器研发生产领域，具有雄厚的技术优势和产业基础。在培育陕西经济发展新动能的过程中，要把物联网产业作为主导产业，统筹推进物联网产业大发展。

三是以大数据应用作为陕西产业发展的战略引领。推动大数据与陕西三次产业深度融合发展，快速培育陕西大数据产业集群、推动产业转型升级，培育大数据技术创新联盟、产业联盟等，使大数据产业成为陕西经济发展的重要增长极和具有国际影响力的产业基地。

四是加强陕西省数字经济核心产业的发展。加快发展集成电路、通信与网络、元器件等基础产业，培育壮大大数据、云计算、物联网、北斗卫星导航等新兴信息产业，加速成长人工智能、区块链、未来网络等前沿信息产业，形成一批具有核心竞争力和带动性强的数字基础产业。运用云计算、大数据、人工智能等数字技术，促进工业智能制造、农业生产加工，以及以商贸、物流、金融、旅游、医疗、养老、文化等生产生活性服务业数字化、网络化、智能化。

4.4.4 高度重视陕西数字经济人才队伍建设

人才是第一资源，对于数字经济来说，专业人才的重要性更加显现。随着互联网、大数据、人工智能和实体经济的深度融合，数字经济发展急需既懂大数据分析技术又懂相关业务知识，既有互联网思维又理解制造业痛点的复合型人才，而陕西省这类人才结构性短缺问题较为突出，成为数字经济发展的短板之一。因此，要高度重视数字经济人才建设。一是抓住人才引进、培养、使用三个环节，进一步完善数字人才队伍建设工作机制，合理开发人才资源，增强人才实力，激发人才活力。二是建议成立全省数字经济专家服务团，利用全省“千人”“特支”“三秦学者创新团队”等人才工程项目，引进培养相关高层次人才，实施数字经济人才培养行动计划。三是建立数字经济高层次创新创业人才网络平台，发布数字经济人才引进计划，提供咨询和接洽服务，为人才来陕工作提供专业化、系统化、个性化服务。

4.4.5 完善陕西数字经济发展的保障体系建设

一是加强数字经济基础设施保障建设。促进基础设施建设从交通基础设施建设向数字基础设施建设转型，推进 4G 网络深度覆盖和电信普遍服务。促进移动网络稳步升级，加快完善提升4G网络，适时启动5G网络建设，实现无线宽带网络“先城市、后乡村、全覆盖、快普及”。积极吸引电信运营商、大型互联网企业、专业数据中心运营企业和行业龙头企业等来陕西进行数字基础设施建设。

二是完善数字经济发展的组织保障。组建省级大数据发展管理机构，对陕西发展数字经济进行统筹规划和宏观指导，主要包括推进陕西数字经济基础设施建设、数字产业发展以及大数据资源管理应用等数字经济发展相关工作。

三是完善数字经济发展的资源共享机制。建立陕西大数据中心，完善全省统一的数据传送网络，推进不同地市、不同部门之间的数据资源共建共享，培育一批面向基本公共服务的数据企业，加快重点领域服务大数据挖掘开发和利用，提高数字经济发展公共服务的精准度。

四是加快陕西省数字经济试点示范区建设。陕西省数字经济试点示范区是推进互联网与传统产业跨界融合，促进网上自贸区与信息丝绸之路协同发展，统筹建设各类数字经济园区发展和数字领域创新创业平台建设，培育陕西经济发展新动能，推动数字经济的新支点。

五是加快建立适应数字经济发展的政策体系。配套建立政策制定落实机制，加快建立完善数字经济开放合作体制机制，推动数字经济创新创业，推进供给侧结构性改革和全面深化改革，努力营造良好的营商环境，以保障经济要素能够顺畅流动。

5 陕西“十四五”时期金融支持实体经济发展研究

为了更好地落实国家和陕西省关于金融支持实体经济的要求、促进实体经济发展，通过对陕西省金融机构、企业和政府部门等开展全面调研，充分挖掘金融支持陕西实体经济存在的问题，并在此基础上提出金融支持陕西实体经济的对策建议。

5.1 金融支持陕西实体经济发展的总体评价

2017 年，金融对陕西实体经济的支撑作用进一步增强。全省社会融资规模增量 5925.99 亿元，同比增长 68.6%，增量再创历史新高。各项贷款保持较快增长，2017 年末全省本外币各项贷款同比增长 11.2%，较上年末上升 1.5 个百分点；人民币存贷比为 70.6%，较上年末提高 2.8 个百分点。

5.1.1 金融机构以多渠道创新产品和服务支持实体经济发展

在支持产融结合和科技创新方面，人民银行西安分行开展应收账款质押贷款试点，大力推进供应链金融创新，为全省中小微企业融资服务；同时还建立了三个功能各有侧重、支持政策全面、创新气氛浓厚的杨凌农业保险创新试验区、韩城保险创新试验区和铜川保险助推脱贫攻坚示范区，围绕农业产业发展、地方经济建设和脱贫攻坚等重点领域，创新保险产品和服务，发展人民群众需要的保险业，提升服务实体经济的水平。陕西金融控股集团高度重视科技金融，通过创新产品和服务，积极实施科技金融投贷联动，破解科技型企业融资难题，帮助本地多家高新技术企业突破发展瓶颈。西安银行全资设立投贷联动子公司“西银创投”，中国银保监会已批准，待国务院核准后正式挂牌。

在支持自贸区发展层面，截至2017年底，由陕西自由贸易试验区内共有各类银行业金融机构174家（其中法人机构6家，一级分行13家，二级分行3家）。自由贸易试验区内首只2亿美元境外债券在香港成功发行，为自由贸易试验区企业利用境外发债融资提供了有益的借鉴。在陕粤港澳经济合作活动周上，先后举办了陕粤港澳经济合作活动周“陕港金融合作平台交流会”、中国（陕西）自由贸易试验区金融创新深圳恳谈会和新加坡对接会，助推陕西与港、深、新三地金融合作。成功举办欧亚经济论坛金融合作分会和“丝绸之路经济带”沿线国家金融合作论坛。

在推进绿色金融方面，在中国人民银行西安分行和陕西银监局的政策和监管指导下，辖内银行业金融机构积极发展绿色信贷业务，不断创新绿色金融产品和服务，将绿色信贷标识纳入信贷管理全流程，作为客户评级、市场准入、贷款定价和市场退出的重要依据，严格执行“环保一票否决制”，控制产能过剩行业贷款。调研数据显示，截至2017年末，陕西23家商业银行共发放绿色贷款3243.7亿元，较上年增长11.5%。陕西证监局积极引导环保企业直接融资，省环保类上市企业中再资环通过非公开发行股票再融资4.62亿元；中环装备启动非公开发行股票募集资金收购环保类子公司。

在金融合作平台发展层面，全省第一家具有全国影响力的金融合作平台——秦农银行发起成立的“丝绸之路农商银行联盟”正式成立，涉及12个省区、76家农商行、3万亿元金融资产。特色片区初具规模，“科技路—唐延路—锦业路”带状科技金融聚集区初步形成。曲江文化金融试验区已拥有文化类企业1.1万家，逐步形成文化产业投融资机制建设的“西安路径”。西安金融商务区初步形成“金融总部+后台+要素市场+金融配套”的产业布局。

5.1.2 企业融资难、融资贵和融资成本高问题仍然存在

在融资渠道方面，小微服务业企业融资渠道仍然非常有限，主渠道主要是从商业银行和民间贷款。首先，多数企业的金融及资本运营知识匮乏，无法正确运用好的融资政策，更无法运用现代资本运作模式融资，企业长期处于低效运转的模式，资金使用效率很低。其次，小微服务业企业规模小、存续期短等自身劣势也导致其很难满足股权交易、发债等融资方式的要求。最后，银行贷款或政府扶持项目惠及面有限，无法达到普惠性服务要求。但相对过去而言，融资服务在信息、态度和方式等方面都有了一些进步，信息推送更加及时、频繁，企业能经常收到商业银行、民间借贷机构推送的贷款信息；金融机构提供服务的态度变好；信用贷款方式更多，资金缺口不大的企业可以通过个人信用贷款解决问题。另外，小微企业从地方商业银行获得贷款更多，这也反映了普惠金融政策取得了一定成效。

在融资难易度方面，小微企业相对于大企业来说融资仍然较为困难，同时融资难易度在行业和企业层面也呈现出结构分化格局。融资困难的原因有多种，一是企业规模太小，财务指标达不到金融机构的要求，也很难满足银行相关信用贷款业务的要求。二是缺乏抵押，特别是不动产抵押，多数企业由于无抵押物而无法获得贷款。三是银行贷款期限不够灵活。企业贷款的期限需求已经趋向多元化，有的需要一年以上的长期发展贷款，有的则需要几个月的短期流动资金贷款，但目前银行针对小微企业的贷款多数还是一年期，无法满足企业的多种贷款需求。四是银行贷款程序烦琐，不能满足企业融资的时效性。银行贷款手续烦琐，环节多、周期长，很难满足小微服务业紧急的资金需求。

在融资成本方面，无论是国有还是地方商业银行，在贷款利率方面小企业普遍高于大企业。据了解，除四大国有商业银行外，其他银行小企业贷款利率比大企业贷款利率普遍高1.5～2个百分点。此外，除了贷款利息外，小微企业从银行贷款还有一些隐性成本，如一些银行或担保公司在企

业获得的贷款中提前扣除保证金、利息等费用，导致企业实际拿到的贷款要少于应获得的贷款，这样就变向加重了企业的贷款成本。与银行贷款相比，民间贷款的融资成本更高，企业从民间借款机构贷款的利率在 12% ~ 30%，从个人手中借贷的利率在 12% ~24%。民间贷款昂贵的利率给融资企业带来了巨大的经营压力。

在享受融资优惠政策方面，享受贴息、利率优惠、担保贷款等优惠政策的企业相对较少，融资优惠政策主要偏向科技和“三农”企业。信用贷款成为一些企业的融资方式，有一些企业不用抵押，直接通过流水贷业务或网上贷款业务就可获得贷款（流水贷是根据小微企业在银行账户的结算量作为核心贷款依据，对符合条件的个体经营者、小微企业、小微企业股东或实际控制人以便捷、简约的方式发放的小额信用贷款），贷款方式和政策更加便捷高效。

5.1.3 政府加快出台各项政策，提供制度保障

在促进企业上市方面，制定出台了《陕西省加快培育上市后备企业资源行动计划（2018—2020 年）》《陕西省促进企业在多层次资本市场发展及直接融资奖励补助办法》。多渠道征集、筛选优质上市后备企业 41 家，目前已有西凤酒、西安银行等 7 家企业在证监会排队。陕西旅游、天元瑞信等 13 家企业在陕西证监局辅导备案。深度贫困县商洛柞水的盘龙药业成为全国深度贫困县第一家通过“绿色通道”在深交所上市的企业。截至目前，全省主板上市企业 47 家，新三板挂牌企业 158 家。

在普惠金融工作方面，制定印发了《陕西省推进普惠金融发展规划（2016—2020 年）实施方案》（陕政发〔2017〕4 号），引导各类金融机构服务县域经济发展。在融资担保体系建设方面有所加强，制定出台了《陕西省政府性融资担保体系建设行动计划》，陕西省农业信贷融资担保公司开业，全省农业信贷融资担保体系加速建立。批准设立延川农业融资担保公司、陕西建工融资担保公司，支持陕西投融资担保公司增资扩股，增强融资担保对全省农业产业化、建筑业和县域发展的服务能力。由人民银行

西安分行牵头组织实施了铜川市宜君县普惠金融综合示范区试点工作，为全省普惠金融发展探索可复制、可推广的经验。

在自贸区金融创新和促进对外开放方面，陕西省向自贸区各片区管委会委托了小额贷款公司、融资性担保公司、交易场所审批和监管事权。协调支持金融监管部门出台《金融服务中国（陕西）自由贸易试验区建设意见》《简化中国（陕西）自由贸易试验区银行机构及高管准入方式实施细则》《陕西自贸试验区基金产品参与内地与香港基金互认参考指引》等，支持各类金融机构加快聚集、开展经验复制，探索具有陕西特色的自贸区金融创新，人民银行西安分行积极打造“通丝路”跨境电子商务人民币结算平台，在线提供人民币跨境结算、报关报检等 10 项“一站式服务”，为全省小微企业和农户特色产品走向全球市场搭建“人民币网上丝绸之路”，有效地构建了对外开放的金融支持平台。

5.2 金融支持陕西实体经济发展存在的问题

虽然陕西省金融支持实体经济效果明显，但还存在以下问题。

5.2.1 实体经济的结构与核心竞争力对融资能力的影响

一是轻资产企业融资难度较大。拥有有形资产做抵押的重工业和有国家担保的企业更容易获得商业银行贷款。因此，投资过多地进入重资产的企业，而偏消费品、服务性、创新型和运用更多人力资本的轻资产企业较难获得资金，发展受到限制。二是陕西省实体经济真正在国际领先的技术较少，还未确立核心竞争力。并且，实体经济中高端产业发展相对较为有限，新动能和新产业的发展动力不足。缺乏核心竞争力和高端产业的现状也在一定程度上阻碍着金融资产流入实体经济。三是创新与经济实践脱节，没有解决好科技创新和产业创新的关系，使产业结构的优化升级受限。

5.2.2 实体经济的产能过剩后遗症制约企业融资

进入新常态以来，随着我国经济发展进入增速换挡、结构调整的关键期，我国实体行业的产能过剩状况进一步恶化。陕西经济的八大支柱产业，有一半都存在产能过剩问题，其中能源化工行业、钢铁、水泥以及电解铝生产行业的产能过剩更为严峻。产能过剩行业往往面临更激烈的市场竞争，企业自身竞争力不强、产品价格相对较低，这类行业的企业发展依赖大量的外部融资支持。同时，传统产能过剩行业有政府背景，有政府信用背书、预算约束软化，获得金融机构的支持也更多。但产能过剩行业的企业也易于衰变为“僵尸”企业，其贷款随之成为金融机构的呆坏账，引发潜在的经济金融风险。

5.2.3 实体经济中民营企业和小微企业普遍存在融资难题

从民营企业自身来说，融资难主要由于多数民营企业规模小、自有资金少、抵押不足，而且自身财务管理不够规范、持续经营能力不强、抗风险能力弱，加上部分企业信誉度不高，赖账不还现象时有发生，导致银行在贷款时显得十分谨慎。民营企业尤其是中小企业所需资金量少、频率高、时间紧，会导致单位资金借贷成本较高。同时，民营企业的企业制度不够成熟规范，信息不透明，大银行很难解决二者之间的信息不对称问题，这也导致银行不愿提供融资服务。多数小微企业的金融及资本运营知识匮乏，无法正确运用好的融资政策，无法运用现代资本运作模式融资，导致企业长期处于低效运转的模式，很难实现突破性发展。小微服务业企业规模小、存续期短等自身劣势导致其很难满足股权交易、发债等融资方式的要求。

5.2.4 房地产行业潜藏的资产泡沫风险

房地产行业和地方经济增长，尤其与地方财政收入具有千丝万缕的联系，是地方经济发展和财政收入的支柱行业。过去几年由于房价不断被推高，房地产行业盈利能力非常之强，能够承受更高的融资成本，因而对资金利率不敏感，其获取信贷资金的能力非常强。但是，房价相较于居民收入而言较高，换言之房地产的资产泡沫相对较大。一旦经济金融风险爆发，资产价格泡沫就可能破裂，造成金融链条断裂，引发系统性的经济金融风险。

5.2.5 金融机构开发创新产品和开拓业务新领域的力度不足

金融机构在市场细分方面下功夫不足，缺少提供针对微、少、急的差异化贷款需求，更精准的金融产品开发较少，贷款手续较为烦琐，贷款环节冗长，贷款审批周期较长，难以满足实体经济中不同企业差异化的资金需要。同时，银行在金融创新方面对风险控制也较为缺乏。一方面，较少运用互联网、大数据和区块链等新工具、新方法，加大对资金安全进行监督。另一方面，完善的金融服务信息库建设相对滞后，缺乏相应的针对小企业特点的公信平台开发，难以根据平台信息对企业信用进行精准评价。

5.2.6 金融支持实体经济发展的渠道不畅

目前，符合条件的银行业金融机构可以发起成立中小金融机构，但同样由于银保监会对民间资本进入银行业的政策规定缺乏一定的可操作性，因此针对中小微企业的金融服务供给不足。民间资金极易偏离实体经济发展方向而过度追求投机性，反而易造成实体经济和金融发展的不稳定。

5.3 金融进一步支持陕西“十四五”时期实体经济发展的对策

按照省委、省政府关于金融支持实体经济的要求和陕西省存在的问题，提出以下对策建议。

5.3.1 推进全省融资担保体系建设，完善风险分担机制

通过财政注资、股东增资、市场融资等方式，支持全省担保体系建设。发挥财政金融合力，设计政府与金融机构的金融风险分担机制，增强政策的综合实施效果。支持省级政府性融资担保机构发展，发挥行业引领和带动作用，加大对省级政府性再担保机构的资本金投入。完善融资担保风险补偿机制，构建银行金融机构与政府性融资担保机构、再担保机构建立风险分担机制，加大对技术创新、新产业发展、中小微企业和“三农”信贷投入。鼓励银行金融机构与政府性融资担保机构、再担保机构建立风险分担机制，加大对创新型企业和新兴产业、新产品开发的信贷投入。

5.3.2 支持多层次资本市场体系建设，拓宽实体经济的融资渠道

一是落实企业上市挂牌扶持政策，推动优质企业在境内外上市，鼓励成长型企业在“新三板”、股权交易中心挂牌，支持上市挂牌公司开展再融资和并购重组。二是积极推动资产证券化，盘活各类存量资产，对金融机构承销并成功发行的地方银行信贷资产、企业专项资产、公共基础设施收益权和公益项目资产等进行资产证券化。三是推进政府产业基金、创投引导基金规范运作，促进创业投资、股权投资和并购重组等各类基金集聚发展，加大对企业的股权投资。

5.3.3 建立政银企合力支持实体经济的机制，提高金融对实体经济创新发展的支撑力

一是积极推动“政银保”合作模式，放大财政资金的杠杆作用。进一步健全银行、保险、政府三方风险共担机制，破解融资难、担保难、融资贵等问题。二是强化银政合作，加大财政与金融政策的配合，财政出资做大担保基金，金融提供低息资金，加大对民营经济、创业促就业、涉农经济等领域的支持力度，扩大金融支持实体经济的覆盖面。三是从经济结构调整和产业转型升级大局出发，准确把握财政定向扶持政策与金融调控监管政策取向，拓宽融资渠道，优化信贷投向，盘活信贷存量，努力以融资结构调整支持全省经济发展方式转变和优势产业转型升级。

5.3.4 加快金融改革，提高金融服务实体经济的效率

一是加快金融市场化推进，进一步深化银行业金融机构的市场化改革，不断提高金融机构自身市场化运作的能力，增强市场竞争力，提升金融服务实体经济的效率。二是大力推动商业银行设立科技金融专业支行，积极推动科技产业转型升级。支持新能源及可再生能源的开发利用、能源资源的深加工、重大技术的升级改造。鼓励和引导金融机构加大对民营经济发展的信贷支持力度，保证各种所有制经济平等使用金融资源、公平参

与市场竞争。三是健全陕西省商业性金融、开发性金融、政策性金融和合作性金融体系，打造能满足陕西省实体经济和创新型经济发展需求的金融链。四是完善体制机制，强化金融支持实体经济发展的保障。建立政府引导、部门协作、金融机构跟进的金融支持实体经济发展的协调机制。

5.3.5 大力促进陕西省新型金融的发展，以产融结合促进实体经济的发展

一是在陕西省设立科技创新银行、科技创业证券公司等新型金融机构，为创新型企业提供专业金融服务。利用上交所和深交所创业板设立的单独层次，支持尚未盈利的互联网和高新技术企业上市融资；开展股权众筹融资试点，支持科技型企业向境内外合格投资者筹集资金。二是发展供应链金融。围绕核心企业，管理上下游中小企业的资金流和物流，并把单个企业的不可控风险转变为供应链企业的整体可控风险。三是发展普惠金融和共享金融，以互联网新技术手段为载体，服务实体经济，特别是服务小微企业。四是发展消费金融。消费金融作为国民经济增长的助推器，在支持实体经济发展的诸多方面发挥着积极作用。消费金融服务可以促进消费，满足消费水平和消费结构升级需求，在一定程度上促进了实体经济的发展。五是要以国家保险创新综合试验区为平台，推动实施“保险＋产业”战略，加快保险产业集聚，打造保险全产业链，研发推广保险新产品、新模式和行业标准体系，营造保险服务实体经济的新生态。

5.3.6 金融机构应以质量提升为核心，不断推进金融产品和服务的创新

金融机构应从自身经营特点和优势出发，以满足客户需求为中心，推出有针对性、差异性的金融产品和服务方案，推进技术升级和服务创新，进一步发挥在机构、渠道、产品、技术等方面的优势，提高服务实体经济的深度。要健全业务增长方式，拓宽服务实体经济的广度，增加金融服务种类，深入开展绿色金融、小微金融、互联网金融等，实现传统金融向金融增值服务转变，创新金融服务模式。要规范发展融资性担保公司，发挥

融资性担保公司为中小企业融资增信的作用。发展多层次中小企业信用担保体系，通过资本注入、风险补偿等多种方式增加对信用担保公司的支持。健全再担保体系，降低小微企业担保费率，合理放大担保机构担保倍数。鼓励融资担保机构再担保、联合担保以及担保与保险相结合等多种方式，做好中小企业和农村融资担保服务。

5.3.7 企业应以规范管理为抓手，持续提升信用水平

一是要完善内部财务管理制度。要建立健全财务管理制度，夯实信贷准入基础，保证财务数据的真实性和透明性，及时准确地向社会公开自身信息，展示可持续发展的潜力与能力，提高在政府与金融机构的资信评估分值，为拓宽担保渠道、提升融资能力打好基础。二是要优化企业信用体系建设。要强化以诚实守信作为企业的核心理念和价值观，并纳入企业愿景和战略发展目标中。企业高层应以身作则，为企业信用体系建设提供重要保障。要设置专门的机构负责信用体系建设工作，建立企业内外部信用现状监测、评估机制，对信用建设的实施情况进行动态考核和持续改进。三是要主动学习最新金融政策。实体经济企业要加强金融知识学习，主动加强与银行的对接，了解适合自身的信贷条件和金融产品，特别是对一些银行的新型信贷产品和新型抵押担保方式，要通过自身努力与之相匹配；要积极对接证券公司，积极开展中小企业债、公司债与票据等新型工具融资，提高直接融资能力；要积极对接保险公司，充分利用保险公司履约保证保险，解决自身抵押不足问题，提高融资能力。

5.3.8 政府管理部门应以制度建设为重点，为金融支持实体经济提供保障

一是要扩大政府各类专项资金的惠及面。要加强政府对企业的帮助，特别是加强对中小企业统筹发展的顶层设计，在财政资助和税收优惠等方面为企业营造良好的发展环境，有效吸引金融资源流向实体经济。打破融资次数的限制，让更多符合国家产业政策且创新能力较强的省内中小企业获得支持。二是要充分发挥政府在社会信用体系建设中的积极作用。引入

税收、现金流数据，完善企业信用等级评估体系，让更多的优质小企业融资成功、发展壮大。利用区块链技术，实现“可信数字化”，进而实现实物流、信息流、资金流“三流”融合，有效解决资金脱实入虚的问题，建立实体产业经营信息向金融机构准确传递的机制，推动金融更好地为实体经济服务。三是要加强对商业性担保机构的注资力度。要整合融资担保机构，鼓励国有资本主导担保体系建设，组建融资担保集团，做大做强担保主业，强化再担保功能。

6 陕西“十四五”时期的乡村振兴

农业、农村、农民问题是关系国计民生的根本性问题，国家始终把解决处理好“三农”问题作为政府工作的重中之重。近年来，随着中国经济的快速发展，农业、农村、农民问题也在不断演化。在党的十九大报告中提出“实施乡村振兴战略”，把“三农”问题上升到新的高度。在重申“三农”问题是全党工作重中之重的同时，也指出“要坚持农业农村优先发展，按照产业兴旺、生态宜居、乡风文明、治理有效、生活富裕的总要求，建立健全城乡融合发展体制机制和政策体系，加快推进农业农村现代化”。实现乡村振兴的行之有效的措施是什么？2018 年的中央一号文件明确提出，要“提升农业发展质量，培育乡村发展新动能”，实现“乡村振兴，产业兴旺是重点。必须坚持质量兴农、绿色兴农，以农业供给侧结构性改革为主线，加快构建现代农业产业体系、生产体系、经营体系，提高农业创新力、竞争力和全要素生产率，加快实现由农业大国向农业强国转变”。

为贯彻党的十九大报告以及 2018 年中央一号文件的精神，陕西省政府依托中央文件，结合本省“三农”问题具体现实，于 2018 年 3 月 14 日出台《关于实施乡村振兴战略的实施意见》，指出要“以产业兴旺为重点，提升特色现代农业发展水平”，坚持走质量兴农、绿色兴农之路，深化农业供给侧结构性改革，加快构建现代农业产业体系、生产体系、经营体系，提高农业创新力、竞争力和全要素生产率。并且，分别从推进特色现代农业建设、提高农业综合生产能力、提升农业发展质量等若干方面进行了政策阐述。从陕西地形地貌出发，强调以苹果、猕猴桃为主的水果业的种植扩张，以羊乳为主的畜牧业的标准化养殖，以关中、渭北为基地的设施蔬菜区建设，以绿茶、茯茶为主的陕茶品质提升等一系列乡村振兴的具体措施。基于此，本章通过对当前陕西产业兴旺、生态宜居、乡风文明、生活富裕等五个方面相关数据的现实分析，为陕西实施乡村振兴战略提供数据支撑，并揭示现阶段乡村振兴的问题与挑战，为“十四五”规划中深化乡村振兴战略作出战略安排。

6.1 乡村振兴战略的内涵

乡村振兴战略推进农业农村现代化的20字方针“产业兴旺，生态宜居，乡风文明，治理有效，生活富裕”，相互联系地涵盖了农业农村现代化的所有主导面。相比“生产发展、生活宽裕、乡风文明、村容整洁、管理民主”的新农村建设，乡村振兴战略的20字方针，有着更深刻的实践性，更科学的逻辑关系。

乡村振兴的20字方针中，产业兴旺是乡村振兴的物质基础，与新农村建设的“生产发展”相比较，产业兴旺的要求更高，是乡村振兴的基本动力。产业兴旺不仅要求涉农“生产发展”，还建设性地把农村农业经济发展的重点归纳为“产业”。从经济学的基本原理分析，“生产发展”是一个基础性较广泛的概念，既可以是微观农民个体的生产，也可以是村集体的较宏观的生产；而产业兴旺则创造性地把农村经济的发展问题纳入产业范畴。一方面，可以更加有针对性地利用产业经济学的发展理论指导农村经济。另一方面，强调农村经济发展的产业化，有利于农村经济发展的现代化。以产业兴旺为方针的农村经济发展问题，对于深化农业供给侧结构性改革的主线，构建第一、第二、第三产业融合的现代农业产业体系、生产体系、经营体系具有重要的支撑作用，也有利于推进农业由增产导向转为提质导向，有利于实现农业大国向农业强国的转变。

生态宜居是乡村振兴的环境基础。乡村的生态宜居是中国生态宜居的基础。实现生态宜居，关键是加强乡村环境保护意识，强化环境治理措施，降低资源消耗，提高资源要素效率，构建节约资源和保护环境的生产方式和生活方式，构建人与自然和谐相处的现代化新乡村。

乡风文明是乡村振兴的精神基础。乡村振兴是乡村经济、社会、环境、文化等多方面的协调发展，是乡村的全面进步。这自然离不开精神文明的沐浴。要全方面推动乡村文化事业、教育事业等的发展，移风易俗、文明先进，弘扬乡村的优良传统，使农民群众的综合素质进一步提升。

治理有效是乡村振兴的制度基础。乡村治理是国家治理的基层基础，乡村治理水平是国家治理能力的直接体现，与农民切身利益息息相关。实现乡村有效治理，需要健全自治、法治、德治相结合的乡村治理体系。乡村治理体系构建的根本是乡村人力资本水平的提升，只有不断提升人力资本水平，才可以做到自治、法治与德治紧密结合，让乡村治理能力更加高效、法治建设在乡村落地生根、道德建设真正融入村民日常生活，使乡村振兴更有保障，乡村生活更加和谐安定。

生活富裕是乡村振兴的最终目标。乡村振兴把新农村建设的“生活宽裕”调整为“生活富裕”并放至新20字方针的最后一项，说明乡村振兴战略的最终目的是农民生活的富裕。“生活富裕”意味着不仅要让农民完全脱贫，还要让农民有更好更高的消费力，让农民的生活变得更美好。总之，乡村振兴的内涵就是，以“产业兴旺”为重点，最终实现农民“生活富裕”。这需要在农业和农村两个层面建立现代化的产业体系、生产体系和经营体系。

6.2 陕西乡村振兴战略实施现状分析

6.2.1 产业兴旺的现状分析

(1) 第一产业的整体发展分析

①陕西省第一产业发展的时间演化。图6-1是2000—2018年陕西省第一产业GDP（农、林、牧、渔业）发展趋势图。可以看到，在样本时间内，陕西省第一产业GDP从2000年的258.22亿元提高到2018年的1927.31亿元，年均增长率为11.81%。分阶段来看，2000—2003年表现

出平稳增长态势；随后的2004—2013年表现出快速增长态势，年均增长率在10%以上；2014—2018年又回到平稳增长状态。

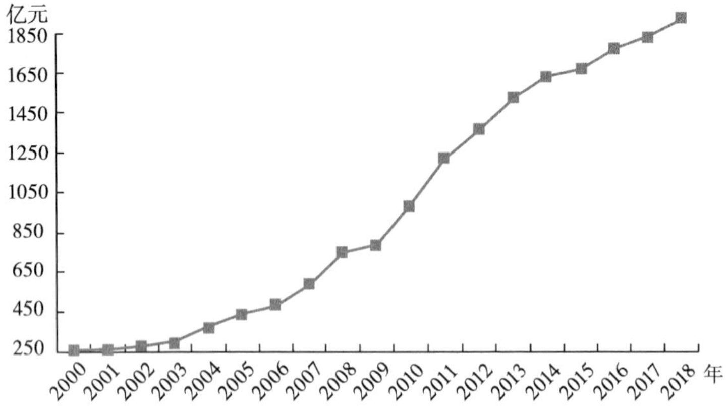

图6－1　2000—2018年陕西省第一产业GDP（农、林、牧、渔业）发展趋势

②陕西省第一产业发展的空间演化。图6－2是2011—2018年陕西省各市（区）第一产业GDP（农、林、牧、渔业）的平均值。可以看到，各市（区）第一产业GDP的平均值从高到低依次为：咸阳、西安、渭南、汉中、宝鸡、榆林、延安、安康、商洛、铜川、杨凌。最高的咸阳GDP平均值是最低的杨凌GDP平均值的44倍，是铜川GDP平均值的14倍。陕西省第一产业GDP在空间上表现出较大的差异性。

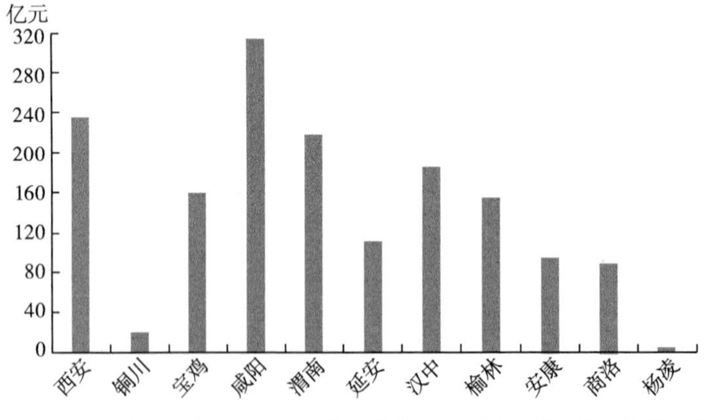

图6－2　2011—2018年陕西省各市（区）第一产业GDP（农、林、牧、渔业）的平均值

③陕西省第一产业增长率的时空演化。图6－3是2011—2018年陕西省

各市（区）第一产业 GDP（农、林、牧、渔业）增加值增长率的时间演化。可以看到，西安的第一产业增长率在 2018 年有较大幅度下跌，其余年份则表现出显著的“U”形特征。铜川呈现出先下降再平稳的特点；宝鸡呈现出先下降再稳定再下降的特点；咸阳呈现出阶段性下降的特点；渭南表现出先下降再平稳再上升的正“U”形走势；延安呈现先下降再波动中上升的类“U”形走势；汉中表现出较稳定的变化走势；榆林是先下降再呈现出较大的波动性；安康呈现出先平稳再上升的特征；商洛是持续性下降的走势；杨凌表现出先下降再平稳的走势。

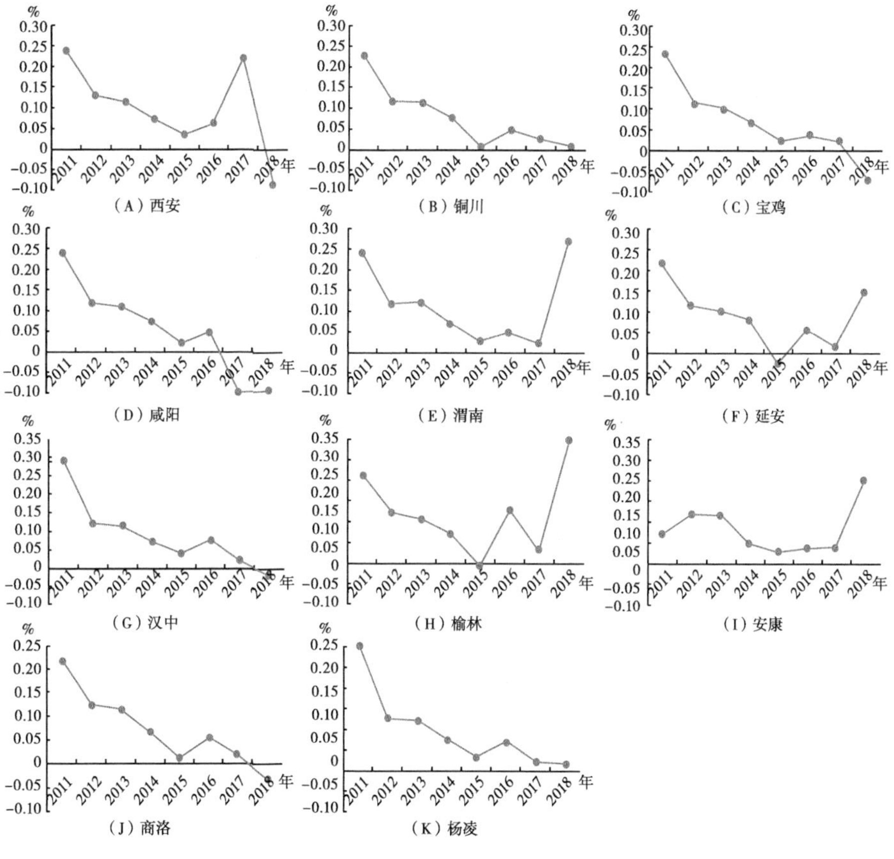

图 6－3　2011—2018 年陕西省各市（区）的第一产业 GDP（农、林、牧、渔业）增加值增长率

（2）第一产业的结构分析

在全省范围内，第一产业的结构较稳定，根据2011—2018年的平均数据可知，农业、林业、牧业、渔业及农林牧渔服务业占比分别为67.51%、2.98%、23.92%、0.79%和4.80%。不同地区表现出一定差异，表6-1展示了2011—2018年陕西省各市（区）的第一产业内结构。可以看到，各市（区）的林业、渔业和农林牧渔服务业在第一产业中的占比均较小，农业和牧业是第一产业中占比最大的两个子行业，其中榆林、宝鸡和商洛的牧业增加值占比均超过当地第一产业增加值的30%。

表6-1　2011—2018年陕西省各市（区）的第一产业内结构　（%）

市（区）	农业	林业	牧业	渔业	农林牧渔服务业
西安	68.27	2.23	20.31	0.45	8.73
铜川	76.32	1.43	17.89	0.55	3.80
宝鸡	57.34	3.70	34.21	0.38	4.37
咸阳	77.45	1.14	15.81	0.26	5.33
渭南	70.87	1.73	21.63	1.12	4.65
延安	80.19	3.35	13.84	0.28	2.35
汉中	61.62	4.63	28.83	1.49	3.43
榆林	56.96	3.04	35.73	0.53	3.74
安康	63.24	5.14	25.80	3.44	2.38
商洛	57.71	7.13	30.60	0.34	4.23
杨凌	71.11	4.40	19.81	0.00	4.68

（3）分行业发展分析

基于上述分析，第一产业中的农业和牧业是陕西省第一产业发展的重点子行业。在此基础上，以下主要深入分析第一产业中农业和牧业的发展特征。

①农业（种植业）的发展分析。表6-2直观地展示了2011—2018年陕西省不同农产品种类的产量。平均来看，蔬菜和粮食的产量最多，分别占全部产量的57.20%和40.37%。在样本时间内，粮食、油料、麻类、糖料的产量基本保持稳定；棉花、烤烟和蔬菜的产量发生较大变化，其中棉花和烤烟产量下降，蔬菜产量上升，并且棉花产量下降幅度较大。

表 6－2　2011—2018 年陕西省不同农产品种类的产量　　单位：万吨

种类	2011 年	2012 年	2013 年	2014 年	2015 年	2016 年	2017 年	2018 年	平均	份额
粮食	1194.7	1245.1	1215.8	1197.8	1226.8	1228.3	1216.2	1226.3	1218.9	40.37%
棉花	6.7	6.7	5.8	4.2	3.9	3.4	2.3	1.0	4.3	0.14%
油料	59.0	60.3	59.5	62.3	62.7	63.8	66.9	61.0	61.9	2.05%
麻类	0.1	0.1	0.1	0.1	0.1	0.1	0.1	0.1	0.1	0.00%
糖料	0.2	0.2	0.2	0.2	0.2	0.2	0.2	0.1	0.2	0.01%
烤烟	7.7	9.2	8.5	7.2	7.2	6.7	5.7	3.4	6.9	0.23%
蔬菜	1432.5	1525.6	1629.4	1724.7	1822.5	1896.2	1974.8	1808.4	1726.8	57.20%

表 6－3 汇总了 2011—2018 年陕西省水果分种类的产量，其中苹果的产量占水果总产量的 65.64%。陕西苹果生长在海拔高、光照足、昼夜温差大、土层深厚的渭北黄土高原，独特的自然条件造就了陕西苹果“色泽艳丽、角质层厚、果肉香脆、酸甜适度、耐贮运”的品质特征。陕西省是联合国粮农组织认定的世界苹果最佳优生区，是全球集中连片种植苹果最大区域。继续扩大发展陕西苹果产业对实现陕西乡村振兴有着重要推动作用。另外，猕猴桃产量占比（7.04%）居于全部水果种类中的第二位，也是陕西水果的一大品牌，发展猕猴桃产业对陕西振兴乡村也有一定的推动作用。

表 6－3　2011—2018 年陕西省水果分种类的产量　　单位：万吨

种类	2011 年	2012 年	2013 年	2014 年	2015 年	2016 年	2017 年	2018 年	平均	份额
茶叶	2.8	3.5	4.1	4.9	5.5	6.2	6.8	7.1	5.1	0.33%
苹果	902.9	965.1	942.8	988.0	1037.3	1100.8	1153.9	1008.7	1012.4	65.64%
柑橘	34.3	36.8	47.7	50.4	53.1	51.1	54.1	46.9	46.8	3.03%
梨	88.1	89.7	97.3	101.5	104.1	104.2	110.4	99.7	99.4	6.44%
葡萄	36.4	46.5	60.7	59.5	63.1	66.0	68.2	72.8	59.1	3.83%
桃	56.7	64.1	70.8	72.5	75.7	78.8	84.6	71.7	71.9	4.66%
红枣	63.7	67.9	67.6	64.5	72.6	83.1	87.2	97.9	75.6	4.90%
杏	17.0	20.4	20.4	18.4	19.1	19.6	20.2	12.5	18.4	1.20%
柿子	34.2	33.3	39.6	39.6	41.5	38.2	40.6	26.1	36.6	2.38%
猕猴桃	73.6	82.3	103.4	120.6	124.4	131.3	139.0	94.8	108.6	7.04%
石榴	4.7	8.6	9.8	9.5	9.6	9.6	10.3	5.4	8.4	0.55%

图 6－4 分别展示了 2011—2018 年陕西省水果分种类产量增长率的时间变化曲线图，可以看到，茶叶的产量增长率呈现较稳定的正向增长，苹果、梨、桃除 2018 年以外，也表现出较稳定的正向增长；而其他各类水果或者呈现出较大的波动性，或者呈现负增长情况。与畜牧业相比，果树生长期较长，较大的产量波动性不利于水果的产业化发展。因此，对于柑橘、葡萄、红枣、杏、柿子、猕猴桃、石榴等水果而言，稳定生产是产业化发展的重要措施。

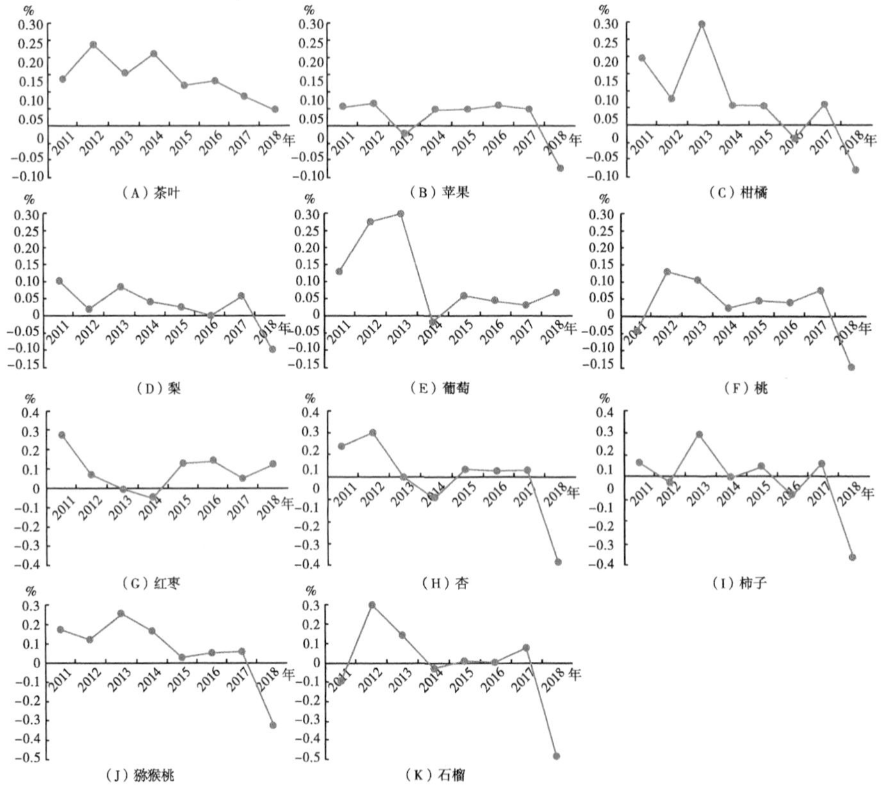

图 6－4　2011—2018 年陕西省水果分种类产量增长率

②畜牧业的发展分析。2011—2018 年陕西省各市（区）畜牧业的发展现状如表 6－4 所示，西安、宝鸡、咸阳、渭南、汉中和榆林的畜牧业增加值占比相对较高，均超过 10%，最高的宝鸡市畜牧业份额为 14.41%。说明陕西各主要市（区）的畜牧业发展表现出均衡特征。

表 6－4　2011—2018 年陕西省各市（区）畜牧业增加值　　单位：亿元

市（区）	2011 年	2012 年	2013 年	2014 年	2015 年	2016 年	2017 年	2018 年	平均	份额
西安	42.82	46.55	49.02	49.90	50.56	53.51	59.05	37.92	48.67	12.56%
铜川	3.46	3.73	4.00	4.04	4.34	4.59	4.37	4.02	4.07	1.05%
宝鸡	50.17	55.36	58.73	59.09	59.19	62.99	60.32	40.74	55.82	14.41%
咸阳	45.44	49.98	53.48	54.23	55.11	58.11	48.17	36.88	50.18	12.95%
渭南	39.99	44.29	47.07	47.64	49.34	52.41	48.89	54.00	47.95	12.37%
延安	14.05	15.11	15.98	16.01	16.35	17.33	16.41	14.15	15.67	4.04%
汉中	45.90	50.57	53.54	54.02	58.70	62.34	58.47	51.90	54.43	14.05%
榆林	46.33	48.15	51.83	54.72	57.44	61.27	59.50	71.36	56.33	14.54%
安康	20.13	22.18	23.67	23.83	24.82	26.45	26.51	31.98	24.95	6.44%
商洛	25.10	27.67	29.29	29.46	28.85	30.54	28.86	24.43	28.03	7.23%
杨凌	1.22	1.31	1.38	1.42	1.47	1.55	1.47	1.52	1.42	0.37%

表 6－5 是 2011—2018 年陕西省畜牧产品的分种类产量表。平均来看，牛奶、羊奶和禽蛋产量的占比较高。在时间上，猪肉、牛肉、羊肉、禽肉、羊奶、禽蛋表现出小幅增长，牛奶产量小幅下降，山羊毛和蜂蜜的增长幅度较大，绵羊毛和蚕蛹的产量呈现大幅下跌。

表 6－5　2011—2018 年陕西省畜牧产品分种类产量　　单位：万吨

种类	2011 年	2012 年	2013 年	2014 年	2015 年	2016 年	2017 年	2018 年	平均	份额
猪肉	77.3	83.5	88.3	91.8	90.4	85.9	85.8	86.6	86.2	24.38%
牛肉	7.4	7.5	7.5	7.7	7.9	8.0	8.3	8.2	7.8	2.21%
羊肉	6.7	6.9	7.0	7.5	7.8	8.0	8.0	9.6	7.7	2.17%
禽肉	6.9	7.9	8.1	8.1	8.6	8.5	8.6	9.3	8.2	2.33%
牛奶	140.5	141.8	141.1	144.7	141.2	140.2	134.8	109.7	136.7	38.68%
羊奶	41.9	47.3	47.5	47.6	48.7	48.9	49.7	50.0	47.7	13.49%
山羊毛	0.2	0.3	0.5	0.5	0.4	0.4	0.3	0.3	0.4	0.11%
绵羊毛	0.6	0.7	0.7	0.7	0.6	0.5	0.3	0.3	0.5	0.16%
禽蛋	50.3	51.9	55.4	54.5	58.1	59.3	60.1	61.6	56.4	15.95%
蜂蜜	0.4	0.5	0.5	0.6	0.7	0.7	1.0	0.6	0.6	0.18%
蚕茧	2.0	1.6	1.3	1.2	1.2	0.9	0.9	0.7	1.2	0.35%

(4) 农业集群化发展分析

实现农业生产的集群化，集中发展农业基地县是《陕西省“十三五”现代农业发展规划》的重要内容，农业生产的集群化是农业生产现代化的基础。本部分分别分析粮食、商品棉、烤烟、苹果、梨、猕猴桃等的集群化现状。

①粮食生产集群化分析。根据表6－6所示，无论从粮食播种面积还是粮食产量，粮食生产大县占全省的比重较稳定，播种面积稳定在46%左右，粮食产量稳定在54%左右。需要警惕的是粮食生产集群化在近年来呈现明显的下降趋势。

表6－6　2011—2018年陕西省粮食生产集群化发展分析

年份	粮食播种面积（千公顷）			粮食产量（万吨）		
	全省	生产大县合计	生产大县/全省	全省	生产大县合计	生产大县/全省
2011	3134.87	1532.15	48.87%	1194.70	679.76	56.90%
2012	3127.53	1515.97	48.47%	1245.10	717.19	57.60%
2013	3105.13	1511.34	48.67%	1215.80	687.91	56.58%
2014	3076.54	1486.48	48.32%	1197.78	672.55	56.15%
2015	3073.50	1471.36	47.87%	1226.80	695.50	56.69%
2016	3143.96	1394.62	44.36%	1263.96	653.38	51.69%
2017	3019.40	1332.69	44.14%	1194.20	617.82	51.73%
2018	3005.98	1303.23	43.35%	1226.31	618.00	50.40%

②商品棉集群化分析。全省商品棉的播种面积逐年下降，已经从2011年的50277公顷下降到2018年的6921公顷；商品棉的产量也逐年下降，2011年产量为67447吨，至2018年已下降为9904吨。商品棉基地县的播种面积从2011年的37970公顷下降为2018年的4879公顷；基地县的商品棉产量从2011年的49463吨下降为2018年的7227吨（见表6－7）。商品棉的集群化发展呈现出正“U”形走势，商品棉基地县的生产存在较大的波动。

表6－7　2011—2018年陕西省商品棉集群化发展分析

年份	商品棉播种面积（公顷）			商品棉产量（吨）		
	全省	基地县合计	基地县/全省	全省	基地县合计	基地县/全省
2011	50277	37970	75.52%	67447	49463	73.34%

续表

年份	商品棉播种面积（公顷）			商品棉产量（吨）		
	全省	基地县合计	基地县/全省	全省	基地县合计	基地县/全省
2012	48299	33969	70.33%	67202	47037	69.99%
2013	36723	22537	61.37%	57917	38937	67.23%
2014	31042	18003	58.00%	42171	24383	57.82%
2015	27428	15156	55.26%	38591	21390	55.43%
2016	12033	9126	75.84%	16900	12715	75.24%
2017	8467	6211	73.36%	12000	9104	75.87%
2018	6921	4879	70.50%	9904	7227	72.97%

③烤烟集群化分析。与商品棉的生产类似，全省烤烟的播种面积也呈现出逐年下降趋势，从 2011 年的 35741 公顷，下降到 2018 年的 14658 公顷；烤烟的产量也逐年下降，2011 年产量为 76749 吨，至 2018 年已下降为 33559 吨。烤烟基地县的播种面积从 2011 年的 23453 公顷下降到 2018 年的 11578 公顷；基地县的产量从 2011 年的 52003 吨下降到 2018 年的 25440 吨（见表 6－8）。烤烟基地县在全省的比占基本维持在 70% 左右，基地县的生产较平稳。

表 6－8　2011—2018 年陕西省烤烟集群化发展分析

年份	烤烟播种面积（公顷）			烤烟产量（吨）		
	全省	基地县合计	基地县/全省	全省	基地县合计	基地县/全省
2011	35741	23453	65.62%	76749	52003	67.76%
2012	40010	25283	63.19%	91495	59907	65.48%
2013	36614	23699	64.73%	85377	55932	65.51%
2014	32714	21795	66.62%	71967	47666	66.23%
2015	30857	20262	65.66%	72088	47963	66.53%
2016	20520	13515	65.86%	45200	32043	70.89%
2017	17093	11869	69.44%	38200	25571	66.94%
2018	14658	11578	78.99%	33559	25440	75.81%

④苹果集群化分析。陕西省苹果生产呈现出高度集群化，基地县的苹果园面积占全省的份额保持在 77% 以上，基地县的苹果产量占全省苹果产量的

80%以上（见表6－9）。苹果的集群化生产对提高陕西苹果的竞争力起到关键作用。自“十二五”以来，苹果生产体现出较好的规模效应，无论是苹果园面积还是苹果产量，均保持增长势头。

表6－9　2011—2018年陕西省苹果集群化发展分析

年份	苹果园面积（公顷）			苹果产量（吨）		
	全省	基地县合计	基地县/全省	全省	基地县合计	基地县/全省
2011	623188	511951	82.15%	9029316	8223002	91.07%
2012	645677	541877	83.92%	9650885	9194373	95.27%
2013	665220	558022	83.89%	9428230	9165478	97.21%
2014	681803	562813	82.55%	9880128	9408140	95.22%
2015	628549	572188	91.03%	10372974	9612956	92.67%
2016	576365	452297	78.47%	10331643	8883779	85.99%
2017	586171	456538	77.88%	10924555	9238065	84.56%
2018	597570	464653	77.76%	10086877	8441371	83.69%

⑤梨集群化分析。与苹果相比，梨的生产相对较分散。在种植面积上，梨基地县占全省约55%，产量也约占55%，梨基地的规模效应不明显（见表6－10）。

表6－10　2011—2018年陕西省梨集群化发展分析

年份	梨园面积（公顷）			梨产量（吨）		
	全省	基地县合计	基地县/全省	全省	基地县合计	基地县/全省
2011	49202	27225	55.33%	881483	536986	60.92%
2012	48581	26695	54.95%	896932	530982	59.20%
2013	49274	26842	54.47%	972591	556665	57.24%
2014	48632	26819	55.15%	1015019	611681	60.26%
2015	48740	26797	54.98%	1041293	605845	58.18%
2016	45776	24486	53.49%	1001325	595346	59.46%
2017	46207	24563	53.16%	1052073	578122	54.95%
2018	46568	25309	54.35%	997191	561286	56.29%

⑥猕猴桃集群化分析。陕西猕猴桃的集群化发展较好，对比基地县的猕猴桃种植面积与产量可以发现，猕猴桃产量占全省的份额普遍高于种植

面积份额10个百分点，说明猕猴桃基地县的集群化生产的规模效应显著（见表6-11）。

表6-11 2011—2018年陕西省猕猴桃集群化发展分析

年份	猕猴桃园面积（公顷）			猕猴桃产量（吨）		
	全省	基地县合计	基地县/全省	全省	基地县合计	基地县/全省
2011	50303	41505	82.51%	735748	674687	91.70%
2012	57600	43860	76.15%	822886	760989	92.48%
2013	60967	44398	72.82%	1033774	803381	77.71%
2014	62003	44961	72.51%	1205886	967621	80.24%
2015	62070	45777	73.75%	1243515	1038959	83.55%
2016	47102	35384	75.12%	978723	735640	75.16%
2017	50248	36347	72.34%	1008651	760896	75.44%
2018	53162	36895	69.40%	947888	770432	81.28%

（5）农业现代化发展分析

没有农业的现代化，就没有农村的现代化，也就没有国家的现代化。农业现代化是我国现代化的前提。实施乡村振兴战略的基础就是提高农业生产的现代化。表6-12展示了2011—2018年陕西省农业现代化的现状，可以看到，自“十二五”的2011—2018年，农用机械总动力平均增长较缓慢，平均年增长率为1.82%。大中型拖拉机和小型拖拉机的年均增长率分别为2.69%和3.71%，大中型机配农具和小型机配农具的增长率分别为-3.88%和6.44%，整体上小型拖拉机和小型机配农具的增长速度较快。

表6-12 2011—2018年陕西省农业现代化发展现状

年份	农用机械总动力（万千瓦）	大中型拖拉机（台）	小型拖拉机（台）	大中型机配农具（台）	小型机配农具（台）
2011	2036.60	81707	170453	151403	272560
2012	2146.43	87904	190351	161522	292486
2013	2326.08	100524	200284	172100	296906
2014	2552.13	101663	204290	185632	300242
2015	2667.27	111104	218147	199322	298636

续表

年份	农用机械总动力（万千瓦）	大中型拖拉机（台）	小型拖拉机（台）	大中型机配农具（台）	小型机配农具（台）
2016	2171.90	118238	217339	212665	305953
2017	2242.51	123783	213571	224091	311760
2018	2311.80	98424	219900	114800	421800

使用各市（区）第一产业每亿元 GDP 的农用机械总动力表示各市（区）的农业现代化程度。通过表 6－13 发现，渭南、榆林和铜川的农业现代化水平最高，商洛、咸阳、汉中的农业现代化程度最低。

表 6－13　2011—2018 年陕西省各市（区）农业现代化的差异分析

单位：万千瓦/亿元

市（区）	2011 年	2012 年	2013 年	2014 年	2015 年	2016 年	2017 年	2018 年	平均
西安	1.67	1.44	1.34	1.37	1.35	1.02	0.81	0.85	1.23
铜川	2.38	2.31	2.27	2.28	2.31	1.31	1.29	1.30	1.93
宝鸡	1.63	1.57	1.54	1.58	1.57	1.25	1.31	1.45	1.49
咸阳	1.04	1.00	1.05	1.02	1.04	0.71	0.81	0.90	0.94
渭南	2.63	2.46	2.33	2.42	2.55	2.27	2.28	1.90	2.35
延安	1.99	1.87	1.83	1.85	1.97	1.28	1.30	1.15	1.65
汉中	1.06	1.03	1.02	1.01	1.02	0.85	0.85	0.88	0.96
榆林	2.44	2.29	2.23	2.34	2.44	1.54	1.60	1.22	2.01
安康	1.77	1.79	1.74	1.85	1.85	1.84	1.81	1.60	1.78
商洛	1.09	1.01	0.94	0.99	1.00	0.67	0.67	0.70	0.88
杨凌	1.86	1.75	1.64	1.55	1.52	1.03	0.98	1.01	1.42

（6）农业灾情现状及抗灾害能力分析

①陕西农业灾情现状。表 6－14 是 2011—2018 年陕西省各市农作物受灾面积，除榆林市外，其他市的农作物受灾面积均呈现下降走势。农作物受灾面积的减少，一方面原因是自然灾害减少，更重要的方面是各市在抵抗自然灾害上建立起一整套行之有效的措施。平均来看，渭南、榆林、延安和咸阳的农作物受灾面积较严重，这些地区的农业生产更需要建立起有

效的抗灾害机制，以保证农业生产。

表 6-14 2011—2018 年陕西省各市农作物受灾面积 单位：千公顷

市	2011 年	2012 年	2013 年	2014 年	2015 年	2016 年	2017 年	2018 年	平均
西安	116.80	4.81	18.32	109.24	1.40	4.51	2.11	11.60	33.60
铜川	52.37	48.85	38.19	18.62	24.78	20.58	3.36	3.40	26.27
宝鸡	73.67	40.47	176.54	141.36	43.40	48.33	23.77	35.20	72.84
咸阳	76.78	74.03	187.01	255.00	85.27	63.95	74.77	24.60	105.18
渭南	308.11	289.98	396.30	710.94	153.28	107.86	233.96	67.10	283.44
延安	145.10	112.65	288.52	106.26	187.00	134.08	30.94	68.40	134.12
汉中	179.86	62.26	39.46	135.94	17.94	37.19	23.49	20.70	64.60
榆林	69.68	82.92	273.14	376.58	387.91	143.29	221.20	63.00	202.22
安康	113.46	36.70	19.84	204.88	7.39	66.59	95.89	8.60	69.17
商洛	76.61	68.91	101.31	310.96	13.58	32.85	24.28	79.80	88.54

②陕西省各市农业抵抗灾害能力。使用农作物受灾面积（千公顷）占第一产业 GDP（亿元）的比值表示农业抵抗灾害的能力，值越低说明抵抗灾害的能力越强，通过计算得出陕西省各市农业抵抗灾害的能力，如表 6-15所示。各市农业抵抗灾害的能力从大到小依次为：西安、咸阳、汉中、宝鸡、安康、商洛、延安、铜川、榆林、渭南。

表 6-15 2011—2018 年陕西省各市农业抵抗灾害能力

市	2011 年	2012 年	2013 年	2014 年	2015 年	2016 年	2017 年	2018 年	平均
西安	0.67	0.02	0.08	0.47	0.01	0.02	0.01	0.04	0.17
铜川	3.01	2.51	1.76	0.79	1.05	0.83	0.13	0.13	1.28
宝鸡	0.57	0.28	1.12	0.84	0.25	0.27	0.13	0.21	0.46
咸阳	0.30	0.26	0.59	0.75	0.24	0.17	0.23	0.08	0.33
渭南	1.92	1.61	1.96	3.27	0.68	0.46	0.96	0.22	1.38
延安	1.67	1.16	2.69	0.91	1.65	1.11	0.25	0.48	1.24
汉中	1.26	0.39	0.22	0.71	0.09	0.17	0.11	0.10	0.38
榆林	0.62	0.66	1.95	2.51	2.60	0.85	1.27	0.26	1.34
安康	1.58	0.45	0.22	2.16	0.08	0.65	0.90	0.07	0.76
商洛	1.08	0.87	1.14	3.29	0.14	0.33	0.24	0.80	0.99

(7) 农业高质量发展分析

乡村振兴的重点是产业兴旺，要实现产业兴旺，就必须坚持质量兴农、绿色兴农，以农业供给侧结构性改革为主线，加快构建现代农业产业体系、生产体系、经营体系，提高农业创新力、竞争力和全要素生产率，加快实现由农业大国向农业强国转变。科学合理地评估陕西农业的生产率是实现农业高质量发展的基础，下面从农业全要素生产率以及单位土地的产出两方面衡量农业生产率。

①农业全要素生产率的现状。提升农业发展质量，培育乡村发展新动能的基础是全面掌握农业全要素生产率。使用农业的投入产出数据，利用数据包络分析方法，测算出陕西省各市（区）的农业全要素生产率（见图6-5)。可以发现，各市（区）的农业全要素生产率均呈现出上升走势，积累增长值从大到小依次为：宝鸡、杨凌、铜川、西安、商洛、渭南、咸阳、延安、汉中、榆林、安康。提高全要素生产率的增长是实现农业高质量发展的最核心指标，本结论启示安康、榆林、汉中等市（区）要转变农业发展方式，调整农业生产结构，提高投入要素的产出效率。

②单位土地的产出效率。比较分析陕西省各市（区）单位土地粮食产出效率（见表6-16)，一方面可以验证上述测算的农业全要素生产率的合理性；另一方面，从土地这一单要素角度，度量了农业的生产效率。2011—2018年，平均来看，陕西各市（区）单位土地的粮食产出效率从大到小依次为：杨凌、西安、咸阳、宝鸡、渭南、铜川、汉中、延安、榆林、安康、商洛。对比可知，农业全要素生产率高的杨凌、宝鸡和西安，其土地生产率也很高。

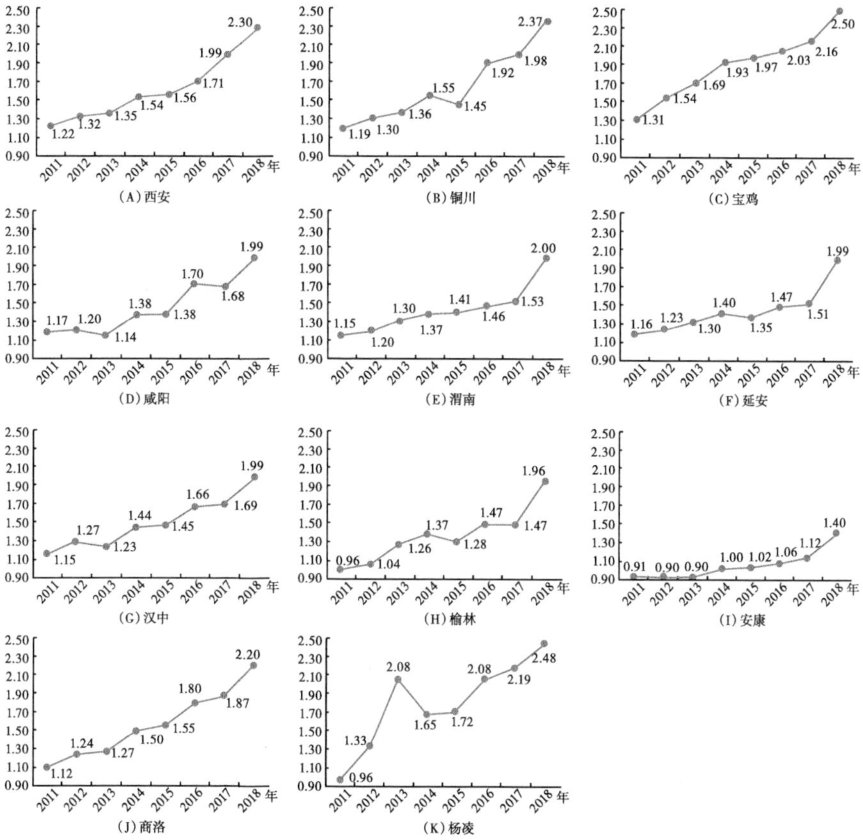

图 6-5 2011—2018 年陕西省各市(区)农业全要素生产率的变动情况

表 6-16 2011—2018 年陕西省各市(区)单位土地的粮食产出效率分析

单位:公斤/公顷

市(区)	2011 年	2012 年	2013 年	2014 年	2015 年	2016 年	2017 年	2018 年	平均
西安	4764	5045	4837	4777	5045	4983	4944	5082	4935
铜川	3651	4117	4013	3895	3910	3858	3835	4329	3951
宝鸡	4249	4551	4314	4334	4504	4452	4400	4384	4399
咸阳	4667	5003	4750	4710	4953	4841	4800	4820	4818
渭南	3912	4301	4060	4016	4254	4163	4183	4358	4156
延安	3489	3871	3729	3926	3577	3852	3811	3397	3707
汉中	3563	3770	3813	3793	3861	3893	3933	4904	3941
榆林	3046	3269	3265	3319	2962	3284	3398	4158	3338

续表

市（区）	2011 年	2012 年	2013 年	2014 年	2015 年	2016 年	2017 年	2018 年	平均
安康	2992	3156	3195	3202	3233	3262	3276	3667	3248
商洛	2869	3064	3100	2491	2969	3048	3057	3349	2993
杨凌	5911	6237	6076	6132	6413	6398	6441	3139	5843

6.2.2 生态宜居的现状分析

乡村振兴的生态宜居就是要补齐中国农村发展过程中生态环境的短板，既是建设美丽中国的基础，也是在乡村振兴中坚持以人为本发展理念的具体体现。相较于城市，良好的生态环境是乡村的最大优势，因此乡村建设中只有将经济发展与生态文明建设有机融合起来，才可以为广大人民群众提供更多优质生态产品。生态宜居在强调乡村人居环境建设的同时，更加注重村民的居住舒适感，力争达到“宜居”程度。乡村生活与乡村生产密不可分，这里使用农用化肥、农用柴油、农药的使用量与农业增加值的比值表示乡村生产的宜居性，单位为吨/万元；使用乡村卫生厕所的普及率表示乡村生活的宜居性。通过表 6 – 17 可以直观地看到，陕西乡村生产与乡村生活的宜居性在 2011—2018 年都有不同程度的提高，单位农业增加值投入的化肥、柴油和农药均在持续下降，每万元农业增加值投入的农用化肥从 2011 年的 0. 1698 吨下降到 2018 年的 0. 1191 吨；每万元农业增加值投入的农用柴油从 2011 年的 0. 0655 吨下降到 2018 年的 0. 0480 吨；每万元农业增加值投入的农药从 2011 年的 0. 0102 吨下降到 2018 年的 0. 0065 吨。与西部地区、全国相比，陕西省单位农业产值消耗的农用化肥和农用柴油均较多，但是农药使用量相对较少。

表 6 – 17　2011—2018 年陕西、西部地区与全国的乡村生态宜居比较分析

单位：吨/万元

年份	陕西			西部地区			全国		
	农用化肥	农用柴油	农药	农用化肥	农用柴油	农药	农用化肥	农用柴油	农药
2011	0. 1698	0. 0655	0. 0102	0. 1257	0. 0461	0. 0265	0. 1201	0. 0433	0. 0376
2012	0. 1750	0. 0600	0. 0095	0. 1177	0. 0441	0. 0246	0. 1115	0. 0402	0. 0345

续表

年份	陕西			西部地区			全国		
	农用化肥	农用柴油	农药	农用化肥	农用柴油	农药	农用化肥	农用柴油	农药
2013	0.1584	0.0596	0.0085	0.1094	0.0422	0.0226	0.1038	0.0378	0.0316
2014	0.1407	0.0558	0.0078	0.1052	0.0403	0.0217	0.0997	0.0362	0.0300
2015	0.1386	0.0552	0.0078	0.1015	0.0397	0.0208	0.0957	0.0349	0.0283
2016	0.1312	0.0522	0.0074	0.0953	0.0382	0.0192	0.0907	0.0321	0.0264
2017	0.1268	0.0510	0.0073	0.0922	0.0367	0.0175	0.0906	0.0324	0.0256
2018	0.1191	0.0480	0.0065	0.0831	0.0304	0.0145	0.0837	0.0297	0.0223

表6－18则展示了陕西乡村振兴的生活宜居水平，使用乡村卫生厕所的普及率表示。可以看到，陕西乡村的卫生厕所普及率在2011—2017年，累计使用卫生厕所户数呈现先上升再下降的趋势，卫生厕所普及率从2011年的49.4%上升到2016年的57.6%，随后又下降到2017年的47.2%。与西部地区以及全国平均水平相比，陕西的卫生厕所普及率相对较低，相差较远。

表6－18　2011—2018年陕西、西部地区与全国的乡村卫生厕所普及率比较分析

年份	陕西		西部地区	全国
	累计使用卫生厕所户数（万户）	卫生厕所普及率（%）	卫生厕所普及率（%）	卫生厕所普及率（%）
2011	351.7	49.4	56.4	69.2
2012	366.7	51.5	59.9	71.7
2013	361.2	50.8	63.0	74.1
2014	361.4	50.8	65.2	76.1
2015	391.7	55.4	69.3	78.4
2016	407.9	57.6	70.5	80.3
2017	332.9	47.2	72.7	81.7

注：在2019年的《中国农村统计年鉴》中未列出2018年的各省卫生厕所的相关数据。

6.2.3　乡风文明的现状分析

乡风文明必须坚持物质文明和精神文明一起抓，提升乡村农民的精神风貌，培育文明乡风、良好家风、淳朴民风，不断提高乡村社会文明程度。乡风文明建设取决于乡村文化、医疗等综合基础设施的供给水平。使用乡镇文化站数量、每万人乡村人口的乡镇文化站个数，以及每万人乡村人口的卫生人员拥有率衡量。

从图6－6可以看到，陕西省乡镇文化站在2011—2018年整体上呈现下降走势，从2011年的1490个下降到2018年的1384个，下降的原因可能是城市化等导致乡村人口下降。剔除乡村人口的权重以后，使每万人乡村人口的乡镇文化站数量化，可以看到在2011—2018年，每万人的乡镇文化站指标整体上呈现出明显的上升走势，具体表现出先上升再下降再上升的“N”字形特征。

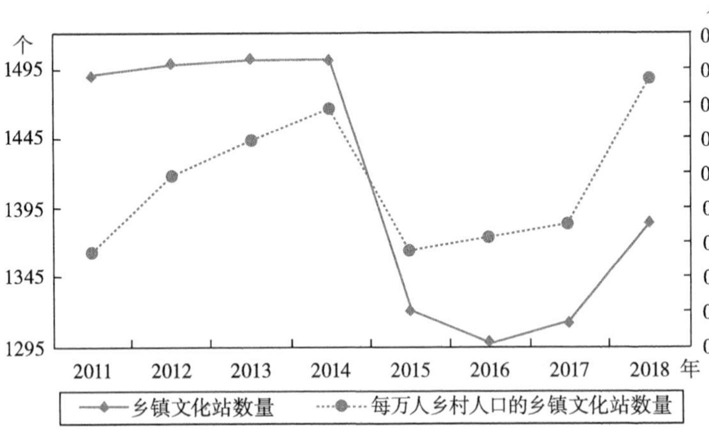

图6－6　2011—2018年陕西省乡村乡镇文化站的变动情况

与万人乡镇文化站个数相比，陕西乡村的每万人乡村人口的卫生人员拥有率呈现显著的下降趋势（见表6－19）。2011年，每万人拥有17.6个卫生人员；到2018年，每万人仅拥有16.7个卫生人员。同时期，西部地区平均的每万人卫生人员拥有率呈现上升走势，西部地区平均从2011年的15.6个上升到2018年的18.7个；全国则表现出稳定不变的状态。

表6-19 陕西、西部地区与全国每万人拥有卫生人员数分析 单位：个

年份	陕西	西部地区	全国
2011	17.6	15.6	15.3
2012	18.2	16.6	15.6
2013	18.3	17.9	16.6
2014	17.8	18.7	16.7
2015	16.3	16.8	15.0
2016	16.8	16.7	14.9
2017	15.4	17.7	15.2
2018	16.7	18.7	15.4

6.2.4 治理有效的现状分析

乡村治理必须把夯实基层基础作为固本之策，建立健全党委领导、政府负责、社会协同、公众参与、法治保障的现代乡村治理体制，坚持自治、法治、德治相结合，确保乡村社会充满活力、和谐有序。人力资本是乡村治理的宝贵资源，也是自治制度能否有效运行的基础条件，在维护乡村社会秩序、实现自我管理、自我服务方面发挥重要作用。因此，选择用人力资本水平表示乡村振兴的治理有效水平。具体使用平均受教育年限表示人力资本水平，平均受教育年限 = 小学文化人口比重 ×6 年 + 初中文化人口比重 ×9 年 + 高中文化人口比重 ×12 年 + 大学文化人口比重 ×16 年，计算结果如表6-20所示。可以看到，陕西乡村人口的平均受教育年限在2011—2017年呈现平稳状态，从2011年的7.96年微下降至2017年的7.84年，但同时期，西部地区平均受教育年限与全国平均受教育年限均呈现上升趋势。

表6-20 2011—2018年陕西、西部地区与全国的平均受教育年限比较分析

单位：年

年份	陕西			西部地区			全国		
	全部	男	女	全部	男	女	全部	男	女
2011	7.96	8.52	7.35	6.96	7.46	6.43	7.59	8.03	7.12
2012	7.96	8.34	7.56	6.96	7.36	6.53	7.63	8.04	7.21
2013	8.22	8.58	7.83	7.01	7.39	6.61	7.71	8.09	7.30

续表

年份	陕西			西部地区			全国		
	全部	男	女	全部	男	女	全部	男	女
2014	8.12	8.64	7.55	6.96	7.41	6.47	7.69	8.12	7.23
2015	8.12	8.48	7.75	6.99	7.45	6.51	7.71	8.15	7.26
2016	8.07	8.43	7.71	7.09	7.52	6.65	7.70	8.12	7.26
2017	7.84	8.25	7.41	7.17	7.59	6.75	7.80	8.21	7.37

注：原始数据来源于各年的《中国人口和就业统计年鉴》。

6.2.5 生活富裕的现状分析

乡村产业兴旺是乡村振兴的基础，居民生活富裕是乡村振兴的根本。本部分着重分析乡村居民生活水平的现状。根据表6－21可知，“十二五”以及“十三五”期间，陕西农村居民人均可支配收入持续提高，已由2011年的5028元上升到2018年的11213元，提高了2.23倍。在此期间，陕西城镇居民人均可支配收入也持续升高，从18245元增长到33319元，提高了1.82倍，低于农村居民可支配收入的增长，陕西城乡收入差距持续缩小。与西部地区居民人均可支配收入及全国相比，陕西农村居民人均可支配收入小于西部地区平均，也低于全国平均，更重要的是，陕西省城乡居民可支配收入的比值要高于西部地区平均，也高于全国平均，说明陕西省城乡收入差距过大。

表6－21　2011—2018年陕西省乡村居民人均可支配收入分析　单位：元

年份	陕西			西部地区			全国		
	农村	城镇	城镇/农村	农村	城镇	城镇/农村	农村	城镇	城镇/农村
2011	5028	18245	3.63	5221	17551	3.36	6977	21810	3.13
2012	5763	20734	3.60	6008	19890	3.31	7917	24565	3.10
2013	6503	22858	3.52	6817	21945	3.22	8896	26955	3.03
2014	7932	24366	3.07	8134	23853	2.93	10489	28844	2.75
2015	8689	26420	3.04	8914	26088	2.93	11422	31195	2.73
2016	9396	28440	3.03	9706	28242	2.91	12363	33616	2.72

续表

年份	陕西			西部地区			全国		
	农村	城镇	城镇/农村	农村	城镇	城镇/农村	农村	城镇	城镇/农村
2017	10265	30810	3.00	10619	30652	2.89	13432	36396	2.71
2018	11213	33319	2.97	11614	33097	2.85	14617	39251	2.69

6.3 陕西乡村振兴战略实施中存在的问题

经过“十二五”和“十三五”的发展，陕西农村的社会经济已经发生了巨大变化。农业生产能力持续提升，农产品供给能力显著增强，涉农产业不断壮大；农村环境保护意识逐步增强，低碳的生产方式和整洁卫生的生活方式深入民心，农村环境稳步改善；农村人口对精神文化的追求也越发强烈，文明乡风建设持续跟进；农村人口素质不断提升，良好的农村基层治理效果已经逐渐形成；农民生活水平不断提高，城乡收入差距逐步缩小。但是，与发达省份相比陕西省的乡村发展还较落后，离党的十九大提出的“产业兴旺、生态宜居、乡风文明、治理有效、生活富裕”的乡村振兴发展目标也有一定差距，存在一些问题，制约了陕西乡村振兴战略的顺利实施（陕西省统计局，2018）。

6.3.1 产业兴旺存在的问题

产业兴旺是陕西乡村振兴的最关键因素，通过上文的数据分析发现，陕西农业的整体发展已出现放缓势头。分地区来看，除安康以外，其他地区的农业生产增长率均逐渐走低，还表现出较大波动性，不利于农业长期健康发展。根据农业生产结构，各地区主要以种植业农业为主，而种植业农业需要规模化经营以发挥规模经济优势，目前农业集群化虽然初步成形，但在“十二五”和“十三五”期间，集群化并未得到进一步显著的提升。农业现代化发展水平提升较缓慢，并且在各地区存在较大差异。在样本期内，农业灾情得到有效控制，但个别地区的农业抵抗灾害的能力依旧较弱。在农业高质量发展水平上，在样本期内，陕西农业整体全要素生产率增长较缓慢；分地区来看，宝鸡和杨凌的全要素生产率增长较快，其余地区增长较慢，是制约农业产业兴旺的根本所在。

6.3.2 生态宜居存在的问题

陕西农村生态环境保护意识较弱，生态环境恶化虽然得到遏制，但是与全国平均水平相比，陕西农业单位增加值投入的化肥、柴油和农药较大。化肥、柴油、农药虽然在提高农业生产效率中起着重要的作用，但是化肥、农药的使用只会导致土地生产效率的短期化提升，而长期来看会造成土地污染，导致农产品质量下降、市场竞争力降低。从卫生厕所的普及率来看，农民生产生活基础设施建设水平不高，不能适应农村社会经济发展需要。另外，农村公路设施标准普遍偏低，后期维护没有及时跟进，导致已有的基础设施破坏严重，难以长期发挥效益。

6.3.3 乡风文明存在的问题

一是乡镇文化站数量持续下降，映射出农村群众文化生活的单调性。这是一个无法回避的问题，由于农村青壮年向城镇流动，乡村人口结构趋于幼年与老年的两极化，缺乏年轻人的参与，造成文化活动单调，乡村社会缺乏活力、死气沉沉。有些地区，婚丧嫁娶大操大办的陈规陋习依然存在，高额彩礼让农村家庭难以承受。二是每万人农村人口的卫生员拥有率持续下降，折射出农村人口红利不足。陕西城市发展较快，对人才吸引力提高，而农村对人才的吸引力明显不足，导致农村发展人才短缺，卫生人员占比持续下降。据陕西省统计局调查，60岁以上留守老人占农村常住人口的51.1%，老人的健康问题是乡风文明的重要前提，如果农村卫生人员数量进一步下降，低卫生人员拥有率就会成为乡风文明建设的一大显性障碍。

6.3.4 治理有效存在的问题

陕西农村常住人口平均受教育年限持续下降，在现实中的主要表现就是，农村治理方式明显滞后于陕西经济社会的巨大变化。由于农村人口受教育年限的下降，优秀的农村管理人才进一步短缺，以熟人社会和伦理道德为依赖的传统村民自治制度将会面临较大挑战，造成村民自治体系中，既缺少高素质、有能力，能够带领村民致富的村干部，也缺少有文化、懂技术、会经营的新型农民。高素质人才的缺乏，还会造成在农村产业发展过程中，融资难度加大，融资约束增高，涉农产业资本投入逐步恶化等现象。长期以来，农村集体经济收入来源主要依靠出租集体土地、林场等方式增加村级集体经济收入，由于缺少经营管理人才，加上村内产业发展滞后，缺少信用抵押，村集体的项目融资困难，发展村级集体经济举步维艰。

6.3.5 生活富裕存在的问题

2018 年，陕西农村居民人均可支配收入为 11213 元，为全国平均水平的 76.71%，仅为全国最高上海市的 36.92%，在全国 31 个省（市、自治区）中居第 27 位；比全国平均水平低 3404 元，甚至比西部地区平均水平还要低 401 元。2018 年，陕西城镇居民人均可支配收入为 33319 元，为全国平均水平的 84.88%，为上海市的 48.97%，在全国 31 个省（市、自治区）中居第 19 位；比全国平均水平低 5932 元，比西部地区平均水平高 222 元。另外，陕西居民城乡人均可支配收入比值从 2011 年的 3.63 下降到 2018 年 2.97，但是与全国平均水平 2.69 相比仍旧较高，甚至还要高于西部地区平均水平（2.85）。可见，陕西农村居民生活富裕水平整体偏低，而且面临严重的城乡收入差异问题。当前，陕西农民增收面临诸多困难。首先，由于城镇化水平的提高，农村空心化和老龄化使农村劳动力短缺，影响农业的集群发展，现代化进程以及农业高质量发展，最终影响农民可支配收入的持续提高。其次，由于农民工年龄较大，年龄结构老化、综合素质较低，城镇就业和工种薪资均面临较大瓶颈。最后，陕西农村集体经济实力较弱。由于人才缺乏导致的村集体发展不足，收入较少，带头致富效果不明显，农民所获得的分红等财产性收入普遍较少。

6.4 “十四五”时期推进陕西乡村振兴的基本思路、重点任务和政策取向

6.4.1 基本思路

做好“十四五”时期推进陕西乡村振兴的基本思路，是坚持以习近平新时代中国特色社会主义思想为指导，全面贯彻党的十九大精神，认真落实《中共中央、国务院关于实施乡村振兴战略的意见》，扎实推进《中共陕西省委、陕西省人民政府关于实施乡村振兴战略的实施意见》，持续推进乡村振兴战略，巩固脱贫攻坚成果，并在此基础上提高脱贫质量，力争把乡村振兴战略推上新台阶，达到新高度。具体基本思路如下：第一，在全面摆脱贫困的基础上，巩固脱贫成果，提高脱贫质量。第二，以产业兴旺为重点，提升特色现代农业发展水平。第三，以生态宜居为关键，促进人与自然和谐共生。第四，以乡风文明为保障，凝聚乡村振兴正能量。第五，以治理有效为基础，推动乡村和谐发展。第六，以生活富裕为根本，提高乡村民生保障水平。

6.4.2 重点任务

（1）产业振兴的重点任务

稳定粮食生产，推进农业生产的特色化和现代化。首先，稳定粮食生产，建设高标准农田，提高单位土地的粮食产量。在“十四五”期间，将粮食生产功能区全部建成高标准农田，推进农村土地治理和低质量农田改造，提升耕地质量。在保证耕地红线的基础上，大力提高农田的单位产粮量，尤其对于延安、榆林、安康、商洛这四个单位产粮量较低的地区来说，要在提升农业高质量发展上下足功夫。其次，结合陕西省特色农业，做大做优陕西的苹果、猕猴桃、茶叶等特色种植业，标准化规模化发展陕西的牛、羊等特色畜牧业。集群化是农业现代化的前提，要大力提升苹果、猕猴桃、茶叶的集群化发展水平，近年来苹果、猕猴桃、茶叶的集群化水平有所下降，要提高警惕。鼓励西安、宝鸡、咸阳、渭南、汉中和榆

林等畜牧业发展水平较高的地区实现标准化和规模化养殖生产。最后，建立抵抗农业灾害的有效机制，尤其对于渭南、榆林、延安和咸阳等农作物受灾面积较严重的地区，更需要实行农业抗灾长效机制，以保证农业生产。

（2）生态宜居的重点任务

推动陕西农业生产实现绿色发展，推动陕西农村生活实现卫生整洁。目前，降低陕西农业生产中的化肥、柴油、农药的投入量，进一步提高单位化肥、柴油、农药的农业产出水平，推动农业生产实现绿色发展。提升陕西农村人居环境水平，推动农村生活实现卫生整洁。让农村成为安居乐业的美丽家园。目前，虽然陕西单位农业增加值投入的化肥、柴油和农药均在持续下降，每万元农业增加值投入的农用化肥、农用柴油、农药已经分别从 2011 年的 0.1698 吨、0.0655 吨、0.0102 吨下降到 2018 年的 0.1191 吨、0.0480 吨和 0.0065 吨，但是与西部以及全国相比，陕西省单位农业产值消耗的农用化肥和农用柴油均较多。而且，陕西农村的卫生厕所普及率与西部地区以及全国平均水平相比，仍较低且相差较远。“十四五”期间，要持续在实现陕西农业生产的绿色发展以及农村生活的环境宜居上下足功夫。

（3）乡风文明的重点任务

“十四五”期间，陕西乡村振兴中的乡风文明的重点任务，应该以精神文明为主、物质文明为辅，两者综合推进合理展开。主要提升村民的精神风貌，培育文明乡风、良好家风、淳朴民风，不断提高乡村社会的文明程度。提升乡镇文化站的数量和质量，结合村民需求开展多种形式的文化传播活动，提高农村文化水平，提升村民文化品位。提高每万人农村人口的卫生员拥有率，关注农村老年人健康问题。

（4）治理有效的重点任务

“十四五”期间，应该以提升陕西农村教育水平，尤其是提升“村两委会”中村干部成员的教育水平。人力资本既是乡村治理的宝贵资源，也是自治制度能否有效运行的基础条件，在维护乡村社会秩序、实现自我管理、自我服务方面发挥着重要作用。但是，陕西乡村人口的平均受教育水平近年来呈现略微下降趋势，而同时期的西部地区以及全国平均水平则呈现明显的上升走势。因此，“十四五”期间，要更加全面地向经济薄弱村和软弱涣散村，继续实施强有力的农村基层干部素质提升工程和后备干部培养的“雏雁工程”，全面推进党务、村务、财务公开透明。

（5）生活富裕的重点任务

“十四五”期间，要加快缩小城乡差距，不断提高农民生活水平。自“十三五”以来，陕西农村居民人均可支配收入持续提高，已由2011年的5028元上升到2019年的12326元（全国16021元），在全国31个省（区、市）中居第27位，从与西部地区居民人均可支配收入以及全国对比来看，陕西农村居民人均可支配收入水平不仅低于全国平均水平，而且显著低于西部地区平均水平。而且，陕西省城市居民可支配收入2019年达到36098元（全国42359元），在全国31个省（区、市）中居第19位，显示了陕西省城乡收入差距过大的现实。因此未来在增加城乡收入的同时，要有效增加农村居民收入，最大化解决相对贫困问题。

6.4.3 政策取向

（1）产业振兴的政策取向

第一，“十四五”期间，陕西省要更大力度地发展优势特色涉农产业，推动农业生产集群化。受小农经济的影响和全省耕地地形地貌的限制，陕西省农村土地集约化经营和大型农机具的使用均受到一定程度的制约，全省农业生产力水平相对偏低，抗风险能力较弱，知识技术含量高、农产业附加值高、自然资源消耗低、环境污染少、抗风险能力强的现代化集群化的农业生产方式，较难在本省农村稳定开展实施，本省农村农业产业普遍存在生产要素投入多、农业生产投出少，生产经营风险不确定性高，导致全省农业在资本市场的竞争力较弱。

农业生产集群化对推动农业现代化有着重要的作用，有助于提升农业生产的规模效率，从而实现农业生产的规模经济。一方面，农业生产集群化有利于实现农业生产要素投入的集约化，提高生产要素的投入产出效率；降低获取生产要素的信息成本、运输费用，减少生产要素的使用成本。另一方面，随着经济社会发展，传统的初级农产品已经很难满足市场需求，消费者需求的多样化使农业产业链越来越长。农业生产集群化可以优化农产品的生产、深加工、包装、运输、流通等一系列流程。需要注意的是，农业生产的集群化要与本省涉农优势产业相结合，例如，进一步提高陕西苹果生产基地、陕北优质肉羊生产基地、陕南生猪标准化养殖基地、安康陕茶生产基地、陕北红枣生产基地、汉中柑橘生产基地等重点基地的农业生产集群化水平。

第二，“十四五”期间，陕西省要深耕农村电子商务服务体系建设，利用“互联网+农产品”，打造产业振兴的线上模式。“十二五”以来，陕西省通过开展县、乡、村三级电子商务服务体系建设，电子商务进农村综合示范县建设，持续不断开展省级电子商务示范县、示范园区和示范企业创建工作，已经培育了一批农村电商龙头企业，并且多体系开展多层次的电子商务技能培训，增加资金供给力度，保障电子商务工作在农村的持续发展。此外，按照国务院商务部“项目向贫困县倾斜”的要求，积极推动全省贫困县农特产品紧搭电子商务应用的快车，努力帮助贫困户实现电子商务创业，整合各方资源有力参与扶贫工作，拓展扶贫空间，持续推行电商扶贫工作。截至2018年底，全省实现了电子商务进农村综合示范项目在全省56个贫困县（区）的全覆盖，全省电子商务进农村综合示范县总数达71个。农村电商服务站点已经成为当地乡村振兴战略的生态服务中心、创业服务中心和文化服务中心。乡村振兴的“互联网+”战略正在改变贫困县农民的生活生产和思维方式。为此，在“十四五”期间，全省的“互联网+”乡村振兴战略需要吸引更多有魄力、有想法、有知识、有资源的实干型优秀人才回到农村，千方百计地推动实干型优秀人才建设农村，为实干型优秀人才创造返乡创业的良好环境，为乡村发展注入“互联网+”的新动力。

第三，“十四五”期间，要积极引导资本下乡，助推产业振兴。引导资本投入农村，是实现陕西农业现代化的关键因素。建立城乡统一的要素市场，尤其是资本要素市场，让乡村真正成为城市资本要素的流入地，这需要深化农村金融体制改革，推动农村金融产品创新，探索农村财产抵押贷款政策，逐步有效打通城市资金进入农村的各种流动障碍。另外，社会资本自身行为也急需进一步规范。在现实经济利益驱动下，一方面一些社会资本存在严重的跟风投资现象，一旦对涉农投资失误或失败，势必会导致农村土地租金等无法兑现，极易引发矛盾纠纷。另一方面，还有一些企业在进入农村以后，表现出盲目“圈占”农民土地的现象，并且使用“圈占”的土地开展“非农化”或“非粮化”经营生产，甚至大搞房地产开发。

社会资本进入农村会要求农村有一定的基础设施配套标准，例如，道路硬化并畅通到田间地头、水电暖互联网通信全年畅通等，而陕西不少农村基础设施条件比较薄弱，往往达不到资本投入方要求的条件。因此，加快农村基础设施建设，打破制约资本下乡的瓶颈和壁垒是当前的重要任务，具体体现在对村级公路、供电网络、移动通信等公共基础设施进行提档升级，以确保农村拥有社会资本发挥经济效益的良好基础环境。最后，还要不断建立健全城乡融合发展的体制机制和政策体系，认真落实完善承包地“三权分置”制度，推进建设农村产权流转交易市场，支持社会资本拓宽融资渠道。事实上，搭乘乡村振兴战略的班车，有序推进乡村土地流转水平，是解决乡村资本短缺的最有利途径。土地既是农业生产、农民生活、农村发展的载体，也是农民手中最有利用价值的资源。因此，如何借助乡村振兴战略的“东风”，实现有效推进全省农村土地积极有序流转，盘活农村闲置土地，是引导社会资本下乡、助推乡村振兴战略的根本。

（2）生态宜居的政策取向

第一，“十四五”期间，要加大农业资源利用率，发展绿色农业，降低农村生产活动中的环境污染。推进化肥、农药、柴油的利用效率，进一步提升农业生产中的化肥、柴油、农药的单位农产品产出量，使陕西省明显高于全国的单位平均产出水平。开展果园、蔬菜、茶叶种植中的有机肥替代化肥活动。抓好农业废弃物资源化利用和无害化处理，扩大农膜回收试点，促进农业清洁化生产。

第二，“十四五”期间，要持续改善农村生活的宜居环境。在2020年基本实现村庄环境干净整洁有序，增强村民环境与健康意识的基础上，推广农村生活垃圾按农户分类、按农村收集、按乡镇转运、按县级处理的模式，使100%的行政村实现生活垃圾实现有效治理。“十四五”期间，建立完善农村污水治理设施建设，农村住房全部配建无害化卫生厕所，全部行政村配建公共厕所。

（3）乡风文明的政策取向

第一，“十四五”期间，以社会主义核心价值观为引领，充分发挥乡镇文化站的文化引领作用，加大科学文化在农村的传播力度，提高农民法治意识水平，突出农民社会担当责任感，强化农民集体观念和主人翁观念，深化中国特色社会主义和中国梦宣传教育。

第二，“十四五”期间，重点建设乡镇卫生院、村卫生所，提升每万人村民的卫生人员数，密切关注农村老年人的身体健康，组织农村老年人定期体检，提高农村村民的健康水平。

第三，“十四五”期间，应该规范村规民约，强化红白理事会的作用。制止天价彩礼、人情攀比等陈规陋习，引导村民自觉抵制封建迷信等落后文化。“十四五”期间，继续鼓励全省范围内的“美丽乡村·文明家园”的省级和市级重点示范县、重点示范村的建设。

（4）治理有效的政策取向

第一，“十四五”期间，对农村基层党组织建设要深化人才支撑计划，进一步提高村级党组织成员的个人素质。优化农村基层干部队伍结构，全面加强农村后备干部队伍建设，逐步实现农村基层干部年轻化、高学历化。在基层治理中，重用、善用能够带领村民脱贫致富的“能人”。全面向经济薄弱村和软弱涣散村，实施强有力的农村基层干部素质提升工程和后备干部培养的“雏雁工程”。“十四五”期间，全面推进党务、村务、财务公开，严惩村干部的腐败行为。

第二，“十四五”期间，健全农村的现有教育体系，鼓励高学历人才参与乡村治理。村民拥有较高的教育程度，可以有效驱动农村有效治理的实现，有利于农村的普法宣传，有助于基层干部开展治理工作。各级政府应该通过各种途径加大农村教育的投入力度，统筹优化城乡义务教育资源配置，实行农村教育提升工程，在实现农村教育规模的基础上，重点有效提高农村教育质量，为乡村振兴和“三农”发展建立多层次人才储备。

第三，“十四五”期间，全省范围内全部建成平安乡村。实现乡级和村级综治维稳中心建设全覆盖，推进农村社会治安防控体系和“雪亮工程”建设，深入打击农村黑恶势力，依法打击违法犯罪活动。

(5) 生活富裕的政策取向

第一，“十四五”期间，要进一步缩小城乡收入差距，使之显著低于全国平均水平。出台促进农民增收的“一揽子”计划措施，保持农村居民收入增速始终快于城镇居民的收入增速。并且，力争在“十四五”的收官之年，陕西省城市居民人均可支配收入与农村居民人均可支配收入的比值处于 2.00 以下。

第二，“十四五”期间，进一步实现农民增收，优化农民收入途径，降低农民面临的风险。鼓励农民就业创业，因地制宜地推动农村发展特色种养业、特色养殖业、特色旅游业，开展多渠道的农村电子商务，着力做好产销衔接。加大科技扶贫力度，组织种植业大户、养殖业大户定期学习先进技术。加快发展县域经济，促使农民就近就地就业，实现多种途径增收的目的。针对已经脱贫的村民要开展持续的脱贫扶持政策。

7 陕西“十四五”时期供给侧结构性改革

党的十九大报告指出，“建设现代化经济体系，必须坚持质量第一、效率优先，以供给侧结构性改革为主线，推动经济发展质量变革、效率变革、动力变革，提高全要素生产率”。改革开放以来，我国经济在出口、投资和消费“三驾马车”的拉动下保持了长期高速增长。但自2008年金融危机后，世界各大经济体经济增长乏力，复苏疲软。在宏观方面，中国经济出现了钢铁、水泥、煤炭等行业产能过剩，房地产库存增加等一系列结构性问题。在微观方面，我国居民的消费结构发生了明显改变，对中高端产品的需求不断增加。因而在解放和发展生产力方面，要从提高供给质量出发，用改革的办法推进结构调整，矫正要素配置扭曲，扩大有效供给，提高供给结构对需求变化的适应性和灵活性。同时提高全要素生产率，更好地满足广大人民群众的精神和物质需要，促进经济社会持续健康发展。

2018 年底召开的中央经济工作会议明确指出，“我国经济运行主要矛盾仍然是供给侧结构性的，必须坚持以供给侧结构性改革为主线不动摇，更多采取改革的办法，更多运用市场化、法治化手段，在‘巩固、增强、提升、畅通’八个字上下功夫”。这是以习近平同志为核心的党中央在深刻分析和准确把握我国当前经济运行主要矛盾基础上作出的重大决策，对我国今后一个时期供给侧结构性改革指明了方向。西部大开发以来，陕西抓住重要发展战略期，从需求侧入手，充分利用资源优势，多年保持了经济快速增长。近年来，在国内外经济增长放缓的大背景下，陕西经济下行压力不断增大。2018 年，陕西生产总值达到 24438 亿元，较 2017 年增长 8.3%。2019 年，全省生产总值较上年增长 6%左右。因而坚持供给侧结构性改革，培育陕西新的经济增长点，推进全省经济高质量发展，是陕西“十四五”时期发展的首要任务和方向。

7.1 “十三五”时期陕西供给侧结构性改革回顾

7.1.1 供给侧结构性改革的成效

（1）去产能

陕西作为全国能源大省，承载着去产能的重要任务。根据陕西省政府与国家部际联席会议签订的《煤炭行业化解过剩产能实现脱困发展目标责任书》和《钢铁行业化解过剩产能实现脱困发展目标责任书》，2016—2020 年陕西煤炭、钢铁行业去产能任务是：压减煤炭产能 4706 万吨，压减炼铁产能 160 万吨，炼钢产能不少于 70 万吨。2016 年，陕西退出钢铁主体冶炼设备 4 座，压减炼铁产能 160 万吨、炼钢产能 70 万吨，提前 4 年完成钢铁行业去产能任务。煤炭行业去产能情况如图 7 - 1 所示，2016—2019 年陕西省退出煤炭产能分别为 2934 万吨、96 万吨、596 万吨和 278 万吨。截至 2019 年，陕西已经退出煤炭产能 3904 万吨，关闭煤矿 98 处，占 2016—2019 年全省煤炭化解过剩产能总任务的 83%。

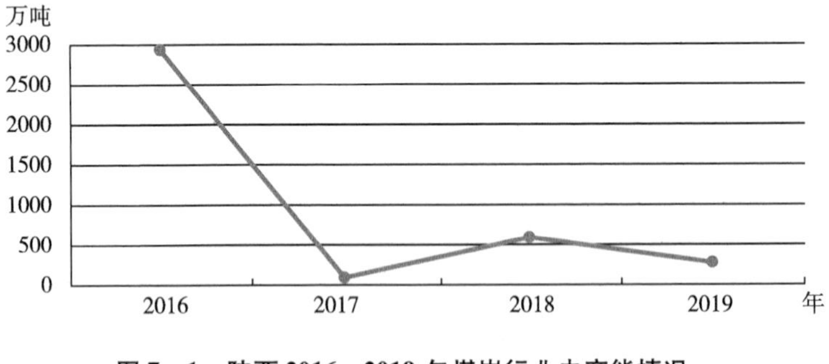

图 7 - 1　陕西 2016—2019 年煤炭行业去产能情况

资料来源：中国国家统计局、陕西省统计局。

（2）去库存

陕西围绕供给侧结构性改革去库存的任务，陆续出台了一系列稳定增长、减少库存、规范市场经济发展的政策措施。在房地产去库存方面，陕西房地产开发投资、销售面积回暖趋稳，去库存取得一定成效（见图7-2）。2015—2018 年，房地产开发投资额从 2494.29 亿元增长至 3534.67 亿元，增速放缓，增长较为平稳。同时，商品房销售面积也逐年增加，房地产开发企业竣工房屋面积总额在 2016 年出现转折，由增长转为逐年下降，由此可见房地产库存在 2016 年以后不断下降。2019 年 1—11 月，陕西省房地产开发企业完成投资 3531.72 亿元，同比增长 8.9%，比全国平均增速低 1.3 个百分点，房屋销售持续小幅回升，同比增长 9.7%，房屋待售面积持续减少，同比下降 16.4%。此外，陕西规模以上工业企业库存在 2015—2017 年呈现小幅增长的趋势，但在 2018 年存货出现下降，2019 年前三季度规模以上工业企业产成品库存为 974.2 亿元，同比仅增长 1.8%。这说明去库存政策已经逐步发挥作用，工业企业库存逐渐止住增长的趋势并且开始出现下降。

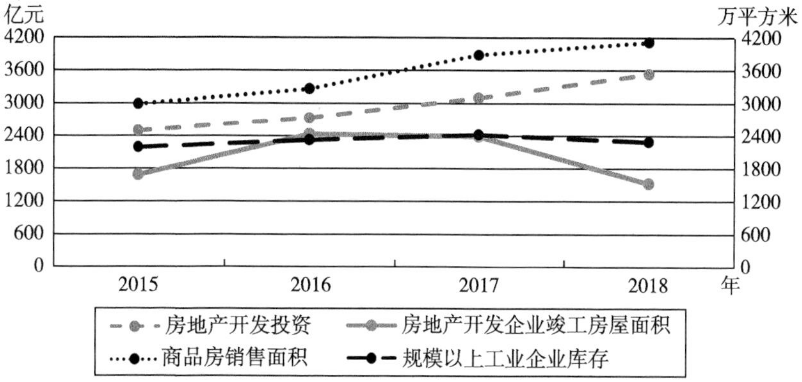

图 7-2 陕西 2015—2018 年去库存情况

资料来源：中国国家统计局、陕西省统计局。

（3）去杠杆

2015—2018 年，陕西去杠杆工作成效显著。从资产负债情况可以看出，工业企业去杠杆特征明显（见图7-3），陕西规模以上工业企业资产负债率逐年下降，由2015年的56.47%下降至2018年的53.92%。发生大规模债务违约的风险较小，整体杠杆率处于合理可控的范围。此外，陕西规模以上工业企业的财务费用增长速度进一步得到控制，2015—2018年全省工业企业财务费用支出基本保持稳定，2018年有小幅下降。

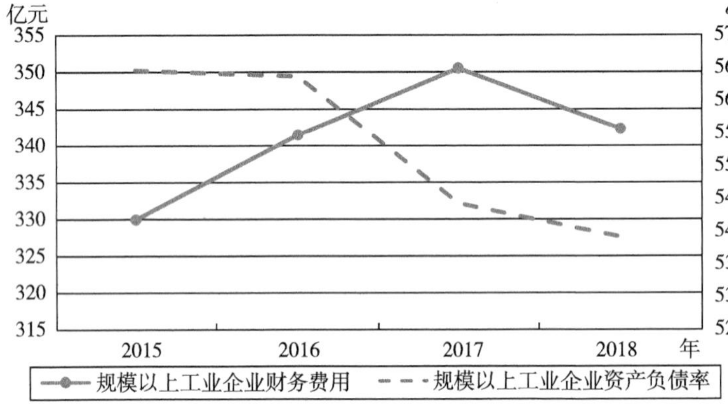

图7-3 陕西2015—2018年去杠杆情况

资料来源：中国国家统计局、陕西省统计局。

（4）降成本

2016年发布的《陕西省供给侧结构性改革降成本行动计划》指出，经过1~2年的努力，要在降低实体经济企业成本工作上取得初步成效；经过3年左右的努力，使实体经济企业综合成本合理下降，盈利能力有较为明显的增强；“放管服”改革取得明显成效，企业发展环境进一步优化；企业税费、要素、用工等成本显著下降。各项措施落实后，初步预计每年可为企业降低用工成本41亿元、税费150亿元、用地成本20亿元、用能成本53.5亿元、融资成本15亿元、物流成本30亿元，共计达到310亿元左右。以陕西规模以上工业企业费用支出为例（见图7-4），陕西规模以上工业企业的销售费用、管理费用和财务费用在2017年出现拐点，说明经过3年的努力，陕西降成本政策已经逐步开始发挥作用，企业成本的增长趋势得到抑制，下降趋势已经开始出现。

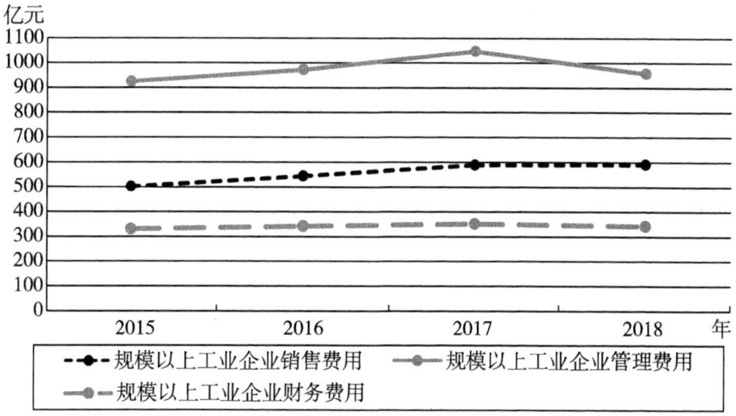

图 7－4　2015—2018 年陕西规模以上工业企业费用支出

资料来源：中国国家统计局、陕西省统计局。

（5）补短板

为贯彻落实中央关于推进供给侧结构性改革的决策部署，进一步推进陕西经济发展建设，陕西省政府于 2016 年 9 月出台了《陕西省供给侧结构性改革补短板行动计划》。省政府决定实施创新驱动、改革开放、民营促进、服务升级、生态文明、收入倍增、脱贫攻坚、新型城镇化、区域协同、金融创新十大战略，运用系统性思维，坚持问题导向，采取精准措施，力争在“十三五”期间努力补齐制约陕西社会经济发展的关键短板，进一步增强经济社会发展的协调性、均衡性、可持续性，确保到 2020 年与全国同步全面建成小康社会。经过三年的改革发展，陕西供给侧结构性改革补短板行动取得了一定的成效（见图 7－5）。2015—2018 年，陕西省农业总产值稳步增长，2019 年前三季度农业生产总值同比增长 3.9%，农业发展趋势良好。规模以上工业企业利润呈现逐年增长的趋势，尤其在 2017 年增长较为明显，2019 年规模以上工业增加值同比增长 5.2%，工业企业经营状况不断改善。陕西研究与试验发展经费投入保持较快增长，2015 年研发经费投入为 393.17 亿元，到 2018 年研发经费投入增长至 532.42 亿元，较 2017 年增长 15.5%，研发经费投入强度排名跃居全国第 7 位。2019 年，陕西省综合创新水平居全国第 9 位，其中科技活动产出指数居第

4 位，研发经费投入强度居第 7 位，预计陕西省全年技术产业增加值较上年增长 11.1%，远高于规模以上工业增加值增速。

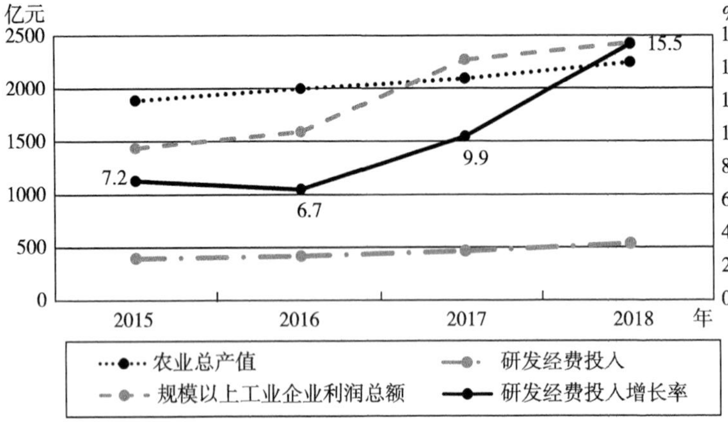

图 7－5　陕西 2015—2018 年补短板情况

资料来源：中国国家统计局、陕西省统计局。

7.1.2　供给侧结构性改革的问题

（1）产业结构失衡

党的十八大以来，陕西省紧抓机遇，积极进行产业结构调整，大力发展第三产业，提高非农产业占比，但三次产业结构仍不尽合理。第一产业发展相对合理，但在生产总值中占比偏高。如图 7－6 所示，2018 年陕西第一产业增加值占生产总值的比重为 7.5%，高于全国平均水平的 7.2%。同时，陕西是一个传统的农业大省，农业人口占比较大，农村有大量的剩余劳动力。在农业生产率方面，与东部地区发达省份相比仍然偏低。因此，陕西的第一产业无论从绝对数量还是相对数量上都有很大的增长空间。

第二产业比重偏高，重工业化趋势明显。2018 年，陕西第二产业增加值占比为 49.7%，远超全国平均水平 40.7%，在全国各省份中排首位。工业产值中，重工业比重大于 80%。虽然陕西高新技术产业发展迅速，但与东部地区发达省份相比，高新技术产业发展仍然相对薄弱。

第三产业发展相对滞后。2018 年，第三产业增加值占比 42.8%，低于全国平均水平 10 个百分点左右，不仅与上海、深圳等地相差较大，在西部地区各省份中也较为落后。综上所述，陕西“二三一”的产业结构模式不尽合理，未来有较大的调整空间。

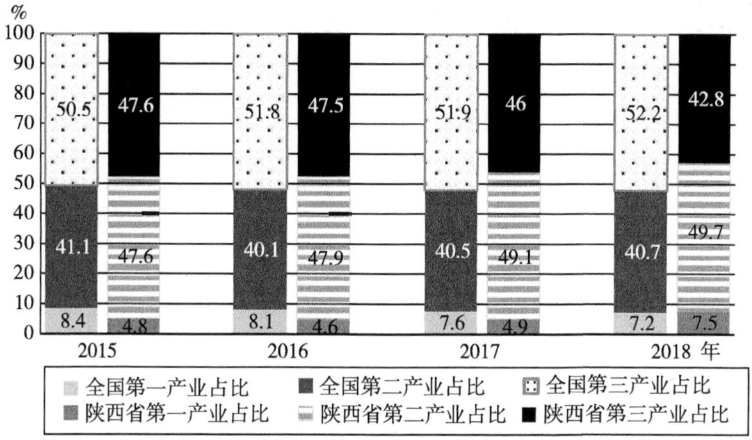

图 7-6　2015—2018 年陕西省三次产业结构与全国三次产业结构对比

资料来源：中国国家统计局、陕西省统计局。

（2）区域结构发展不合理

由于自然环境条件、历史文化等各方面因素，关中、陕北和陕南三地区在经济发展上存在着明显差异。从陕西三地区 GDP 的相对值来看，关中地区 GDP 远高于陕北地区，陕北地区 GDP 高于陕南地区。2017 年，关中地区 GDP 占全省 GDP 的比重为 64.4%，陕北地区占比为 21.6%，陕南地区占比最低为 14%。就人均 GDP 而言，2017 年陕北地区人均 GDP 最高（82715 元），远高于陕西平均水平（57266 元）；关中地区人均 GDP 为 58456 元，略高于陕西平均水平；陕南地区人均 GDP 为 36132 元，低于全省平均水平。

2017 年，关中地区工业增加值是陕南地区的 4.1 倍，陕北地区工业增加值是陕南地区的 2.4 倍。全省财政收入的 93.5% 是由关中地区和陕北地区创造的，陕南地区的财政收入仅占全省财政收入的 6.5%。从产业分布来看，陕北地区能源资源丰富，第二产业增长强劲，但第一产业和第三产业发展滞后。关中地区产业发展较为均衡，但与我国东部发达城市相比仍有不小的差距。陕南地区工业发展落后于陕北和关中地区，绿色资源丰富，但绿色资源转化为经济优势难度较大。总体来看，陕西省区域经济发展不平衡，关中地区经济发展状况最好，陕南地区经济发展较为落后，陕北地区工业发展较快，但对能源资源依赖严重。

（3）生态约束趋紧，可持续发展短板明显

陕西经济可持续发展面临巨大的资源与环境约束，水资源短缺、空气质量不达标等方面已经成为制约经济发展的绊脚石。陕西水资源禀赋不足且空间分布不均。2017 年，全省水资源总量为 449.13 亿立方米，人均水资源量为 1174.49 立方米，低于全国平均水平（2074.5 立方米）。陕西 2017 年用水总量为 93 亿立方米，人均用水量为 243.2 立方米，仅为全国人均用水量的 55.8%，在西部 12 省中排最后一位，分别占甘肃、宁夏和新疆的 54.5%、25% 和 10.7%。其中，陕北地区水资源总量为 37.78 亿立方米，用水总量为 11.06 亿立方米，水资源开发利用率为 29.3%，濒临严重缺水。关中地区水资源总量为 74.43 亿立方米，用水总量为 54.89 亿立方米，水资源开发利用率为 73.8%，远远超过国际公认的 40% 的水资源开发生态警戒线。陕南地区水资源总量为 336.92 亿立方米，用水总量为 27.04 亿立方米，水资源利用率为 8%，水资源较为丰富。

近年来，陕西的生态环境治理工作卓有成效，但生态环境局势依然十分严峻。全国 169 个城市按照环境空气质量综合指数排位，陕西有 3 个城市位于后 20 名，分别为咸阳、西安、渭南。《2018 年陕西省生态环境状况公报》数据显示，陕西 13 个市（区）优良天数比例在 43.0% ~90.7%，平均优良率为 66.5%，平均超标天数比例为 33.5%。2018 年，陕西省各市（区）可吸入颗粒物（PM_{10}）、细颗粒物（$PM_{2.5}$）、臭氧（O_3）的平均值分别为 104 微克/立方米、51 微克/立方米、164 微克/立方米，均高于全国平均水平。

综上，陕西一方面是自然资源短缺，另一方面是环境污染严重。在绿色发展和可持续发展理念的作用下，陕西经济发展面临“双灯限行”的自然环境压力。

（4）传统经济增长方式难以为继，经济增长新动能不强

当前，陕西经济增长的要素禀赋结构发生了巨大变化，依靠高能源消耗、高投资和廉价劳动力的传统粗放式经济增长方式已经不能满足当下经济高质量发展的需要。2019 年，陕西固定资产投资同比增长 2.5%，固定资产投资增长率下降导致资本大多流向房地产市场和股票市场，实体经济融资困难。同时，随着人口老龄化和少子化的加剧，陕西的人口红利在逐步消失。

陕西的经济增长新动能也存在不足。第一，陕西“五上”企业数量偏少。截至 2018 年 12 月末，“五上”企业共 27793 户，居全国第 15 位，占全国的 2.4%；2019 年“五上”企业总数有所下降，为 24725 户。第二，陕西高新技术产业增长放缓。2018 年，高新技术产业占制造业比重不足 20%，同时增长速度已由 2016 年 20% 以上的高速增长转为 2018 年 14.2% 的较快增长。第三，非公经济发展不充分。从经济发展规律来看，非公经济特别是民营经济比较活跃的地区往往市场活力更强，经济发展的水平也更高。虽然陕西非公经济占比已突破 50%，但是非公控股单位数在全国居第 22 位，仅相当于广东省的 18.6%、浙江省的 20.2%。

7.2 “十四五”时期陕西供给侧结构性改革的主攻方向

中国特色社会主义进入新时代，“十四五”时期正是实现“两个一百年”奋斗目标的关键时期。陕西要坚决贯彻党中央的部署，积极推动供给侧结构性改革，针对产业结构失衡、区域经济发展不合理、可持续发展短板明显和经济增长新动能不足等问题，从巩固“三降一去一补”成果、增强微观主体活力、提升产业链水平和畅通国民经济循环四个方面入手，着力推动陕西产业结构优化升级，提升经济发展活力，为把陕西建成社会主义现代化强省提供源源不断的动力。

7.2.1 巩固“三降一去一补”成果

（1）处置僵尸企业，推动过剩产能出清

僵尸企业占据着大量资金、土地等发展资源，在消耗了大量社会财富的同时不产生任何经济效益。目前，僵尸企业的存在成为造成产能过剩的重要原因之一。要做好去产能工作，就必须加快处置僵尸企业。首先，陕西省政府要定期对全省国有企业进行摸底排查，摸清这些企业的实际经营状况，确立僵尸企业名单，并对列入名单的僵尸企业进行细化分类，以便后期以不同方式精准处置僵尸企业。其次，针对不同类型的僵尸企业制定不同的处置方案。对于陷入债务困境但仍有重建价值的僵尸企业，可以通过剥离不良业务、整合重组等方式，帮助企业改善经营状况，从而恢复并增强其盈利及债务清偿能力，使企业走出困境。对运营效率低的僵尸企业，应当采取破产重组或破产清算的方式进行处置，通过重整计划对企业进行债务调整和清理，优化股权结构、资产结构和经营结构，以便使企业摆脱困境、重获新生。

“十四五”期间，陕西应依据国家相关法律、法规制定僵尸企业处置的实施细则，从制度层面保证去产能计划的顺利推进。政府应依据法律、法规精准处置，停止对僵尸企业注入资金，并引导金融机构减少乃至停止对僵尸企业的融资，倒逼僵尸企业逐步退出。此外，在处置僵尸企业的过程中，政府要建立托底机制，完善社会保障制度，妥善安置失业职工。

（2）降低企业经营成本

降低企业经营成本是供给侧结构性改革的难题。企业是供给侧结构性改革的主体，降低企业经营成本有助于保持竞争优势。在“十四五”期间，陕西可以采取以下行动：

就人工成本而言，政府要优化社保制度，合理调整社会平均工资标准，在某些用工紧张的行业可以推广“机器换人”，帮助企业降低经营成本。

在用地成本方面，可以依据产业类型灵活确定土地出让年限。土地出让可以采用长期租赁、先租后让、租让结合等方式，减少土地流转的制度成本。

在税费成本方面，要不断完善税收制度，对一些小型微盈利企业适当减免税收。同时，将减税政策和鼓励创新相结合，基于企业的科研投入水平予以适度税收减免，以此激励企业开展创新活动，推动技术进步。

在物流成本方面，要加强改善物流基础设施建设，补齐物流短板，大力运用互联网技术优化物流组织方式，构建公平、开放、高效、有序的物流市场体系。

在融资成本方面，要加快结构性调整，缓解企业融资难、融资成本高的问题。要大力推动金融创新，提高金融效率，扩大中小企业融资渠道。此外，可以通过制定担保费率标准的方式，降低中小企业担保费率，缓解中小企业融资困境。同时要培养多层次、立体化的资本市场，大力发展直接融资。政府可以成立政策性金融组织，为企业提供融资服务。

在行政审批成本方面，要进一步简化行政审批流程，明确各部门职责，尽量减少不必要的审批程序，推动行政审批标准化，切断行政审批与收费之间的利益关联，尽量降低企业的税外负担。

（3）加强基础设施建设

加强基础设施建设是陕西在“十四五”时期推动供给侧结构性改革的有效手段。基础设施建设涉及教育、医疗、卫生、交通、通信、水、电等各个领域，合理的基础设施建设投资结构可以全方位推动地区经济发展，刺激社会需求，缓解产能过剩等问题。在基础设施建设投资方面，政府占据主导地位。政府要对自身职能有明确的定位，大力完善决策机制，充分发挥监管作用，提升基础设施产品和服务水平。同时，要制定完善的资金回报机制。为鼓励更多的外资和民间资本投入基础设施建设中，政府应该充分发挥引导作用，制定一些优惠和补偿政策，设置专项投资回报机制，提高外资和民营资本参与基础设施建设的积极性。

在融资创新方面，基础设施建设方要加强与银行等金融机构的协作，吸引更多的资金投入基础设施建设中。政府还应引导基础设施建设公司上市，通过股权融资和债权融资等形式，运用 IPO、公司债券等手段，源源不断地从资本市场中获得资金支持，以此加快基础设施建设，推动基础设施建设行业市场化改革。

7.2.2 增强微观主体活力

(1) 创造公平、开放、透明的营商环境

经济全球化背景下，营商环境在一国经济发展中发挥着越来越重要的作用。良好的营商环境有利于企业的蓬勃发展，是促进生产力提高和经济发展的关键。优化营商环境既是党的十九大以后“放管服”改革的新目标，也是推动供给侧结构性改革的重要途径。陕西处在“一带一路”建设的重要节点，在“十四五”时期要紧抓机遇，充分发挥自身优势，依托自贸区建设，大力发展对外贸易，营造更加开放、充满竞争的营商环境。

政府是营造良好营商环境的主体，建设透明高效的政务环境是优化营商环境的关键。陕西应该一如既往地坚持“服务型政府”建设，努力提高公共服务水平。一方面，进一步深化行政审批制度改革，在明确各部门权责的基础上优化审批流程，依法减少审批事项，全面推行“一个窗口”受理和限时结办制度。继续推进“互联网+政务”建设，逐步扩大电子政务覆盖范围，最终实现大部分乃至全部业务可以网上办理。另一方面，着力提升政府办公效率，减少企业与政府打交道花费的人力、物力和时间，构建亲清型政商关系，进一步激发市场活力。同时，陕西要加强“阳光政府”建设，扩大信息共享，提高政府的信息公开度、透明度和公众参与度。进一步推进廉洁政府建设，从根本上解决权力寻租的问题。

创建公平、开放、透明的营商环境需要公平正义的法治环境护航。一方面，陕西在“十四五”时期应加强知识产权保护，构建严格的知识产权保护体系，树立知识产权保护意识，打造知识产权强省。另一方面，要完善商事纠纷解决制度，健全诸如协商、调解等形式的商事纠纷非诉讼解决机制，降低商事纠纷的解决成本，提高商事纠纷的解决效率。

竞争有序的市场环境是构建良好营商环境的基础，陕西在“十四五”时期要处理好政府与市场之间的关系。政府在发挥宏观调控作用的同时，要充分肯定市场在资源配置中的决定性作用，为市场运行提供完善的制度保障。政府要健全市场监管体系，优化市场注入机制，保证市场准入的公

平、公开和开放，最大限度地释放市场活力。

(2) 形成公平安心的创新氛围

创新是供给侧结构性改革的重要举措之一，把创新驱动融入劳动力、土地和资本等生产要素的使用中，有利于优化要素配置，提高要素生产效率水平，优化供给结构。“十四五”时期陕西可以采取以下举措：

第一，加强创新理念宣传，围绕产业链部署相应的创新链，把科技发展真正落实到产业发展上，把政府、企业和社会各界的理念引导到科技创新上。

第二，联合省科技厅和省财政厅建立目标明确和绩效导向的省级财政科技计划管理体制，结合陕西创新战略目标，高效配置科技资源，强化科技与经济的紧密结合，最大限度地激发科研人员的创新热情，推动以科技创新为核心的全面创新。

第三，加快创新平台建设。全力推进高新产业园区建设，将适宜陕西产业发展的科技创新资源和产业布局到产业园区中。依托腾讯、阿里巴巴等平台加快众创空间建设，以众创空间建设为契机，引进一批高层次人才、创新创业团队、科技服务机构和优秀项目入驻孵化。

第四，充分利用陕西丰富的高校资源，鼓励高新技术企业与高校开展合作，充分发挥陕西高校的科研优势，大力推进产学研相结合，逐步把各高校建设成为创新孵化基地，把教育资源优势转化为科技创新优势，最终转化为经济效益优势。

第五，进一步加强知识产权保护制度建设，完善便民利民的知识产权公共服务体系。在全省范围内开展知识产权保护教育活动，提高企业和个人的知识产权保护意识，进一步完善法律、法规，保护企业和个人的知识产权不受侵犯。

7.2.3 提升产业链水平

(1) 发展巩固原有产业，形成新的竞争力

推动供给侧结构性改革的首要任务是提升原有产业竞争力，促进原有产业发展迈向中高端水平。陕西是能源大省，能源产业在产业结构中占比较大。“十四五”时期陕西推动传统能源产业转型升级，首先要解决好传统能源企业产能过剩和僵尸企业的问题。充分发挥市场在资源配置中的主体地位，通过重组、兼并等手段，淘汰一批产能过剩企业，优化产业结构，提升传统能源产业整体水平。其次要加快技术改进，用新技术提升传统能源行业的生产效率，推动企业设备更新换代，提升产品质量，向产业链前端迈进。

在制造业方面，陕西在“十四五”时期要大力发展先进制造业。鼓励企业运用先进的生产技术、生产设备和管理经验，推动传统制造业生产方式向差异化、智能化、数字化、绿色化转变，实现传统制造业由劳动密集型产业向技术密集型、资本密集型产业转变。企业要加大科研投入，推动传统制造业由单一的加工制造向产品的研发、服务转变。要利用互联网、物联网的发展，促进传统制造业与现代服务业的融合发展，实现陕西传统制造业的转型升级。

在服务业方面，要努力提升陕西现代服务业发展水平。以建设现代服务业集聚区为载体，加强主体培育、平台建设和项目建设，全面提升服务业发展质量和效益。加快现代物流、文化、旅游、会展、金融、商务、会展、工业设计、科技服务、健康养老等行业成为服务业主体，减少传统服务业比重，形成相互促进、互相支撑的服务业发展格局。

（2）大力发展战略性新兴产业

“十四五”时期是全球新一轮科技革命和产业变革迸发的关键时期，物联网、大数据、人工智能和区块链等技术广泛渗透社会经济的各个领域。此外，3D打印、纳米技术、机器人技术和现代生物科技不断取得重大进展，在社会经济发展中发挥着越来越重要的作用。培育和发展战略性新兴产业，有助于优化实体经济结构，加快产业结构优化升级，实现社会经济高质量发展。

陕西在“十四五”时期要紧抓全球科技革命和产业革命的契机，大力发展战略性新兴产业。第一，政府应当鼓励自主创新产品在政府采购和公共投资领域的应用，培育和引导新的消费理念，开拓新产品消费市场，为新兴产业发展提供适宜的土壤。第二，进一步加大自主创新投入力度，注重创新人才培养，通过减税、补贴等一系列政策支持鼓励企业增加科研投入。第三，要充分发挥陕西教育资源优势，联合企业和高校组成创新联盟，进一步促进企业研发效率的提升。第四，依托陕西已有的产业基础，加快培育高端装备制造产业、节能与新能源汽车产业、新一代信息技术产业、新材料产业、生物医药产业、节能环保产业等战略性新兴产业。推进大数据、云技术等互联网信息基础建设，加快新一代信息技术与传统产业的深度融合，实施“互联网 +”，提升企业研发、生产、管理和服务的智能化水平。同时，加快三次产业间的融合发展，构建新兴经济业态。

7.2.4 畅通国民经济循环

(1) 建立开放竞争有序的现代市场体系

现代市场体系是使市场配置资源的效率和公平性充分发挥的运行机制和制度体系，深化供给侧结构性改革就必须建立开放竞争有序的现代市场体系。陕西要积极贯彻国家“一带一路”建设战略方针，充分发挥自身区位优势，大力开展对外开放建设，坚持“引进来”与“走出去”战略相结合，实现省内商贸流通体系和全球流通体系连通，进一步推进陕西现代市场体系建设。

“十四五”时期，陕西要加快社会主义市场经济体制改革，大力发展私有制和混合所有制经济，提升市场主体多元化水平。鼓励民间资本和国外资本参与国有资本投资项目，鼓励民间资本和国外资本通过收购股票、出资入股、融资租赁等多种形式参与国有企业改制重组和合资经营。

此外，要正确处理政府和市场的关系。一方面，要充分发挥市场在资源配置中的主体地位作用，完善市场准入机制，通过市场竞争，激发企业活力，淘汰落后产能。另一方面，要优化政府的治理能力，按照公平、公正、公开的原则，平等对待各种所有制经济，保证各企业平等参与市场竞争。同时，以供给侧为核心，进一步深化政府行政体制改革，进一步推进政府简政放权，取消不必要的行政审批事项，简化行政审批流程，降低行政审批费用，提高政府工作效率，推进政府职能转变。

（2）破除人才社会流动的体制机制障碍

人才是推动社会经济发展的核心战略资源。对于一个地区而言，集聚人才尤其是创新型人才对发展至关重要。为推进供给侧结构性改革，陕西需要在“十四五”时期高度重视人才资源的开发和管理，做好人才管理制度建设，突破人才流动的体制障碍。

第一，构建灵活的人才管理机制。完善辞职、辞退制度，废除限制人才自由流动的陈规陋习，充分保障个人的自主择业权。逐步扩大企事业单位市场招聘选拔范围，同时从人才供给和需求两端出发，完善人才市场流动机制。

第二，改革人才身份管理制度。在人才招录时逐步取消本地与外地、干部与群众以及城市与农村等身份限制，树立“控制人口，不控制人才”的思想。进一步完善户籍管理制度，让户籍问题不再成为人才流动的障碍。

第三，建立灵活的人才档案管理制度。人才档案流动是人才流动的重要部分。目前人才档案管理比较僵化，经常出现人已经离职但档案无法及时调出，或者人已经入职但档案迟迟无法调入的情况。此外，在档案调出调入的过程中，还要走若干流程，导致不少人才因为档案问题而放弃流动。因此，要进行档案管理体制改革，为人才档案流动松绑，增强档案的社会服务功能。

陕西要进一步推动人才市场管理体制改革，打破政府人社部门独家开办人才市场的局面。加强人才市场基础设施建设，放宽人才市场准入，促进竞争机制形成，提高人才市场服务水平。同时，进一步推进人才市场服务平台建设，开拓人才测评、猎头服务、创业指导等新的服务领域，满足不同人才流动的个性化需求。加快信息网络建设，运用现代信息技术推动人才市场高效有序运转，从而进一步完善人才社会性流动体制机制。

（3）提升金融体系服务实体经济的能力

提高金融体系服务实体经济的能力关键在于金融体制改革。“十四五”期间，陕西应在以下方面加强改革：

第一，在深化银行业改革的同时，陕西要培育公平公开、健康有序的资本市场，拓宽融资渠道，提高直接融资比例，为陕西实体经济发展提供强有力的支持。

第二，要推动金融创新，通过鼓励金融理念、金融模式以及金融产品等多种形式的创新活动，深化金融体制改革，提高融资效率，降低融资费用。在推动金融业健康发展的同时，为创新活动的开展创造良好的金融环境。

第三，要进一步推进绿色金融发展，推广绿色信贷，探索和发展绿色证券以及绿色保险，培育和发展碳排放权、排污权等交易市场，探索碳排放权抵押等融资模式，通过绿色金融发展带动绿色产业发展，进而推进产业结构优化。

第四，要紧抓“一带一路”建设机遇，扩大金融体系双向开放。在供给侧结构性改革的背景下，陕西的金融机构应该“走出去”，积极参与“一带一路”建设，努力谋求与亚投行和丝路基金的金融合作，在提高金融服务质量和影响力的同时，解决陕西产能过剩、供需不匹配等问题。

第五，要积极发展普惠金融，提高金融服务覆盖范围。通过宣传推广、政策讲座等多种方式，提升城乡低收入群体和小微企业的金融理念，积极整合多方资源，拓宽融资渠道，着力解决低收入群体和小微企业贷款难的问题，助力中小企业发展。

第六，政府要引导金融机构为传统产业化解产能提供多元化的融资渠道，以支持传统行业改造提升。鼓励金融机构对高新技术企业、高新技术装备等进行融资，促进培育发展新动能。同时，政府要发展产业创投基金和先进制造业投资基金，为成长中小企业、先进制造业、新兴产业的发展提供资金帮助。

7.3 “十四五”时期陕西供给侧结构性改革的政策建议

“十四五”期间，陕西要继续深化供给侧结构性改革，在政策上从以下三个方面提升。

7.3.1 加快产业转型升级

推动传统产业结构升级，优化三次产业结构是陕西产业调整的必然要求。首先，提高第三产业在陕西国内生产总值中的占比，着力发展有竞争优势的服务业，实现三次产业结构由“二三一”模式向“三二一”模式转变。

其次，陕西传统产业结构调整的重点在于第二产业结构的转型升级。随着大数据、物联网、区块链等现代信息技术的快速发展，信息化和工业化的融合已成为必然趋势。推进制造业信息化，贯彻“互联网＋”国家战略，运用信息化技术，促进智能生产，优化生产流程，提高生产效率，实现传统制造业生产方式的转变，提升陕西制造业的层次和水平。同时，要加强传统制造业创新能力建设。鼓励产品创新，开发具有自主知识产权的产品，实现从模仿到创新生产的转变。鼓励技术创新，加大科技研发投入，推动技术升级，提升企业核心竞争力。鼓励管理制度创新，积极探索科学的组织管理形式，降低企业管理和运营成本，提高产品质量。

最后，发展战略性新兴产业是推动产业转型升级的重要手段。陕西要准确把握科技发展的前沿和方向，结合自身经济发展和产业结构状况，制定合理的战略性新兴产业发展规划，明确在一定时期内重点发展的领域，集中力量解决关键性技术难题。根据科技创新和新兴产业的发展趋势，确定信息技术产业、节能环保产业为战略性新兴产业培育和发展的主导方向。增强知识产权法律保障，完善法律执行和监管机制，为战略性新兴产业发展提供公平的法治环境。引导和扶持专业的科技中介服务产业发展，发挥中介机构对新兴产业科技成果转化的促进作用，为新兴产业发展营造良好的制度环境。设立战略性新兴产业发展基金，结合税后减免等财税金融支持手段，激励自主创新，调动企业发展新兴产业的积极性。

7.3.2 加强基础设施建设，补齐民生短板

党的十九大报告指出，我国社会的主要矛盾已经转变为“人民日益增长的美好生活需要和不平衡不充分的发展之间的矛盾”。在新时期，陕西要始终坚持以人民为中心的发展思想，加快城乡基础设施建设，推动公共

服务业发展，着力解决教育、医疗、养老服务、住房保障等民生领域存在的短板问题。在农村基础设施建设方面，要坚持工业反哺农业、城市支持农村的基本方针，坚持城乡一体化发展战略。陕西要制定切实可行的农村农田、水利、交通、通信、供水、供电等基础设施中长期发展战略。在加大财政投入，维护好农村已有基础设施的基础上，重点加强水利设施和电力设施建设，推进“村村通”公路建设和通信网络全覆盖，加强城乡互联互通建设。

在城市基础设施建设方面，陕西要重视城市规划，重点做好城市轨道交通、排水防涝等工程的设计规划。在公共服务业方面，陕西要加强民生领域基础设施建设，着力解决“入学难”“看病难”“买房难”“养老难”等民众关心的热点问题。

陕西在加大对民生领域基础设施建设财政投入的同时，要适度放宽公共服务领域的准入门槛，鼓励民间资本进入公共服务领域，通过财政补贴和政策扶持等手段，激发私人和企业投资公共服务业的热情，提升公共服务业投资效益。此外，要注重公共服务领域内的产业结构调整，减少资源浪费，扩大服务范围，提升服务质量。

陕西在房地产调控中要突出住房的民生属性，坚持中央关于“房子是用来住的，不是用来炒的”基本论调，建立房地产市场长效监管机制。进一步降低对土地财政的依赖，把政府收益从获取土地出让金向征收房地产税转变，加大保障性住房用地供应量，增加保障性住房供给，强化住房的民生属性。

7.3.3 贯彻绿色发展理念，促进经济高质量发展

通过构建清洁低碳、安全高效的能源体系，建立绿色循环的经济体系，实现经济高质量、可持续发展。陕西要加强绿色生态发展理念宣传，培育民众绿色发展意识，让“绿水青山就是金山银山”的理念深入人心。通过宣传绿色生活理念、鼓励绿色出行等方式，引导人们养成绿色健康的生活方式。

陕西要把绿色 GDP 纳入官员政绩考核，进一步推进生态文明建设。绿色发展涉及产业结构调整、生产方式转变和人民生活方式改变等内容，需要制度支撑。陕西要加强生态文明制度建设，建立健全符合市场原则的生态补偿机制，为经济绿色发展奠定基础。同时，各部门要加强监管力度，将国家颁布的一系列环境保护法规落到实处，严厉处置破坏环境的违法行为，做到执法必严、违法必究，为绿色发展保驾护航。

陕西要充分认识到企业在绿色发展中的主体地位、作用，通过财政补贴、政策支持等方式，鼓励企业通过技术创新实现由“高消耗、高排放、低效率”的粗放型生产方式向“低消耗、低污染、高效率”的集约型、友好型生产方式转变，推动企业生产的绿色化，使企业成为绿色经济发展道路上的领跑者，从而实现经济效益、社会效益和生态效益的统一。

8 陕西“十四五”时期民营经济的发展

现阶段，我国经济已经从高速增长阶段转向高质量发展阶段，民营经济作为我国社会主义市场经济发展的重要力量，既是推动经济高质量发展的重要主体，也是新时代追赶超越的重要支撑。我国经济发展的历程表明，民营经济在稳增长、促就业、惠民生以及推动创新等方面都发挥了重要的作用。目前，陕西省的民营经济已经成为陕西省国民经济的重要组成部分和经济增长的主要来源。在“十四五”期间以高质量发展的“创新、协调、绿色、开放、共享”五大发展理念为引领，伴随“一带一路”建设带来的发展机遇，融入国家黄河流域生态保护和高质量发展的国家战略，更进一步推动陕西省民营经济持续健康发展，并以此带动整个陕西省经济的发展。

8.1 陕西民营经济发展现状

“十三五”期间，面对错综复杂的国内外形势以及经济下行的压力，陕西省民营经济仍然实现了持续稳定的发展。

8.1.1 民营经济增加值逐年提升

如表 8 - 1、图 8 - 1 所示，陕西省民营经济完成增加值由 2015 年的 9695.62 亿元、占 GDP 比重 53.4%，逐年上升到 2018 年的 13238.62 亿元、占 GDP 比重 54.2%。有数据显示，2015 年民营经济占全省经济总量的 52.3%，提供了全省 57.7% 的税收，解决了 69.8% 的就业。2018 年，民营经济对全省经济增长的贡献率达 53.4%，拉动全省经济增长 4.4 个百分点，成为全省经济发展的重要力量和有力增长点。本章所有数据来源于《中国统计年鉴》《陕西省统计年鉴》《陕西省国民经济和社会发展统计公报》、陕西省人民政府网站。

表8-1　2015—2018年陕西省民营经济完成增加值

年份	增加值（亿元）	占GDP比重（%）	同比增长率（%）	较上年提高百分点（个）
2015	9695.62	53.4	10.1	0.7
2016	10310.09	53.8	6.3	0.4
2017	11849.22	54.1	14.9	0.3
2018	13238.62	54.2	11.7	0.1

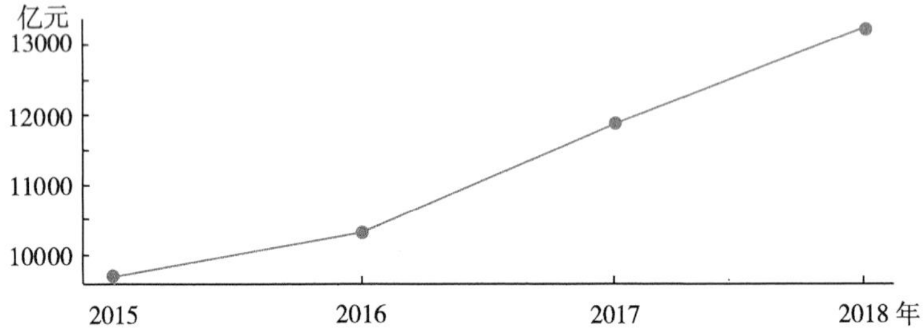

图8-1　2015—2018年陕西省民营经济完成增加值

8.1.2　民营经济主体数量持续增加

由表8-2可见，2015—2018年，私营企业和个体工商户的数量逐年递增，尤其是2018年个体工商户的数量增长很快，由162.82万户增加到215.18万户，同比增长32.16%。外商投资企业的数量经历了先降低后增加的过程，2017年为最低，2018年回升。各民营经济主体数量都在2018年有很大增长的原因可能是，2018年各级政府出台了一系列推动非公经济发展的有力政策，以及陕西省自贸区建立的强力推动。

表8-2　2015—2018年陕西省民营经济完成增加值

年份	私营企业		个体工商户		外商投资企业	
	数量（万户）	同比增长率（%）	数量（万户）	同比增长率（%）	数量（户）	同比增长率（%）
2015	45.52	—	140.22	—	6017	—

续表

年份	私营企业		个体工商户		外商投资企业	
	数量（万户）	同比增长率（%）	数量（万户）	同比增长率（%）	数量（户）	同比增长率（%）
2016	50.74	11.47	149.64	6.72	5953	-1.06
2017	60.40	19.04	162.82	8.81	5629	-5.44
2018	75.29	24.65	215.18	32.16	5856	4.03

8.1.3 民营经济从业人数大幅上升

由于2015—2018年私营和个体工商户数量的逐年增长，因此成为吸纳就业人员的重要渠道。在民营经济主体数量增加的影响下，2018年民营经济从业人员数大幅增加，增长率激增，对于缓解陕西省的就业压力起到了重要作用（见表8-3）。

表8-3 2015—2018年陕西省私营企业和个体工商户从业人员数

年份	私营企业从业人员数（万人）	同比增长率（%）	个体工商户从业人员数（万人）	同比增长率（%）
2015	173.5	-26.79	310.0	10.56
2016	183.6	0.58	334.8	8.00
2017	206.3	12.36	360.8	7.76
2018	318.0	54.16	455.7	26.31

8.1.4 民间投资增长提速

陕西省2015—2018年固定资产投资额稳步增长，其中2018年较上年增长10.4%，增速高于全国4.5个百分点。2018年，民间投资表现也十分突出，较上年同比增长22.3%，增速居全国第三位，拉动全省投资增长9.1个百分点（见表8-4）。这主要得益于2017年扩大有效投资，着力补齐发展短板，并在2018年全面落实民间投资追赶超越发展行动计划。在政策效应的推动下，陕西省经济持续发展，民间投资和涉农投资增长提速。从行业看，民间投资的主要流向为实体经济和交通、科技、医疗、教育等领域。

表 8-4　2015—2018 年陕西省民间投资情况

年份	固定资产投资（不含农户）		民间投资		
	投资额（亿元）	同比增长率（%）	投资额（亿元）	同比增长率（%）	占固定资产投资的比重（%）
2015	19826.65	8.0	9066.37	7.5	45.73
2016	20474.85	3.3	8738.60	-3.6	42.68
2017	23468.21	14.6	9683.16	10.8	41.26
2018	25908.90	10.4	11842.50	22.3	45.71

8.1.5　民营经济对外贸易强势增长

由表 8-5 可见，陕西省对外贸易数额在 2017 年和 2018 年有比较大的增长。在“一带一路”建设及陕西自贸区建设的强力推动下，2017 年对外贸易发展迅速，实现进出口总值 2714.93 亿元、同比增长 37.4% 的高位增长。2018 年，陕西进出口总值 3513.78 亿元人民币，同比增长 29.3%，高于全国 19.6 个百分点，居全国第三位。尽管由于 2017 年基数的抬高，2018 年对外投资增速有所放缓，但仍然保持高位增长。民营经济进出口数额虽然在 2016 年有所下降，但在 2017 年和 2018 年强势增长，占全省进出口总值分别达到了 20.2% 和 22.5%。

表 8-5　2015—2018 年陕西省对外贸易情况

年份	进出口总值		民营经济进出口		
	总值（亿元）	同比增长率（%）	总值（亿元）	同比增长率（%）	占地区进出口总值比重（%）
2015	1895.70	12.8	390.3	18.9	20.6
2016	1974.80	4.2	325.7	-16.4	16.5
2017	2714.93	37.4	548.6	67.4	20.2
2018	3513.78	29.3	789.9	43.2	22.5

8.1.6　民营经济区域分布不断优化

就陕西省内非公有制经济的发展现状来看，近年来关中、陕北、陕南均取得一定的发展，整体上呈现良好发展态势，但也呈现区域发展不平衡情况。从分布上看，延安的非公有制经济增加值占 GDP 的比重是最低的，安康最高，两者相差近 30 个百分点（见表 8－6）。从总量来说，关中地区是非公有制经济的主要阵地。根据 2018 年的数据，西安、咸阳、宝鸡三个市的非公有制经济增加值总共为 6887.22 亿元，占全省非公有制经济总量的 52.0%，其他市（区）占的份额较小。从区域来说，陕北非公有制经济的发展相对滞后；陕南地区由于近年来充分发挥自身优势，大力发展绿色循环产业，带动了地区经济的发展，促进了非公有制经济的大力提升；关中地区非公有制经济占比较高，发展稳定。

表 8－6　2015—2017 年陕西省各市（区）非公有制增加值情况

市（区）	非公有制经济增加值（亿元）			非公有制经济增加值占 GDP 的比重（%）		
	2015 年	2016 年	2017 年	2015 年	2016 年	2017 年
西安市	3060.38	3314.20	3962.95	52.80	52.80	53.00
铜川市	154.25	160.73	181.47	50.20	51.60	52.10
宝鸡市	895.61	974.65	1110.75	50.10	50.40	50.70
咸阳市	1121.60	1267.00	1207.74	52.10	53.00	52.70
渭南市	695.19	736.92	830.57	48.60	49.50	50.30
延安市	280.77	282.99	378.35	23.40	26.10	28.80
汉中市	545.60	595.87	694.76	51.5	51.5	52.10
榆林市	1021.56	1164.48	1423.65	41.00	42.00	42.40
安康市	408.86	467.37	566.54	54.20	55.50	58.10
商洛市	328.45	375.42	417.55	53.10	54.20	55.20
杨凌区	56.78	66.15	78.94	53.60	55.50	57.60

8.2　陕西民营经济发展面临的问题

8.2.1　内部因素：陕西民营企业自身存在的问题

（1）经营管理模式落后

陕西省民营企业的管理方式落后一直是其发展过程中存在的比较突出的问题。据统计，陕西省大约有 90% 的民营企业仍采用家庭式或家族式企业管理模式。家族企业虽然有凝聚力强、监管成本低、控制力强等优点，但无法适应企业规模化和专业化发展的要求。再者，家族式管理人为因素较多、较随意，不落实到制度上的管理必然会造成内部机制及管理体系不健全，也难以吸引具有先进经营管理经验和管理理念的人才。尤其是县域中小民营企业普遍存在管理理念落后，管理者自身知识水平不高，满足于小富即安，对现代市场下的融资工具不熟悉等问题。由于思想格局的限制，企业发展困难。

具体来说，不规范的组织管理模式使很多民营企业没有前瞻性的发展战略，缺乏科学的决策机制和有效的激励机制以及监督机制。表现为生产前没有规划和市场调研，没有成本预算，产品同质化严重，质量无法严格把控，没有售后或者没有完善的售后制度，商品销售方面缺乏有效的包装营销策略。在产权结构方面，产权结构单一，没有明确、清晰的产权和责权，同时也制约着民营企业的发展壮大和转型升级。

（2）产品缺乏竞争力

陕西省大约90%的民营企业集中在资源型、初加工型、劳动密集型行业，并且相当一部分企业资本薄弱，生产装备落后，技术水平低，产业链条短，产品仅限于仿制生产。相对来说，以大数据、新能源、数字经济、物联网、生物医学等为代表的高新技术企业较少，价值链中的低端产业占主导地位，产品缺乏核心技术和竞争力，在市场波动时极容易受到影响。

（3）人才不足

人才是企业发展壮大的智力支持和保障，对于陕西的民营企业来说，人才不足体现在两个方面，一是对外来人才缺乏吸引力，人才本身又不足；二是由于内部经营管理制度问题使员工缺乏归属感、责任感和成就感，优秀的人才因没有用武之地而流失。

另外，陕西省是教育大省，有本科学校57所、专科学校38所，但是陕西省的高校毕业生和高学历人才一直处于外流的状态，虽然近几年出台了很多吸引人才来陕工作的政策，在一定程度上增加了落户陕西的吸引力，但人才来了怎么留住还需要增加陕西户籍所体现的综合机会。

8.2.2 外部因素：陕西民营企业外部环境存在的问题

（1）对民营企业的思想认识不足

思想认识上的影响来自两个方面，一是由于我国的社会信用体制还不完善，失信成本太低，对制假售假、恶意欺诈等行为缺乏相应的法律、法规，由于一部分民营企业的信用缺失行为，社会上对整个民营企业群体普遍存在偏见。二是受“民营经济离场论”说法的影响，社会上对民营经济的歧视长期存在，特别是陕西民营经济受市场经济发展滞后的影响，与东部发达地区相比，缺乏良好的社会环境。

（2）基础设施薄弱

对于陕西大部分地区来说，铁路、公路、通信等基础设施的建设还比较薄弱，不能很好地满足企业快速发展的需求。虽然一些企业设立了工业园区，也有些地区建立了创业孵化园，但基础设施尚不配套，产业功能还不完善，政策机制也欠灵活，在一定程度上制约了陕西民营经济的发展。

（3）融资难

民营企业融资难、融资贵是一个由来已久的痛点，习近平总书记用“高山”形容其难度。资金是民营企业发展的最大瓶颈，多数金融机构对民营企业采取“慎贷”“惜贷”的政策，这使民营企业通过正规金融渠道融资较难，贷款成本偏高且贷款金额较少。在这一问题上，相比金融市场发达地区，陕西民营经济面临的压力更大。

8.3 “十四五”时期陕西民营经济发展的外部环境分析

8.3.1 政策环境

党的十八大以来，党中央多次重申坚持以公有制为主体、多种所有制经济共同发展的基本经济制度，坚持“毫不动摇地巩固和发展公有制经济”，“毫不动摇地鼓励、支持和引导非公有制经济发展”。2018 年，习近平总书记《在民营企业座谈会上的讲话》中明确指出：“公有制为主体、多种所有制经济共同发展的基本经济制度，是中国特色社会主义制度的重要组成部分，也是完善社会主义市场经济体制的必然要求。”在中央政策的指引下，各地方都加大力度贯彻执行中央关于鼓励、支持非公有制经济发展的方针，特别是习近平总书记来陕视察时提出“落实基本经济制度，引导各类所有制经济健康发展”的要求。2018 年 12 月，陕西省出台了《关于推动民营经济高质量发展的若干意见》，为陕西省民营经济的发展制定了路线和目标。2019 年 12 月 22 日，《中共中央、国务院关于营造更好发展环境支持民营企业改革发展的意见》（以下简称《意见》）发布。《意见》围绕优化公平竞争的市场环境、完善精准有效的政策环境等七个方面推出了一系列举措，旨在破除民企改革发展面临的体制性障碍，成为未来一段时间支持民企改革发展的纲领性文件。这些都无疑为民营经济的发展营造出了更强有力的政策支持、更好的社会环境和更广阔的发展空间。同时，按照国家全面深化改革的要求，中央和地方的改革措施必将进一步清除阻碍民营经济发展的政策障碍和隐性壁垒，民营经济将焕发出新的活力和创造力。

8.3.2 区域战略

(1)“一带一路”建设

陕西有上下五千年的历史。在古代，陕西是丝绸之路的起点，是将华夏文明向世界传播的开放中心；在今天，陕西是连接国内和“一带一路”沿线各国的重要交通枢纽和重要战略支点。“一带一路”不仅连通了各国在贸易、文化等各领域的合作交流，而且为中国各领域产业走向世界舞台参与国际竞争带来了机遇。特别是“一带一路”门户经济的建设为陕西企业打开了海外市场，已经有如陕西建工集团、延长集团等一大批企业参与了“一带一路”建设。伴随“一带一路”建设带来的发展契机，将有更多的陕西民营企业投入国际竞争的历练中，促进自身跨越式发展，突破自我发展瓶颈，使“一带一路”建设成为陕西民营经济未来发展的新引擎。

(2) 国家“黄河流域生态保护和高质量发展”战略

黄河流域生态保护和高质量发展是新时代区域经济发展的重大国家战略，体现了环境保护和经济发展的辩证统一，意味着区域经济发展的空间协同性和系统性。在国家发展战略的顶层设计下，陕西民营企业应加快培育新动能，实现资源转化和产业转型，对高能耗、高污染的企业加快升级改造，逐步实现绿色发展。要绿色发展就需要加强制造业和服务业融合，要大力发展与制造业紧密相关的生产性服务业，促进生产型制造向服务型制造转变。

8.3.3 市场环境

未来在供给侧结构改革的背景下，结构的优化、机制的创新，特别是以互联网、人工智能为代表的新科技在市场创新领域的落地，为科技资源富饶的陕西民营经济的崛起创造了良好的环境；同时，新产品、新经济、新业态的创新也为民营经济新市场创新奠定了良好的基础。西部地区作为资源最为密集、最具发展潜力的区域，特别是西北地区发展事关国防、民族、环境等多因素，在未来更是市场关注的热点。伴随东部地区生产要素的流动和陕西自身民营经济的崛起，陕西民营经济将迎来新的市场创新的契机。

8.4 “十四五”时期陕西民营经济发展的对策建议

8.4.1 差异化的区域发展定位

陕西各区域优势和短板以及非公经济发展的程度各有不同，因此隶属不同区域的民营经济的发展形势和路径也应不同。关中地区由于具有区位优势以及科技优势、人才优势、资源优势，因此适宜大力发展和扶持高科技企业及数字经济，打造战略性新兴产业，通过发展高新技术产业改造传统产业，使陕西经济结构在更高层次上实现战略性调整。此外，可以借鉴“江苏模式”帮助中小民营企业向集团化模式发展，促进关中地区民营经济稳步发展。在陕南地区发展特色经济和第三产业，做强特色现代农业、文化旅游等中小企业，提升生物医药、装备制造、绿色有机食品、生态康养等产业链。虽然近几年陕北地区民营经济的占比最低，但陕北在石油、煤炭及各类矿产资源优势的依托下，民营经济的发展取得了令人瞩目的成绩。2013 年以后，由于资源价格大幅下跌，陕北民营企业高度依赖资源的发展模式风险充分暴露，出现资金链断裂、财政困难等问题，企业发展陷入困境。在国家黄河流域生态保护和高质量发展战略下，淘汰过剩产能，调整产业结构势在必行，陕北的民营经济亟须转型和创新发展模式。需切实加快煤炭分质利用、煤油气综合利用等一批优质项目的建设，摆脱对资源的过度依赖，实现经济持续健康发展。

8.4.2 建立和完善现代企业制度

《中共中央、国务院关于营造更好发展环境支持民营企业改革发展的意见》指出，要引导民营企业深化改革，加快建立现代企业制度，规范公司章程，完善内部激励约束机制，推动质量、品牌、财务、营销等精细化管理。特别提出引导中小民营企业走“专精特新”发展之路。对陕西省的民营企业来说，由于家族式管理的民营企业占绝大多数，且有很大比例的中小企业，因此完善公司治理制度以及引导中小企业走“专精特新”发展之路是首要考虑。

借鉴一些发达国家和地区的做法，政府可以依托行业协会对企业家及其员工进行公益性质的培训，让企业家们系统了解和学习现代企业管理方法，对企业组织管理、财务管理、生产管理、销售管理、风险评估和决策等建立科学的管理体系和能力，逐步促使家族或家庭式管理的民营企业建立现代企业制度。引导民营企业通过培训学习建立合理的用人制度和薪酬制度，重视企业文化建设，以优秀的企业文化激发员工的工作热情和积极性，发挥企业文化的决策支持功能。

另外，陕西省应发挥省内丰富的教育资源优势，为企业与专家学者之间搭起互联互通的桥梁，建立专家数据库，既可以满足企业咨询培训的需要，又可以使教学与实际问题以及未来人才培养的方向结合起来。可以鼓励高校科研人员在保证原有单位待遇和职务等不变的条件下到民营企业挂职服务，有效利用在陕专家为民营经济的发展提供一定程度上的智力支持，促进陕西省民营企业整体素质的提高。

8.4.3 重点破解投融资问题

(1) 建立健全信用制度和信用体系

通过权威的信用评级机构对民营企业的经营和信用情况进行评估，据此出台差别化的信贷服务政策。这样，一方面可以有效降低金融机构的业务成本，另一方面金融机构通过企业以前的信用数据可以有效地对客户群体进行分类，对那些评级等级高的企业加快审批流程，并优先支持信用记录优良、有市场竞争力的民营企业发展。也可以根据信用等级对客户群体的违约风险进行评估，并建立相适应的风险管理体系，防范金融风险。

(2) 完善融资担保体系

推动构建“国家融资担保基金、省再担保公司、辖内政府性融资担保机构”的三层担保组织体系。稳步扩大陕西省创新融资担保有限公司规模。加强政、银、担合作，鼓励担保行业充分运用互联网、大数据等信息科技手段提高担保能力，建立以政府性融资担保机构为主、商业性融资担保机构为辅的全方位、多层次融资担保体系。

(3) 鼓励民营企业借助多层次资本市场直接融资

大力鼓励和支持资产规模较大、盈利水平较高的后备企业在主板上市；鼓励和支持具有发展潜力的后备特色企业和高新技术企业在中小企业板上市；鼓励和支持符合战略性新兴产业发展方向的后备企业在创业板上市；引导和支持具备条件的后备企业在境外市场上市。鼓励和支持后备企业在新三板和区域股权交易中心挂牌交易。为民营企业提供上市政策辅导、项目申报跟进、审批跟进等服务，并对上市、挂牌成功的民营企业给予一定的奖励和补贴。在此基础上，鼓励社会资本发起设立股权和创业投资基金。大力发展普惠金融，培育有实力、可持续的金融服务供给者为民营企业服务并展开竞争。

(4) 加大信贷投放支持力度

鼓励银行在政策允许的条件下创新设立专项贷款，并加强续贷产品的开发和推广，简化续贷办理流程。督促金融机构明确小微企业授信尽职免责标准，提高不良贷款容忍度，严禁盲目抽贷、断贷。

（5）加快设立民营企业纾困基金和中小企业技术改造专项奖励资金

对具有市场前景且信用良好但遇到短期流动性问题的省内民营企业，通过纾困基金进行财务救助，重点支持省内产业龙头、就业大户、战略性新兴产业等民营企业渡过难关。设立中小企业技术改造专项奖励资金，对以智能化改造、技术创新和科技成果转化、绿色安全发展等为主要方向的中小企业进行奖补。

（6）优化金融机构服务，提升服务效率

严禁金融机构向小微企业贷款收取承诺费、资金管理费、咨询费等。帮助民营企业优化财务结构、解决临时流动性困难，为民营企业有针对性地提供“境内 + 境外、债权 + 股权、融资 + 融智”等综合化金融服务，积极承销和投资民营企业债券等。

8.4.4 健全有效支撑的外部环境

（1）优化公平的市场环境

结合陕西民营经济发展实际，全面落实国家出台的相关意见建议。比如在放开民营企业市场准入方面，支持民营企业进入油气勘探开发、炼化和销售领域，建设原油、天然气、成品油储运和管道输送等基础设施；支持符合条件的企业参与原油进口、成品油出口，在基础设施、社会事业、金融服务业等领域大幅放宽市场准入等。在实施公平统一的市场监管制度、强化公平竞争审查制度刚性约束、破除招投标隐性壁垒方面也都对应有很具体的要求和措施。及时清理违反公平、开放、透明的市场规则和违反平等产权保护的政策文件。全面落实市场准入负面清单制度，严禁对民间投资设置附加条件，拓宽民营资本投资领域，鼓励民间资本参与国有企业混合所有制改革。支持民营企业参与政府采购。鼓励支持有实力的民营企业设立民营银行、小额贷款公司、风险投资公司等。

（2）构建亲清的政商关系

以“放管服”改革为重点持续优化营商环境。转变政府职能，提升政府服务意识和能力，该管的管到位，不缺位、不越位，避免不必要的行政干预，政策执行坚持实事求是，不搞“一刀切”。把倾听企业意见、诉求常态化，积极为民营企业解决发展中的难题。持续清理和废除妨碍统一市场和公平竞争的各种规定和做法。切实保护民营企业主的合法权益，让营商关系更有温度，更简单纯粹。

（3）健全平等保护的法治环境

运用法治思维和法治方式推动工作，稳步推行权力清单制度和负面清单制度，认真践行“法定职责必须为，法无授权不可为”；进一步强化政府产权保护和契约执行保护意识，建设诚信政府，坚决消除“新官不理旧账”等失信现象，依法处理产权纠纷案件和历史遗留问题。保护民营企业和企业家的人身权、财产权，以及保护知识产权和人格权等精神方面的权益，为民营企业和企业家营造一个良好的法治环境，让民营企业和企业家安心经营、专心发展、全心创新。

8.4.5 加强民营经济企业家队伍建设

企业家队伍是民营经济创新发展的核心资源。一是通过多种途径为陕西优秀民营企业家发展创造条件，以“陕商”旗帜为引领，打造新时代的陕西发展的新动能，在全国叫响“陕商”品牌。二是强化一流管理人才和技术创新团队建设，加大创新人才和团队引进力度，保障硬环境、打造软环境，吸引和留住人才。在陕西民营企业中形成引进人才、留住人才、激发人才的优势，释放人才红利，为民营经济的发展注入强大的智力支持。三是坚持党对民营企业改革发展工作的领导。教育引导民营企业和企业家拥护党的领导，支持企业党建工作，保证正确发展方向。引导和监督企业严格遵守法律、法规，筑牢守法经营底线，弘扬优秀企业家精神，保障员工权益，积极承担社会责任，珍视自身社会形象。加强对年青一代民营企业家的理想信念教育，实施年青一代民营企业家健康成长促进计划，帮助民营企业实现新老交替和有序传承。

9 陕西“十四五”时期工业经济的转型发展

2019年既是陕西省“十三五”规划的“收官之年”，也是规划“十四五”发展的布局之年，在这新旧交替的时期，客观评判“十三五”期间陕西省工业经济发展的成就与问题，准确判断“十四五”期间工业经济发展的阶段性特征，关注和防范工业经济面临的风险，有针对性地实施工业经济发展战略，对于推动陕西省工业经济高质量转型发展有着重要的现实意义。

9.1 “十三五”时期陕西工业经济转型发展的成就

从总体上看，陕西省“十三五”国民经济与社会发展规划的实施对于陕西省工业经济发展起到了良好的作用。该规划实施以来，陕西省工业经济不仅规模总量得到提高，在培育发展新动能等方面也取得了一定的成效。

9.1.1 规模总量大幅提高

2015年，陕西省实现工业总产值21060.03亿元，较上年下降4%，工业增加值为7344.62亿元，较上年下降8%，也就是说，工业规模在“十二五”收尾之时有所下降，但是在“十三五”时期，截至2018年末，全省的工业总产值为25192.36亿元，较2015年增加14.8%；工业增加值达到9634.8亿元，较2015年增长31.18%（见图9－1）。2019年，全省规模以上工业增加值增长5.2%。与“十二五”期初的2011年相比，全省工业总产值增长56%，工业增加值增长64.47%。可见，“十三五”时期陕西省工业经济总量显著扩大。

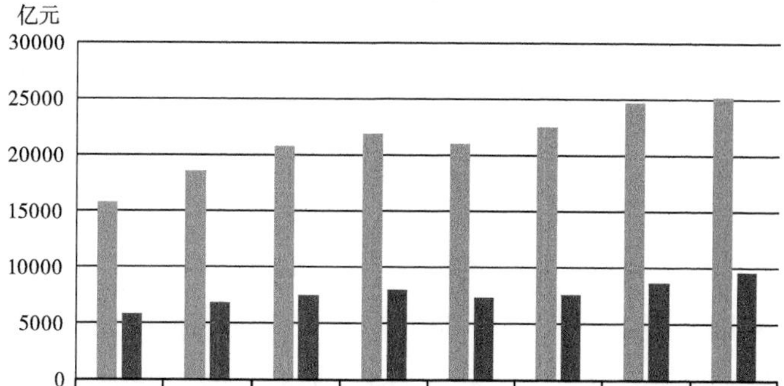

	2011年	2012年	2013年	2014年	2015年	2016年	2017年	2018年
工业总产值	15811.04	18591.32	20820.01	21944.27	21060.03	22549.30	24726.03	25192.36
工业增加值	5857.92	6847.41	7507.34	7993.39	7344.62	7598.21	8691.70	9634.87

■工业总产值 ■工业增加值

图9－1 2011—2018年陕西省工业总产值及增加值

资料来源：2018年《陕西统计年鉴》、2018年《陕西省国民经济和社会发展统计公报》。

9.1.2 培育经济发展新动能方面取得显著成绩

“十三五”期间，陕西省深入实施创新驱动发展战略，精心打造创新平台，中国西部科技创新港、中科院西安科学园建设扎实推进，陕西空天动力研究院注册运行，西北首家知识产权保护中心落地。积极引导“军转民”“民参军”，军民融合企业超过1000家，产业规模居全国第2位。同时，装备制造业和高技术产业也保持了良好发展态势。截至2019年末，装备制造业增加值同比增长8.9%，高技术产业增加值同比增长11.1%，分别高于规模以上工业增速5.9个百分点和3.7个百分点。从重点行业的发展来看，计算机、通信和其他电子设备制造业增长18.0%，仪表仪器制造业增长8.6%，电气机械和器材制造业增长6.2%。从主要的工业新产品生产情况来看，太阳能电池增长22.1%，工业机器人增长21.6%。

9.1.3 战略性新兴产业发展势头良好

自2016年以来，陕西省战略性新兴产业加快发展。2018年，陕西战略性新兴产业完成增加值2650亿元，占GDP的比重达到10.84%；2019

年占GDP比重为10.7%，虽然较上年有所下降，但总体仍呈上升趋势（见图9-2）。2018年，规模以上工业战略性新兴产业主要集中在新材料产业、生物产业、新一代信息技术产业和新能源产业四大产业，实现总产值3515.9亿元，占全省规模以上工业战略性新兴产业产值的71.4%。其中，新材料产业实现增加值409.7亿元，2013年以来年均增长17.1%；生物产业实现增加值405亿元，2013年以来年均增长10.8%；新一代信息技术产业实现增加值677.7亿元，占全省战略性新兴产业的25.6%；新能源产业实现增加值237亿元，占战略性新兴产业的8.9%。此外，2019年奕斯伟硅材料、华天集成电路等重大项目进入设备调试阶段，新舟700飞机全面试制，C919中机身数字化装配生产线首架机下线，百度云计算中心、华为中国区运营商总部项目落户，战略性新兴产业增加值增长8%左右。因此，战略性新兴产业正在逐步成为经济发展的新动能。

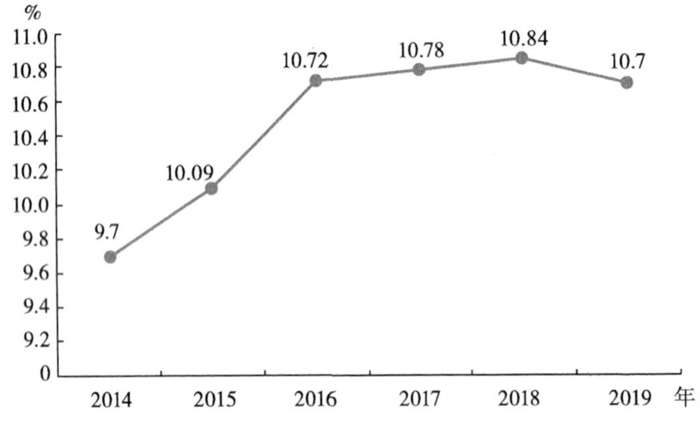

图9-2　2014—2019年陕西省战略新兴产业增加值占GDP比重

资料来源：陕西省统计局网站。

9.1.4　工业经济绿色发展取得显著成效

首先，能源利用效益大幅提升。能源消费弹性系数是反映能源消费增长速度与国民经济增长速度之间比例关系的指标，弹性系数越小，表明能源利用效益越高。“十五”时期，陕西省能源消费弹性系数最高的2001年达到1.75，最低的2005年也达到1.08。“十一五”“十二五”时期陕西省按照建设资源节约型、环境友好型社会的要求，不断提高能源利用率，2015 年弹性系数下降到 0.56。“十三五”时期，陕西省全省深入贯彻习近平生态文明思想，2018 年能源消费弹性系数下降到 0.36，能源利用效益提升显著。

其次，节能降耗目标超额完成。陕西省在“十三五”期间单位 GDP 能耗目标任务是下降 15%。2016 年单位 GDP 能耗下降 3.83%，2017 年下降 4.19%，2018 年下降 4.88%，三年累计下降 12.35%。三个年度均超额完成年均下降 2.8% 的节能降耗目标。“十二五”期间，陕西省以年均 7.2% 的能源消费增长速度支撑了年均 11% 的 GDP 增长，能源消费平均增速比“十一五”期间下降 1.9 个百分点。“十三五”期间，能源消费总量的目标是控制在 1.389 亿吨标准煤，年均增长 3.45%。到 2018 年，能耗累计增量进度为 54.9%，不超出前三年 60% 的进度控制目标。

9.1.5 供给侧结构性改革小有成效

“十三五”期间，陕西省下气力推进“去产能、去库存、去杠杆、降成本、补短板”，加快实施供给侧结构性改革。截至 2017 年底，全省煤炭去产能完成“十三五”任务的 64%；2018 年又关闭退出 8 处煤矿，淘汰落后产能 183 万吨/年；2019 年，对煤炭产业实施“增优促中限低”措施，新增优质产能 1800 万吨；淘汰煤炭落后产能，清理取缔“明盘”“炮采”3700 多万吨。2016 年，陕西省钢铁提前 3 年完成国家下达的去产能任务，压减炼钢产能 160 万吨、炼铁产能 70 万吨，钢铁去产能工作进展走在全国前列；截至 2017 年，陕西省化解钢铁过剩产能 210 万吨，取缔“地条钢”企业 18 家。以采掘为主的能源型经济结构正在向能源精深加工、非能源产业多元支撑转型，在能源工业占规模以上工业比重下降 11.8 个百分点的情况下，地方财政收入增加 400 亿元，单位 GDP 能耗降低 17%，经济总量持续增长而主要污染物排放持续下降。此外，企业的税费、用能、物流等成本下降 300 多亿元。

9.1.6 工业互联网建设初步取得成就

2017年11月，国务院下发《关于深化“互联网+先进制造业”发展工业互联网的指导意见》，明确提出系统构建工业互联网网络、平台、安全三大功能体系，加快工业互联网平台建设，促进融合创新应用，加快制造业数字化、网络化、智能化改造升级，培育工业互联网产业生态，逐步构建现代化工业体系，推进工业高质量发展。陕西省也于2017年印发了《陕西省人民政府关于深化制造业与互联网融合发展的实施意见》。近年来，陕西省坚持“企业主体、政府引导、标准宣贯、示范带动、评估促进、保障安全”的总体思路，扎实推进“两化”融合、工业互联网相关工作，取得了一些初步进展。截至2019年6月底，全省参与“两化”融合评估诊断和对标引导的企业达到2399户，参与国家“两化”融合管理体系贯标的企业达到159户，通过贯标获证的企业63户，处于全国第12位。同时，陕西省企业生产设备数字化率达到39.8%，数字化研发设计工具普及率达到64%，关键工序数控化率达47.7%，实现网络化协同的企业比例为26.7%，智能制造就绪率达3.9%，工业云平台应用率达30.7%。陕西省工业互联网标识解析体系综合服务平台（国家级二级节点）启动建设，西安、宝鸡两市工业互联网平台先行落地实施，陕西法士特、陕鼓动力、美林数据、中服软件、山利科技等企业加快布局、积极探索，工业互联网平台建设初见成效，为下一步加快发展奠定了基础。

9.2 陕西工业经济发展的现状及问题

9.2.1 陕西工业经济发展现状

（1）工业增加值呈波动上升趋势，占GDP比重总体下降

从近几年工业经济变动的总体情况来看，2011—2017年陕西省工业增加值呈波动上升趋势，2011年为5857.92亿元，上升到2014年的7993.39亿元，2015年有所下降，但2016年又开始回升，2018年增加值为9634.87亿元。而工业增加值占GDP的比重却呈下降趋势，2011年为

46.8%，2012 年略有上升，为 47.3%，此后开始下降，2016 年最低为 39.2%，2017 年开始虽略有上升，但 39.7% 的占比依然低于此前的水平，2018 年再次降低为 39.42%（见图 9 - 3）。

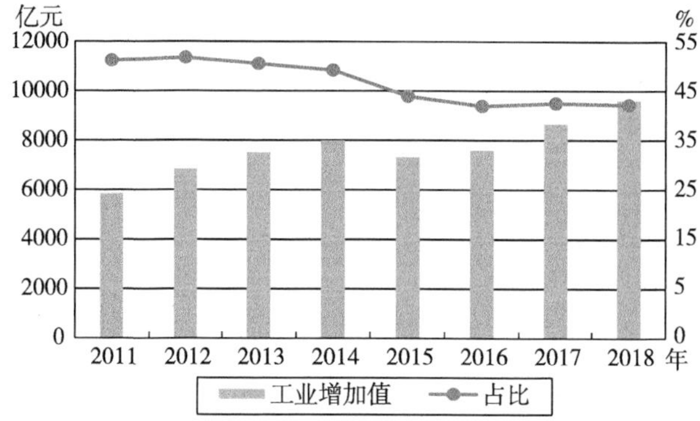

图 9 - 3 2011—2018 年工业增加值及其占 GDP 比重的变动情况

资料来源：陕西省统计局网站。

（2）重工业依旧一枝独秀，轻工业发展相对滞后

从 20 世纪 80 年代开始，陕西省工业结构内部一直呈现重工业为主导的局面，之后轻重工业之间的比例差距越来越大。从 2001 年开始，轻重工业产值占工业总产值的比重分别为 34.67% 和 65.33%，到 2011 年轻工业占比下降到最低，为 18.71%，此后虽有缓慢回升，但直到 2017 年轻工业占比也仅为 21.79%（见图 9 - 4）。所以，陕西省的轻工业发展相对滞后，内部及结构以重工业为主。

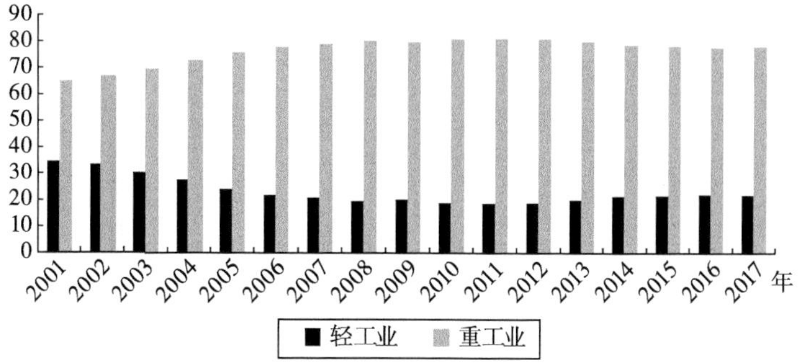

图 9 - 4 2001—2017 年陕西省轻、重工业占工业总产值比重

资料来源：陕西省统计局网站。

（3）各行业产值总体增加趋势明显

将工业按照采矿业、制造业、电力、热力、燃气和水生产供应业进行分类，陕西省 2013—2018 年制造业总产值增长趋势明显，从 13021.62 亿元增长至 17782.05 万元，6 年增长 36.56%，而采矿业和电力、热力、燃气和水生产供应业则分别增长 22.92% 和 28.56%。其中，从各年份的变动情况来看，制造业和电力、热力、燃气和水生产供应业均保持持续增长，采矿业产值在 2015 年和 2016 年有所下降，但总体仍呈增长趋势（见表 9－1 和图 9－5）。

表 9－1　2013—2018 年陕西省工业各行业规模以上企业产值及增长率

年份	采矿业		制造业		电力、热力、燃气和水生产供应业	
	产值（亿元）	增长率（%）	产值（亿元）	增长率（%）	产值（亿元）	增长率（%）
2013	4564.74	5.57%	13021.62	15.96%	1396.11	1.70%
2014	4884.29	7.00%	13690.93	5.14%	1440.66	3.19%
2015	4521.44	－7.43%	14362.67	4.91%	1449.87	0.64%
2016	4413.99	－2.38%	15963.38	11.14%	1460.24	0.72%
2017	5284.20	19.71%	16832.68	5.45%	1708.29	16.99%
2018	5610.89	6.18%	17782.05	5.64%	1794.80	5.06%

资料来源：根据 2014—2019 年《陕西统计年鉴》数据计算而得。

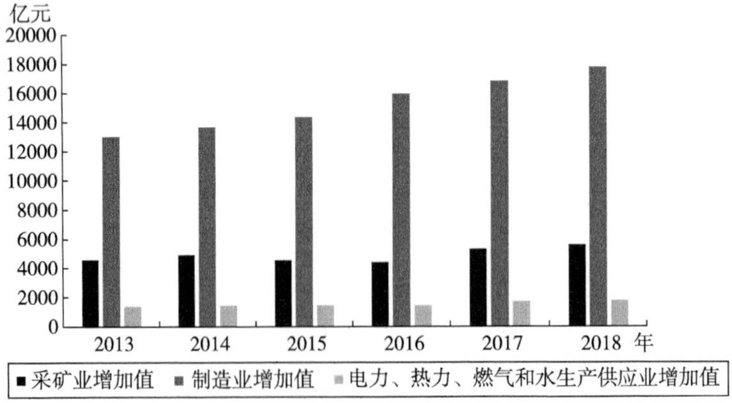

图 9－5　陕西省 2013—2018 年工业各行业规模以上企业产值变动情况

(4) 工业经济发展区域差异明显

陕西省由于资源分布的区域特征明显，因而形成了不同的工业经济布局。陕北地区煤炭、石油等能源资源丰富，形成了国家级能源化工基地，因而工业经济发展情况较好；关中地区高校、科研院所众多，成为国家重要的装备制造业基地，并被列为国家高新技术产业开发带和星火产业带，工业经济也在陕西省处于领先地位；陕南绿色资源丰富，因而冶金、中药、食品加工等产业优势突出，但由于受陕南地区集中连片特困区、“南水北调”中线工程水源地等多重限制，其工业经济发展较为滞后，陕南三市的工业产值普遍低于关中和陕北（见表9-2）。

表9-2 2006—2017年陕西省各市（区）工业产值 单位：亿元

年份	西安市	铜川市	宝鸡市	咸阳市	渭南市	杨凌区	延安市	榆林市	汉中市	安康市	商洛市
2006	1194.60	99.53	536.67	458.52	377.63	19.57	764.07	528.20	204.37	56.28	41.39
2007	1623.85	124.34	672.20	565.61	474.27	28.17	905.20	773.87	241.11	81.56	60.08
2008	2030.76	166.84	895.77	860.24	638.00	34.74	1053.51	1269.86	260.60	97.48	74.43
2009	2490.50	195.02	995.99	1038.83	767.22	40.30	969.50	1392.56	310.79	132.47	104.56
2010	3130.15	249.05	1340.45	1401.92	1039.83	40.09	1227.31	1917.70	404.41	192.15	176.99
2011	3552.21	335.76	1701.80	1854.54	1360.03	60.26	1504.86	2613.53	545.42	309.22	265.07
2012	4066.31	461.80	1986.69	2293.52	1634.36	79.87	1646.76	3130.98	718.09	482.20	365.04
2013	4497.62	549.66	2258.52	2633.00	1728.47	88.32	1612.32	3120.82	856.10	634.82	479.93
2014	4420.06	565.91	2274.97	3002.05	1959.32	110.86	1708.57	3449.20	873.56	787.97	634.11
2015	4346.16	565.23	2599.43	3164.89	2053.87	133.41	1417.24	3206.37	922.03	945.07	793.37
2016	4669.32	559.83	2929.65	3541.50	2141.37	159.52	1090.42	3272.50	992.02	1129.48	935.31
2017	5423.06	363.17	2856.12	3024.29	2052.56	183.73	1302.77	4142.71	1171.69	1379.51	1070.68

资料来源：2018年《陕西统计年鉴》。

9.2.2 陕西工业经济存在的问题

(1) 经济结构仍有待优化

陕西省工业行业中，能源行业占比依然较大。从主要行业来看，2019年，全省规模以上能源工业增加值同比增长5.9%，高于非能源工业4.7%的增速（见图9-6）。近几年，全省非能源工业增速持续放缓，对规模以上工业的拉动逐年减弱。从主要行业来看，受宏观政策的影响，有色金属矿采选业、有色金属冶炼和压延加工业仍维持低位运行；受需求不足及技术改造的影响，农副食品加工业、汽车制造业短期内改善困难；受项目带动不足的影响，电气机械和器材制造业、通用设备制造业增长放缓，对规模以上工业贡献微弱。在此基础上，非能源工业对全省规模以上工业增长难以形成有力拉动。所以，陕西省当前工业经济结构仍有较大改进空间。

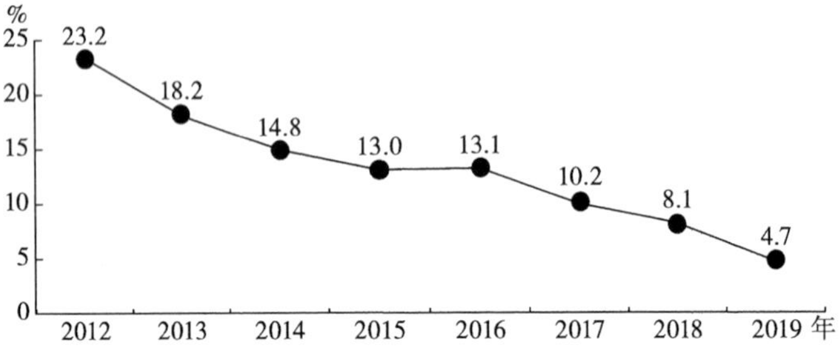

图9－6　2012—2019年陕西非能源工业累计增加值增长趋势

资料来源：陕西省统计局网站。

（2）经济发展质量不高

陕西省工业经济的优势主要体现在能源和军工行业。但是一方面，这些行业对民用经济外溢效应较少，限制了高端装备制造业的发展；另一方面，能源开采及化工行业不涉及或很少涉及研发设计、品牌经营等环节，本身附加值不高、竞争力不强。除此之外，陕西省工业经济粗放式增长的状况还未得到根本改善，工业增加值率较低，劳动生产率不高，工业行业大多处于全球价值链低端。因此，陕西省在经济发展质量上还有较大改进空间。

（3）发展战略性新兴产业的挑战较大

2018年，陕西战略性新兴产业完成增加值2650亿元，占GDP的比重达到10.84%，2019年战略性新兴产业增加值占GDP比重为10.7%，与2018年相比下降0.14个百分点，这与“十三五”规划中确立的15%的目标还存在一定的距离，要实现“十三五”规划目标困难相对较大。

陕西省目前的实体经济主要是能源开采与化工业以及军工行业，新一代信息技术、智能制造、生物技术和绿色环保等战略性新兴产业发展还没有达到预期水平。具体而言，主要存在布局不均衡、缺乏核心技术与品牌两个方面的问题。所以，陕西省还需要进一步发展和壮大战略性新兴产业。

（4）发展工业互联网的困难不可忽视

发展工业互联网是一项长期而艰巨的任务，需要持续地投入时间、精力、资金和人力推进。但是，与经济发达省市相比，陕西省在基础支撑能力、企业引领能力和要素保障能力等方面仍存在一定差距。具体来说，陕西省面临的困难主要有：一是陕西省地处西部地区，经济欠发达，工业经济总体发展水平不高，企业信息化程度较为薄弱，发展工业互联网的基础不够扎实。二是发展工业互联网急需的人才短缺，除大型企业外，众多中小企业信息化人才极其匮乏，而且对于新技术的掌握能力不足，创新能力相对薄弱。三是安全问题也是制约工业互联网发展的瓶颈，随着设备上云、数据上云，这一问题愈加突出。

9.3 “十四五”时期陕西工业经济发展的阶段性判断

“十三五”时期陕西省工业经济发展取得了一定的成就，陕北地区资源转化、产业转型、发展方式转变步伐加快，陕南地区绿色循环发展势头良好，汉中市、商洛市成功创建国家森林城市。但不可否认，也存在诸多问题，而接下来的“十四五”时期将面临“三期叠加”，即进入全面工业化的攻坚期、深度工业化的攻关期和产业智能化的奠基期。

9.3.1 全面工业化的攻坚期

首先，从全国层面来看，改革开放40多年来，我国工业化水平有了显著提升，但总体上看仍处于工业化进程中，全面实现工业化有较长一段路要走。“十四五”时期我国将进入全面工业化的攻坚克难期。2018年，我国人均GDP为9785美元，已经处于钱纳里模型中的工业化后期阶段；

2019 年，三次产业结构比为 7. 11∶38. 97∶53. 92，满足 A < 10%，I < S，处于钱纳里模型中的后工业化阶段；第一产业就业比重为 27. 0%（2017 年数据），处于钱纳里模型中的工业化后期阶段；我国城镇化率为 59. 58%，处于钱纳里模型中的工业化中期阶段，接近钱纳里模型中工业化后期阶段的最低值。综合上述情况判断，我国工业化尚未完成，当前进入工业化后期阶段，整个“十四五”期间仍将处于工业化后期阶段。

其次，从陕西省来看，处于我国西部地区，工业化水平整体落后于东部沿海地区，因此陕西省仍将长期处于工业化中后期。从三次产业结构来看，2019 年陕西省三次产业结构比为 7. 7∶46. 45∶46. 85，第一产业占比高于全国平均水平，处于钱纳里模型中的后工业化阶段；从人均 GDP 来看，陕西省 2018 年人均 GDP 为 63477 元，接近全国平均水平，处于钱纳里模型中的工业化后期阶段；从城镇化率来看，陕西省 2018 年人口城镇化率为 58. 13%，低于全国平均水平，依然处于钱纳里模型中的工业化中期阶段。所以，从陕西省当前的现实情况及其与全国的比较来看，陕西省在“十四五”期间进入工业化后期的难度较大。

9. 3. 2　深度工业化的攻关期

首先，从全国层面来看，改革开放以来，我国在短短 40 年时间内跨越了其他国家需要很长时间才能完成的工业化发展的几个阶段，是一个“压缩式的工业化”。尽管当前我国工业规模已经跃居世界第一位，但“压缩式的工业化”不可避免地形成一些短板和不足，制约着我国经济发展的独立自主和进一步壮大，据中国工程院《工业强基战略研究报告》分析，我国关键基础材料、核心基础零部件（元器件）、先进基础工艺、产业技术基础等对外依存度仍在 50% 以上。工业化的脆弱性在中美贸易摩擦等事件中集中反映出来，亟须通过深度工业化夯实我国工业化的根基，提升产业发展的质量和效益。

其次，从陕西省来看，一方面，陕西省的工业发展面临被“卡脖子”技术的制约，工业化的根基尚不牢固，亟须加快产业核心技术和关键零部件技术攻关；另一方面，陕西省产业发展的质量和效益有待进一步提高。2018 年世界品牌 500 强中，我国内地仅有 37 家入围，世界知名品牌数量不足美国的 20%，其中陕西省仅有 2 家，占全国的比例为 5.4%，与世界水平更是无法相比。此外，陕西省工业生产资源利用率相对较低、资源能源消耗相对较大，产业绿色化发展水平有待进一步提升。我国平均每万元工业总产值能耗约为 0.16，而陕西省这一指标为 0.36。

9.3.3 工业智能化的奠基期

正如蒸汽时代的蒸汽机、电气时代的发电机、信息时代的计算机和互联网，人工智能正成为推动人类进入智能时代的决定性力量。以人工智能为代表的第四次工业革命有可能在“十四五”期间点燃，给世界各个国家产业发展的各个领域带来深刻的影响。世界经济论坛创始人兼执行主席施瓦布撰写的《第四次工业革命》一书预测，在 2025 年之前，美国会大概率出现机器人药剂师，无人驾驶汽车将占到美国道路行驶车辆的 10%，30% 的企业审计由人工智能执行，家用电器和设备占到一半以上的互联网流量，第一个人工智能机器人将加入公司董事会。第四次工业革命爆发将以惊人的速度拓展，并“以更快的速度、更广的范围整合和重构全球价值链条”，有可能形成国家之间竞争的“赢者通吃”局面，重塑未来很长一段时间的产业竞争格局。这场革命将深刻改变世界主要大国在未来几十年里的产业发展位势。“十四五”时期是我国进入第四次工业革命的战略机遇期，同时也是我国奠定在未来几十年国际竞争格局中产业智能化水平的关键期。

对于陕西省来说，“十四五”时期是通过产业智能化后发追赶东部发达地区的重要窗口期。因此，必须在人工智能领域集中企业、科研和政策的力量，力争消除主要技术的竞争差距，创立自己的数据主权，充分利用关键技术的经济潜力。

9.4 “十四五”时期陕西工业经济发展面临的风险

9.4.1 外部环境不确定性增强，技术壁垒高筑，陕西工业经济技术升级难度加大

如今，世界经济低迷和中美贸易摩擦给国内企业带来外部环境不确定性。一方面，美国对中国输美商品加征关税导致国内企业的经营压力增大，这其中涉及陕西省的产品主要包括集成电路、固态硬盘、飞机发动机零部件等，约占全省出口的 10%；中方对美的反制措施涉及陕西省的产品主要是大豆，约占全省进口的 1%。所以，美国加征关税在集成电路、固态硬盘等方面对陕西省的影响不容乐观。另一方面，中美贸易摩擦已经部分升级到中美技术战，制约了我国电子信息等传统优势产业的核心生产环节，破坏了产业链的完整性，给企业带来了类似中兴事件的打击；而陕西省在核心技术方面本就不甚强大，美国的技术制裁自然也会给本就不强大的企业带来冲击。

9.4.2 新经济蓬勃发展，科技浪潮汹涌而来，陕西工业经济中的新产业发展困难加大

从 2014 年前后开始，国内兴起对新经济的探索，目前可以确定的是新经济必然在未来成为创造经济发展新动能的主力军。当前陕西省的工业经济当中，工业制造业特别是传统制造业在区域经济发展中依然占据重要地位，截至 2018 年，陕西省第二产业增加值为 12157.48 亿元，第三产业增加值为 10450.65 亿元，第三产业增加值依然小于第二产业。与此同时，传统工业产业规模偏大还给环境带来了高污染压力，煤炭、石油等能源产业和化工产业在陕西省的工业中占比一直较大，因此 2017 年以来在国内刮起的环保风暴对陕西省产业发展形成的冲击也格外显著，传统产业转型升级面临的成本压力更大。但是值得注意的是，新经济的发展不依赖于制造业产能规模的扩大，而是由研发和创新共同驱动。从现实情况来看，尽管早在 2006 年，陕西省就出台了诸如增强自主创新能力、提升产业技术水平、

促进经济增长方式转变等规定，但是传统产业占据主导地位的局面尚未得到根本缓解，新经济还不足以承担陕西省支柱产业的责任。在即将到来的“十四五”时期，传统工业产业向新经济转型之困是横亘在陕西省面前的又一轮风险。

9.4.3 国有企业艰难转型，外资企业贡献度低，民营工业企业难以成为陕西工业经济发展新引擎

(1) 国有企业转型艰难

新中国成立初期，伴随苏联援建和三线建设以及特殊的地理位置，陕西成为经济发展大后方，因此众多的国防军事工业、航天航空重工业和大量国企都落户于此。当前最新数据显示，陕西省国有企业贡献了 GDP 总量的 40% 左右、财政收入的 46% 左右，无论从规模体量还是从贡献率来看，国有企业都是陕西省国民经济当之无愧的“顶梁柱”。然而从“十三五”时期开始，在经济下行压力之下，国有企业经营效率低下、管理水平不高等问题更加突出。作为陕西省市场主体重要组成部分的国有企业，主要存在以下几个方面的问题：

一是部分企业大而不强。2017 年《财富》世界 500 强排行榜中，延长石油居 326 位，其亏损额达 2260 万美元。延长石油投资项目多，下属公司约 200 家，控股或参股 11 大行业公司，但 80% 以上营业收入来自油气。其“巨无霸”的组织形态是部分企业的缩影，“大而不强”是其发展必须解决的问题之一。二是资产负债率居高不下。2016 年末，陕西省属国有企业资产负债率高达 72.5%，超过资产负债率预警线 70% 的标准，截至 2017 年底，这一指标下降为 54.6%，但还是要谨防资产负债率再次上升的风险。三是市场供需结构矛盾。陕西作为能源大省，煤炭行业快速发展，产能逐步释放跻身全国第一方阵，是带动经济发展的“明星”产业。但国际经济形势放缓，我国进入新常态，经济增速由高速增长转为中高速增长。在整体经济发展放缓的情况下，陕西省属国有企业有效供给无法及时适应市场需求的变化，企业产品产能严重过剩且过剩产能处置缓慢，产品普遍呈现

供大于求的现状，致使企业供需结构不匹配，矛盾逐渐升级。

（2）外资企业贡献度低

由于地处内陆，地理优势不明显，虽然近几年陕西省新设外商投资企业的数量持续增加，但合同利用外资额却在下降。2018年，陕西省新设外商投资企业283家，同比增长39.4%，而合同利用外资53.77亿美元，同比下降46.4%。此外，2013—2018年，陕西签订合同数波动幅度较大，2013年签订合同203个，而2014—2016年每年仅签订110个左右，2017年又开始上升。从每个项目资金额度来看，2013—2018年每个项目实际资金利用额度相对较低（见表9-3）。所以，外资企业对陕西省经济的贡献度依然不高。

表9-3　2013—2018年陕西利用外资情况

年份	签订合同（个）	签订金额（亿美元）	每个项目签订额度（百万美元）	每个项目实际额度（百万美元）
2013	204	37.21	18.24	18.03
2014	141	58.55	41.52	29.61
2015	112	57.82	51.63	41.26
2016	116	46.33	39.94	43.26
2017	203	100.29	49.40	29.04
2018	283	55.77	19.71	24.20

资料来源：陕西省人民政府网站。

（3）民营经济发展短板明显

与国企经营状况下滑和外资企业贡献度低相对应的是，陕西省民营企业的发展尚未形成强大的支撑。近几年，陕西省民营经济规模不断扩大，对经济的贡献度不断提升，民营经济完成增加值由2015年的9695.62亿元、占GDP比重为53.4%，增长到2018年的13238.62亿元、占GDP比重为54.2%（见表9-4）。经济主体数量也持续增长，2015—2018年，私营企业和个体工商户的数量逐年递增，尤其2018年个体工商户的数量增长很快，由162.82万户增加到215.18万户，同比增长32.16%（见表9-5）。

表 9－4　2015—2018 年陕西省民营经济完成增加值

年份	增加值（亿元）	占 GDP 比重（%）	同比增长率（%）	较上年提高百分点（个）
2015	9695.62	53.4	10.1	0.7
2016	10310.09	53.8	6.3	0.4
2017	11849.22	54.1	14.9	0.3
2018	13238.62	54.2	11.7	0.1

资料来源：陕西省人民政府网站。

表 9－5　2015—2018 年陕西省民营经济主体数量及同比增长率

年份	私营企业		个体工商户	
	数量（万户）	同比增长率（%）	数量（万户）	同比增长率（%）
2015	45.52	—	140.22	—
2016	50.74	11.47	149.64	6.72
2017	60.40	19.04	162.82	8.81
2018	75.29	24.65	215.18	32.16

资料来源：陕西省人民政府网站。

但与其他省份相比，在民营经济总量、民营企业实力方面还存在较大的差距。具体来说，陕西省民营经济在规模方面的问题主要体现在以下三个方面：

第一，陕西民营经济总量偏小，与其他省份相比仍有较大差距。虽然各省测算非公有制经济增加值的方法、口径不完全一致，但从全国范围大致可以看出，陕西省非公有制经济还处于相对较低的发展水平和发展阶段。2018 年，陕西非公有制经济增加值占 GDP 的比重为 54.2%，与浙江等发达省份相比差距仍然较大，即使与中部部分地区相比也存在差距。2017 年，浙江非公有制经济增加值占全省 GDP 的比重达 75%，2016 年河南为 58.0%、湖南为 60.0%，均高于陕西省现有水平。第二，陕西民营企业实力不强。由全国工商联发布的“2018 中国民营企业 500 强”中，陕西仅有 5 家企业上榜，并且上榜企业营业收入总额仅为 2734.7 亿元，不到排名第一的华为控股的 50%。与其他省份的 500 强民营企业数量相比，陕西入围的企业数量不仅与发达省份的浙江（93 户）、江苏（86 户）、广东（60 户）存在相当大的差距，甚至与内蒙古（7 户）、四川（8 户）、重庆（14 户）等省份也存在较大差距。第三，知名品牌少。截至 2016 年底，陕西省注册商标中有1219件被认定为陕西省著名商标，而同期浙江省著名商标的有效积累量为3865件，陕西省著名商标数还不到浙江省的1/3。

另外，除规模方面的问题外，陕西省民营经济还存在产业低端化突出的问题。这主要表现为产业低端化，多数中小民营企业处于产业链的下游，行业集中于一般制造业、低端服务业、高耗能产业。具体表现为：一是工业结构不合理，民营经济对各行业的投资不均衡。陕西省的民营经济主要集中在资金少、成本低、附加值低的传统工业行业，如农产品加工业、医药制造业、机械和设备修理业及废弃资源综合利用业等。而在支撑陕西工业发展的支柱产业中，民营经济的占比相对较低。二是传统服务业比重偏大。陕西民营经济中的服务类企业主要集中在房地产、批发、住宿和餐饮业等传统行业，这三类行业的营业收入占全省服务类民营企业营业收入的比重接近80%，企业数更是高达80%以上，而信息传输、软件和信息技术服务类民营企业个数仅占到2%左右。最后，陕西民营经济还存在产业集群化缺乏以及发展不规范的问题。产业集群不是众多企业的简单堆积，企业间的有机联系才是产业集群和发展的关键。陕西目前所形成的产业园区大多存在集群效应未充分凸显、企业间普遍缺乏深度的专业化分工合作等问题。工业园区虽然为产业集群的形成提供了空间，但产业集群发展不仅要有行业领先的主导企业，还需要有相对完整的产业链，但是当前陕西还未形成完整的集群工业产业链。以省会西安为例，作为汽车产业的领导者，比亚迪、陕重汽、法士特的上下游配套产品绝大部分位于山东、河南，本地配套寥寥无几。

“十四五”时期，面对企业发展旧力已去、新力未生的新形势，民营企业发展滞后也将会是陕西省面临的一大难题。

9.4.4 国家经济发展布局调整，西南发展势头正好，陕西工业经济边缘化与空心化危机凸显

陕西的“十二五”规划将“向西开放”作为着重考虑的战略方向，但在“十三五”中后期，国家区域发展布局进行重大调整，2018年陕西省政

府工作报告又指出，要坚持强关中、优陕北、兴陕南思路，完善区域协调发展战略。同时，陕西省也在深化京陕、津陕战略合作，力图推动川陕革命老区振兴发展，加强呼包鄂榆城市群、黄河金三角等区域合作。

在陕西的邻边，是西南城市群的崛起。2019 年是西部大开发战略提出的 20 周年，这 20 年来，西南兴起已经成为中国区域经济格局最显著的变化。从经济数据上看，西南地区成为中国经济增长最快的区域，1999—2018 年，重庆、四川、云南和贵州 GDP 分别增长了 1124%、1015%、841% 和 1480%，其经济总量已经远超东北；就城市而言，重庆、成都、贵阳和昆明发展迅速，成为中国的明星城市，长期落后的贵阳主打大数据，近年来也是风生水起；从人口变动趋势来看，作为主要劳务输出地，2000—2010 年，四川常住人口共减少了 288 万人，但是 2011—2018 年，四川全省常住人口共增加 299.2 万人，常住人口已经实现连续 8 年增长，平均每年增加 37.4 万人。随之发生的是西南城市群的崛起，西南崛起成为中国区域经济一个重大现象，其在全国经济版图中的地位日渐上升。目前，成渝两大城市相继被列入国家中心城市，成渝城市群也被列为 5 个国家级城市群之一。

与西南城市群发展势头迅猛的情况相比，陕西关中城市群的规模不大、城市间协同发展水平较低、中心城市对周边城市的辐射带动作用不明显，故而陕西亟须重新认识自身发展方向，在国家战略中摆正位置，在区域竞争中树立地位，以避免在区域工业经济竞争中被边缘化与空心化。

9.5 推动陕西“十四五”时期工业经济高质量发展的政策建议

“十三五”时期，陕西省工业经济发展取得了一定的成就，但不可否认的是还存在着严峻的问题；而更重要的是，“十四五”时期陕西省将进入全面工业化的攻坚期、深度工业化的攻关期和产业智能化的奠基期“三期叠加”的时期，同时还面临外部环境不确定性增强、向新经济转型困难、民营企业发展滞后和被西南城市群边缘化的重重风险。因此，“十四五”时期陕西省应当从全面工业化、深度工业化和智造强省三个方面应对和突破风险。

9.5.1 持续实施全面工业化战略

根据前文的分析，我们知道陕西省“十四五”时期仍将处于工业化中后期阶段，实现全面工业化尚需时日。为此，需要从提升传统优势产业工业化水平、开启工业发展新赛道、打造高端制造基地三个方面发力。

（1）提升传统优势产业工业化水平

由于陕西省不同区域、不同地区工业发展基础不同，陕北地区能源资源丰富，第二产业增长强劲；关中地区产业发展较为均衡，但与我国东部地区发达城市相比仍有较大差距；陕南地区工业发展落后于陕北和关中地区，虽然绿色资源丰富，但绿色资源转化为经济优势的难度较大。所以，在提升传统优势产业工业化水平方面，要根据不同区域的实际情况进行。

首先，关中地区要积极协同创新发展。西安要引导生产要素合理布局，做大第二产业，推动产业高端化发展，并发挥全面创新改革试验区的引领作用，打造全国知识创新、技术创新和成果转化的重要高地。宝鸡要强化制造产业的集聚能力，咸阳、渭南要大力发展新兴制造业，铜川要大力发展接续产业，加快转型步伐。杨凌要加速创新要素集聚，壮大高端装备制造、战略性新兴产业等主导产业。

其次，陕北要积极推进转型升级发展，这其中最重要的就是创新。一是产业内技术创新升级。以技术创新实现物耗及能耗的降低，促进产品质量及效益提升；二是产业间融合创新，把能源化工产业纳入环保产业和循环经济产业的思维中，以技术创新为抓手，以技术保障安全生产，实现“三废”减量及资源循环利用，提升绿色化水平；三是产业链延伸，重塑价值链布局，提升产业关联度，形成经济合力。以及从产业资源优势为依托，带动上下游企业特别是高新技术企业、优质小企业的聚拢落地，打通产业链，形成优势产业集群。

最后，陕南要持续推进绿色循环发展。要以安康、商洛、汉中三大循环经济集聚区为承载，发展航空、装备制造、生物医药、新材料、富硒食品等产业。

（2）开启工业发展新赛道

尽管陕西省工业门类较多，但依然缺失一些重要赛道，或是在这些赛道涉足未深。“十四五”期间，陕西省要全力实施军民融合战略，推动军用技术民用，大力推动军事工业发展，建设军事工业强省。陕西尤其是关中地区坐拥众多军工、科技、航天、高校资源，但由于其国家指令性强，产业化程度低，并未对陕西经济提供太大助力。陕西能制造飞机发动机，无疑拥有很强的工业基础，但这些都是国家采购。此外，军工、航天相关的产业涉及国家机密，同样无法实现产业化，对经济的提升作用有限。所以，在陕西省开展军民融合和科技统筹，具有广阔的前景。

（3）依托“一带一路”国际贸易物流大通道，面向“一带一路”沿线国家市场需求，打造高端制造基地

以制造业为主体的工业不仅是国民经济的“筋骨”，而且是现代服务业尤其是生产性服务业发展的依托。因此，保持地区制造业的竞争优势，对于推动一国地区长期经济增长、生产率提升和结构转换具有不可替代的作用。

“一带一路”倡议的提出给陕西省带来了新的大发展机遇。陕西省政府办公厅印发的《陕西省“一带一路”建设2018年行动计划》提出，围绕加快推动枢纽经济、门户经济、流动经济发展，打造内陆改革开放新高地。陕西省实现全面工业化，也需要抓住“一带一路”建设这一机遇。首先，陕西省要持续增强制造业的核心竞争力，继续落实“中国智造2025陕西实施意见”，实施制造业核心竞争力“三年行动”和新一轮技术改造升级工程。其中，关中地区努力提高装备制造业、战略性新兴产业等相关竞争力，陕南地区则需要在新材料、医药制造等方面发力。其次，要借助“一带一路”建设的区位优势，全方位推进对外开放，更深更广地融入全球供给体系，推动更高水平的“引进来”和“走出去”；紧盯世界500强企业开展专业招商，支持优势企业参与国际合作；依托“一带一路”国际贸易物流大通道，加快与“一带一路”沿线国家及世界其他国家的合作；针对国外需求继续推进陕西名牌产品出口，扩大装备制造、新材料等产品出口份额，从而打造高端制造业基地。

9.5.2 主动实施深度工业化战略

(1) 促进先进制造业和现代服务业深度融合

推动先进制造业和现代服务业深度融合发展，既是顺应新一轮科技革命和产业变革的必然趋势，也是增强制造业核心竞争力、培育现代产业体系、实现高质量发展的重要渠道。所以，对于陕西省而言，促进制造业和服务业深度融合也是大势所趋。

对此，一要鼓励制造企业剥离服务部门，以产业链整合配套服务企业，推进服务专业化、市场化、社会化。在这方面，关中地区产业基础较好、创新要素集聚，所以可以在关中地区重点打造一批制造业和服务业融合的平台和载体，提升产业集群内部制造业与服务业的相互协同和配套服务水平，以促进制造与服务功能的产业链集合。二要深化制造业、服务业和互联网融合发展，大力发展“互联网+”，激发发展活力和潜力，营造融合发展新生态，尤其是陕南地区，工业经济发展落后于陕北和关中，在打造“互联网+”融合发展方面可提升空间更大。三要推进消费服务重点领域和制造业创新融合，满足重点领域消费升级需求，推动智能设备产业创新发展。重点发展手术机器人、医学影像、远程诊疗等高端医疗设备，可穿戴监测、运动、婴幼儿监护、适老化健康养老等智能设备，开展健康管理、运动向导、精准照护等增值服务，逐步实现设备智能化、生活智慧化。四要发挥多元化融合发展主体的作用，激发“专精特新”中小微企业融合发展活力，发挥中小微企业贴近市场、机制灵活等优势，引导其加快业态模式创新。

(2) 提升生产性服务业发展质量

生产性服务业是当前全球增长速度最快、知识密集度最高、高层次人才就业最集中的产业，是推动产业结构调整的重要力量。因此，陕西应当加强政策支持、完善监管体系，提高生产性服务业发展的质量和水平，增强竞争力。

2018 年，陕西省规模以上服务业营业收入为 3645.8 亿元，居全国第 14 位，保持较快增长水平，其中生活性服务业增长最快，同比增长 20.5%；而生产性服务业同比增长 16%，增速比规模以上服务业低 0.6 个百分点，比生活性服务业低 6.9 个百分点，发展较为缓慢。因此，陕西省在“十四五”时期要大力推动制造业生产环节向微笑曲线两端延伸，大力推广“陕鼓”模式，促进制造企业与生产性服务企业资源整合、业务融合，支持汽车、输变电、节能环保、数控机床等领域企业加速由设备提供商向系统集成服务商转变。鼓励大中型骨干企业、“专精特新”科技型中小企业向研发设计上游扩展，积极开展工业设计服务、科技管理咨询等业务。围绕制造业集群构建区域服务体系，促进融资租赁、检验检测、法律咨询、信息技术、人力资源服务等生产性服务业发展壮大。

9.5.3 努力实施智造强省战略

(1) 培育智能产业发展环境

实施智造强省战略，首先需要培育智能产业发展的良好环境，因为若没有良好的环境支撑，智能产业的发展就无从谈起。为此，需要加大 5G、物联网、智能电网、工业互联网等基础设施投入，重点解决人工智能等新技术在陕西省落地过程中的体制机制、伦理道德等约束和障碍。具体而言，要加大创新人才和团队引进力度，推动国家先进稀有金属材料技术创新中心落户；支持西安人工智能创新发展试验区建设；力促“双创”全面升级，加快构建全链条创新创业服务体系；推进西咸新区、杨凌示范区等 4 个国家“双创”示范基地和 500 个专业化众创空间建设，实施百县千镇标准化创业中心创建行动，促进高新技术企业数量增长。陕南由于多数地区被国家主体功能区规划确定为限制发展区，智能产业发展的环境也较差，所以这一方面需要对陕南进行重点建设。陕北地区有众多风力发电基地，可以在智能电网建设方面加大投入。

（2）实施智能技术改造传统优势工业工程

实施智造强省战略，不仅单纯引入智能化产业，还需要借助智能技术对传统产业进行改造，只有智能产业和传统产业同时发力、双轮驱动，智能化产业的发展根基才会更牢固。所以，要支持一批掌握人工智能等新技术的优势平台企业为推进传统产业智能改造服务，促进这些企业以服务商的身份加快人工智能场景应用，并提供具有针对性的相关服务，以人工智能赋能传统制造产品，推进智能制造向石化、纺织服装、机械等传统产业渗透。

首先，对于能源化工产业优势明显的陕北地区来说，多管齐下培育创新发展新动能，利用产业资源优势为依托带动上下游企业落地，积极鼓励能源化工业及环保产业在技术、工艺等方面持续技改进行污染减负。积极鼓励互联网、大数据、人工智能等创新手段在过程监测管控中的应用，打造产业集群，实现产业升级，形成区域优势。其次，对于生物医药制造有优势的陕南地区来说，要积极关注区块链、科技金融、脑科学、量子通信、生物制造等前沿技术落地转化动态，为硬科技创业和新兴产业的发展提供肥沃土壤。最后，对于工业基础较好的关中地区，要注重产业链与创新链、资本链等多链条的融合，聚焦战略性重大平台，引进和培育平台型企业，逐步形成以“三大重点产业领域”为引领，以龙头企业为带动，建立细分领域产业创新高峰的新经济发展格局。

（3）建立产业智能化基地

2017 年，陕西省成立了智能制造和先进控制技术产业联盟、陕西高校军民融合科技创新联盟，该产业联盟能够起到整合上下游产业链、推动军民融合高技术产业发展的作用。在这一基础上，还需因地制宜建立智能化产业基地，促进智能产业集群。具体而言，需要选取一批条件成熟的地区，支持和鼓励建设智慧城市、智慧社区和智慧家庭、智能网联汽车，打造数字车间和智能工厂，以智能生产促进优势地区传统制造业转型升级，同时拓展和培育新型智能产品市场。

首先，以吉利和宝能为代表的新能源汽车项目、以三星为代表的电子信息项目、以陕汽为代表的天然气重卡等，都落户关中地区，所以可以选取西安进行智能网联汽车、智慧城市、智慧社区等智能化基地建设。其次，虽然陕北地区拥有国家级能源化工基地，但也面临传统产业转型升级的压力，因此可以在陕北地区打造数字车间和智能工厂，以智能生产促进陕北地区传统产业的转型升级。最后，陕南地区在发展新材料、生物医药制造等方面有优势，同样也应该在陕南地区进行数字车间和智能工厂建设，在推动传统优势产业智能化转型的同时，还可以拓展和培育新型智能产品市场。

10 陕西“十四五”时期战略性新兴产业的发展

10.1 “十三五”时期陕西战略性新兴产业发展回顾

10.1.1 陕西战略性新兴产业发展总体情况

2019 年是新中国成立 70 周年，伴随着新中国前进的脚步，陕西战略性新兴产业从无到有、从小到大，规模不断扩大，效益不断提升，引领带动作用凸显，已成为陕西实现经济高质量发展的新动能和生力军（见图 10－1）。

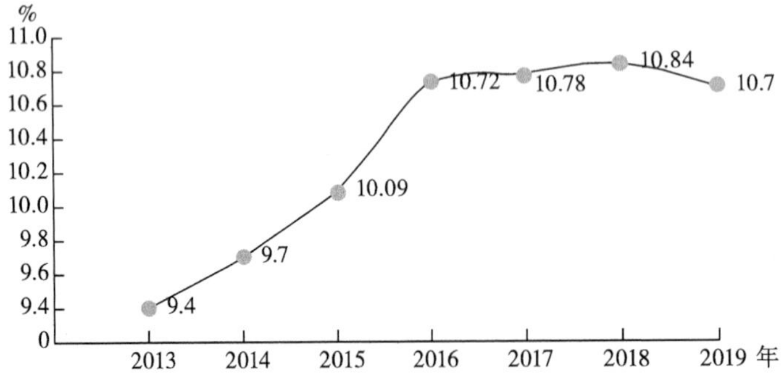

图 10－1　2013—2019 年陕西省战略性新兴产业增加值占 GDP 比重

（1）产业规模逐步扩大

战略性新兴产业在 GDP 中所占的比重，是衡量一个国家和地区经济现代化水平、总体发展状况的重要标志。陕西战略性新兴产业占 GDP 的比重连年稳步提升，由 2013 年的 9.4% 上升至 2018 年的最高值 10.84%，并在

2019年维持在10.7%。随着经济结构的调整变化，战略性新兴产业已逐步发展成为全省经济的重要支柱产业，对经济的贡献明显。2019年，全省战略性新兴产业增加值增长8.1%，占GDP的10.7%，占比较前三季度提高0.1个百分点。高技术产业增加值较上年增长11.1%，高于规模以上工业5.9个百分点；占规模以上工业的10.8%，较上年提高1.1个百分点。装备制造业增加值增长8.9%，计算机、通信和其他电子设备制造业增长18.0%，持续高于规模以上工业增加值增速。

（2）工业战略性新兴产业产值大幅增长

2019年，全省从事战略性新兴产业生产的规模以上工业企业法人单位1571家，比2014年末净增加680家，占规模以上工业企业法人单位的23.8%，比2014年增加11.5个百分点；实现总产值5526.8亿元，比2014年翻了一番，成为资源型省份——陕西的一张亮丽的新名片。从产业来看，2019年规模以上工业战略性新兴产业主要集中在新材料产业、生物产业、新一代信息技术产业和新能源产业四大产业，实现总产值3515.9亿元，占全省规模以上工业战略性新兴产业产值的71.4%。

（3）创新能力持续提升

创新能力不断提升，已建设无人机系统、视觉信息处理、陶瓷基复合材料等16个国家级工程研究中心（实验室），卫星导航、超导材料、特（超）高压输变电等技术已达到国际领先水平，综合科技进步水平指数跃居西部地区第一位。成果转化快速推进，高功率激光器、飞机飞行模拟器、组织工程皮肤等一批具有自主知识产权的高技术成果实现产业化，大数据、云计算、下一代互联网等信息技术加速推广应用。国际合作成效显著，以三星12英寸闪存芯片项目落地为契机，相继引入强生、GE（美国通用电气）、赛峰、罗尔斯罗伊斯、霍尼韦尔等一大批国际知名企业，陕西已成为战略性新兴产业的投资热土。产业布局日趋合理，全省已形成关中、陕南、陕北梯度合理、各具特色、互为补充的战略性新兴产业良好发展局面。战略性新兴产业已经成为陕西实现经济转型、优化产业结构、促进经济发展的重要引擎。

（4）发展环境日臻完善

“十三五”期间，陕西省把优化发展环境作为培育战略性新兴产业发展的基础，不断激发产业发展活力，形成了良好的发展氛围，为推动战略性新兴产业发展发挥了重要作用。

一是不断强化政策引导。《国务院关于加快培育和发展战略性新兴产业的决定》发布后，陕西省委、省政府高度重视，及时开展全省战略性新兴产业政策和规划的研究工作，制定了《关于加快培育和发展战略性新兴产业的意见》等政策文件，是全国出台战略性新兴产业发展文件最早的省份之一。同时，将战略性新兴产业作为重点发展产业纳入全省“十三五”规划纲要中，放在构建现代产业体系的突出位置，及时出台《陕西省“十三五”战略性新兴产业发展规划》，进一步明确了陕西省战略性新兴产业的发展目标、重点方向与主要任务、政策措施。

二是建立协调推进机制。为推进全省战略性新兴产业发展工作，省委、省政府分别成立了省领导任组长的战略性新兴产业发展协调委员会，明确领导小组成员单位职责分工，统筹制定全省战略性新兴产业和生物产业发展重大战略、规划和政策，协调解决产业发展中的重大问题，推进重大项目建设。

三是鼓励科技人员创新。通过出台《关于高校、科研院所等事业单位专业技术人员创新创业有关问题的通知》《加快促进科技成果转移转化20条措施》等政策，着力破除体制机制束缚，有力调动了科技人员成果转化和投身创新创业的积极性，有力推进了战略性新兴产业发展。

四是提高公共服务水平。下好简政放权“先手棋”，加快推进重点领域和关键环节改革。党的十八大以来，陕西不断加大简政放权力度，共承接国务院取消下放的事项684项，省级累计取消下放或委托行政审批事项911项，发展动能持续释放。近6年，市场主体总量年均增长15.7%。加快推进线上“一网通办”、线下“只进一扇门”、现场“最多跑一次”的进程，真正做到方便市场主体、方便人民群众。

10.1.2 陕西战略性新兴产业发展特点

(1) 区域产业竞相发展

从区域来看，2019年关中地区规模以上工业战略性新兴产业总产值占全省的73.4%，陕南、陕北地区规模以上工业战略性新兴产业总产值分别占全省的16.3%和10.3%（见图10-2）。

关中是陕西省战略性新兴产业发展高地。截至2019年末，西安有规模以上战略性新兴产业工业企业数超500家，居全省首位。规模以上工业战略性新兴产业产值超过2400亿元，占全省的49.5%，以绝对优势领先。西安市规模以上高技术制造业工业总产值占西安市规模以上工业的26.3%，增长14.9%，对西安市增长贡献率达55.7%；工业战略性新兴产业产值占西安市的42.5%，增长9.6%，对西安市增长贡献率达61.0%。高技术制造业、战略性新兴产业新引擎作用凸显。此外，新产品锂离子电池增长17.1%、光电子器件增长22.8%、集成电路增长15.2%，运动型多用途乘用车增长33.5%，太阳能电池增长16.6%等，工业新产品呈现较快增长态势。

咸阳、宝鸡、渭南三市企业合计近400家，成为战略性新兴产业重要聚集地。咸阳总产值超420亿元，占7.9%；宝鸡、渭南、铜川、杨凌总产值合计则在780亿元以上。

陕南地区以生物产业和高端装备制造产业为主力。2019年，陕南地区实现规模以上工业战略性新兴产业总产值占全省的13.3%。依托陕南秦巴山区天然地理优势，以必康制药、白云制药、陕西医药控股集团江兴医化科技有限公司为引领的陕南生物产业蓬勃发展。商洛新材料产业和安康生物产业较为突出；汉中高端装备制造产业最为突出，在全省战略性新兴产业中最聚集，产业规模达全省第二；随着汉中航空智慧新城的崛起，汉中市高端装备制造业将迎来快速发展期。

陕北地区新材料、节能环保集聚发力。在陕西有色榆林新材料、北元化工的引领下，榆林市新材料产业占全市战略性新兴产业的75.3%，新材料产业占比大且相对集聚。延安市战略性新兴产业主要集中在节能环保产业，节能环保产业占全市战略性新兴产业产值的比重为 38.3%。

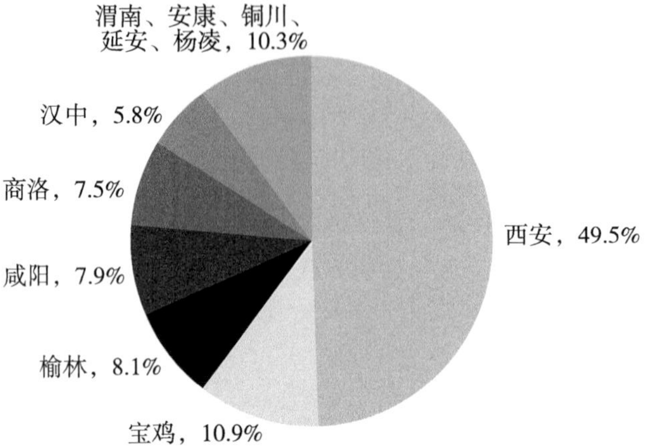

图 10－2　2019 年各市（区）规模以上企业战略性新兴产业总产值占比

（2）民资企业活力强劲

从企业注册类型来看，内资企业是推动战略性新兴产业发展的主力。2019 年，全省战略性新兴产业内资企业生产总值占战略性新兴产业总产值的 81%，虽较上年下降 1.1 个百分点，但仍然是战略性新兴产业发展的主要力量。

从企业控股情况来看，私人控股企业活力强劲。2019 年，非公控股企业产值占战略性新兴产业总产值的 69.2%（见图 10－3）。其中，私人控股企业产值占比最高，为 48.5%，较上年提高了 6.4 个百分点。外商控股企业占 11.8%，较上年提高了 0.4 个百分点，而国有控股企业、港澳台商控股企业分别较上年下降了 3.3 个百分点、0.4 个百分点。

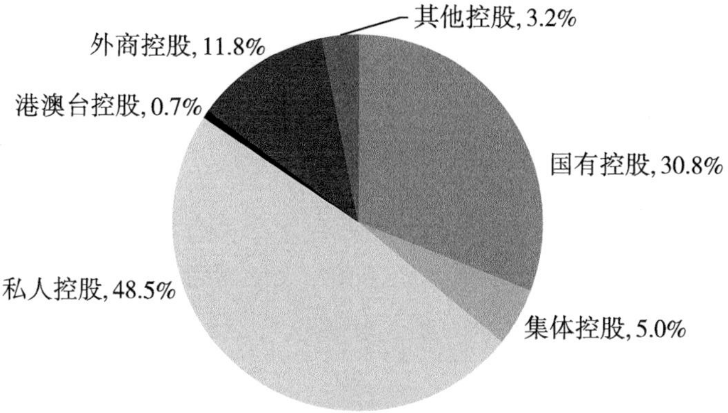

图 10－3　2019 年陕西省战略新兴产业企业控股情况

（3）节能环保产业投资规模持续攀升

2019 年，全省节能环保产业增加值为 473.7 亿元，2013—2019 年实现年均增长 7.1%。2013—2017 年，全省节能环保产业固定资产投资共 3459.2 亿元，年均增速保持在 27.7%，投资规模和热度持续攀升，在七大产业中投资力度最大、增速最高。2014 年，陕西成立陕西环保产业集团，业务覆盖环保全产业链。以思安新能源、陕鼓节能技术服务公司为首的合同能源管理模式在节能环保技术服务业脱颖而出，打开了陕西先进环保产业新格局。目前，陕西形成了高效节能、先进环保、资源循环利用和节能环保综合管理服务产业体系。

（4）新一代信息技术产业异军突起

2019 年，新一代信息技术产业实现增加值 725.3 亿元，占全省战略性新兴产业总产值的 19.6%，比 2013 年提高了 13.5 个百分点，占战略性新兴产业份额逐年提高。值得一提的是，近几年陕西新一代信息技术产业发展突飞猛进，以华为、中兴、中软国际为代表的 100 多家国内知名企业，以及以高通、英特尔、微软等为代表的 30 多家世界著名公司在西安建立研发机构。以三星（中国）半导体有限公司、西安中兴通讯终端科技有限公司等大型企业为引领，构建存储芯片设计、制造、封装、测试完整产业链，充分利用自身优势，发挥引领作用，突破关键核心技术，延伸智能终端产业链，有力地推动了陕西新一代信息技术产业的快速发展。

10.2 陕西战略性新兴产业发展的评价

10.2.1 陕西战略性新兴产业评价体系

为考察现阶段陕西省战略性新兴产业中每个产业的发展情况，本章基于战略性新兴产业的内涵、陕西省经济发展的特色及现行统计体系和财务制度，构建科学的评价指标体系，对陕西省战略性新兴产业的发展进行评价。

（1）评价指标体系构建

本章基于战略性新兴产业的内涵，借鉴已有的研究成果，遵循指标体系的建立原则，从战略引领性、新兴性、可持续发展性等多个方面构建战略性新兴产业发展评价的指标体系，具体评价指标体系如表10－1所示。

①战略性新兴产业战略引领性指标。战略性新兴产业的引领性是指其代表未来产业的发展方向，能够带动同一产业链的上下游产业发展，并且具有一定的规模效应、经济效益以及产业辐射效应强，能对相关产业进行渗透和带动。

A. 发展规模

反映产业发展规模的指标主要有工业总产值、增加值、从业人员数。工业总产值是货币表现的工业企业在报告期内生产的工业产品总量；增加值是指经济单位在生产过程中创造的新增价值和固定资产的转移价值；从业人员是指从事一定的社会劳动并取得劳动报酬或经营收入的各类人员，各单位的从业人员反映了各单位实际参加生产或工作的全部劳动力。

表10－1 战略性新兴产业评价指标体系

二级指标	三级指标	计算公式
发展规模	工业总产值	
	增加值	
	从业人员数	

续表

二级指标	三级指标	计算公式
经济效益	增加值率	增加值/总产值
	销售利润率	利润总额/营业收入
	总资产贡献率	（利润总额 + 税金总额 + 利息支出）/平均资产总额
创新环境	政府部门的科技活动资金	
	有研发活动企业占比	有研发活动企业数/总企业数
创新投入	研发人员人数	
	研发人员占比	研发人员人数/从业人员人数
	研发经费支出总额	
	研发强度	研发经费支出总额/主营业务收入
创新产出	发明专利申请数	
	每万名从业人员发明专利申请数	发明专利申请数/从业人员数
	新产品销售收入	
	新产品销售收入占比	新产品销售收入/主营业务收入

B. 经济效益

战略性新兴产业应具有良好的经济效益，能够成长为主导产业或支柱产业。反映经济效益的指标主要有增加值率、销售利润率、总资产贡献率等。增加值率越高，说明中间投入越少；销售利润率衡量企业销售收入的收益水平；总资产贡献率反映企业全部资产的获利能力。

②战略性新兴产业新兴性指标。战略性新兴产业强调掌握核心技术的能力。战略性新兴产业是依托于高新技术生存的，代表未来产业发展的高级化方向，必须依靠技术创新实现。创新能力可从三个方面衡量，即创新环境、创新投入和创新产出。

A. 创新环境

创新环境是指在创新过程中影响创新主体进行创新的各种外部因素的总和，主要包括国家相关规划、扶持力度及社会态度等。良好的创新环境对战略性新兴产业中各企业进行创新活动能够产生积极的影响作用。衡量创新环境的指标主要包括来自政府部门的科技活动资金、有 R&D 活动企业占比。前者表示政府对企业创新的支持力度，后者反映某个产业的创新环境。

B. 创新投入

战略性新兴产业尚处于产业形成和发展的初始阶段，其技术特性体现为研发人员和经费投入强度较高。研发人员是战略性新兴产业发展的智力基础，研发经费是技术创新能力转化为现实竞争力的物质基础。研发人员方面可用研发人员人数和研发人员占比两个指标衡量，研发经费方面可用研发经费支出总额和研发强度两个指标衡量。

C. 创新产出

创新产出反映了战略性新兴产业中各企业的创新转化能力，创新产出越多，越能有效推进企业的下一轮创新活动。战略性新兴产业不仅创新投入大，创新产出也大。创新产出可用专利数和新产品销售收入衡量。发明专利申请数和新产品销售收入两个指标反映创新产出规模，每万名从业人员发明专利申请数和新产品销售收入占比两个指标反映创新产出水平。

（2）评价方法确定

对于产业发展评价的方法有很多，综合比较发现，因子分析方法基于原始数据相关矩阵内部的依赖关系，把具有错综复杂关系的变量综合为数量较少的几个因子，有效降低指标维度，且各因子的权重由各自的方差贡献率大小确定，避免了人为确定权重的主观随意性，使评价结果客观公正。因此，本章运用主成分分析和因子分析方法对陕西省战略性新兴产业的发展状况进行综合评价分析。

（3）数据来源

本章财务方面的数据来源于陕西省统计局对全省战略性新兴产业中规模以上工业企业2016—2019年的观测数据，创新方面的数据来源于陕西省科技厅对战略性新兴产业重点监测企业2016—2019年的观测数据。

10.2.2 陕西战略性新兴产业发展评价

本章首先基于战略性新兴产业内涵，借鉴已有研究成果，遵循指标体系建立原则，对战略性新兴产业评价指标体系进行了理论思考。考虑到相关数据的可获得性，本章最终确定了陕西省战略性新兴产业发展评价指标体系，运用因子分析方法，从发展规模、经济效益、创新能力、可持续发展能力四个方面对陕西省战略性新兴产业的发展进行综合评价。

（1）数据检验

因子分析对数据的数据量和成分有一定的要求，需要先进行 Kaiser - Meyer - Olkin 检验和 Bartlett 球度检验来检测数据是否适合做因子分析。结果显示 KMO 值为 0.71，P 值 <0.05，因此可用因子分析法对陕西省战略性新兴产业的发展进行综合评价。

（2）评价结果

为综合反映陕西省战略性新兴产业各行业发展状况的演进趋势，本章采用因子分析法进行综合分析。为保证不同年份间因子得分的可比性，本章对表 10 - 1 中的指标数据进行分析。初始因子载荷矩阵的估计方法采用主成分分析法，因子旋转采用方差最大化正交旋转。结果如表 10 - 2 所示。

由表 10 - 2 可知，增加值率、总资产贡献率、销售利润率在 Factor 1 上有较大的载荷值，因此 Factor 1 主要反映行业经济效益；总产值、增加值率、从业人员数在 Factor 2 上有较大的载荷值，因此 Factor 2 主要反映行业发展规模；政府部门的科技活动资金、有研发活动企业占比两个指标在 Factor 3 上有较大的载荷值，因此 Factor 3 主要反映创新环境；与研发投入产出相关的诸多系数在 Factor 4 上有较大的载荷值，因此 Factor 4 主要反映创新效率。通过探索性因子分析法，也验证了构建的三级指标体系的合理性。

表 10 - 2 战略性新兴产业指标体系因子分析

变量	因子载荷				因子名称
	Factor 1	Factor 2	Factor 3	Factor 4	
总产值	-0.1461	0.97730	-0.3179	0.2897	发展规模
增加值	0.1427	0.93680	-0.0601	-0.0064	
从业人员数	0.0752	0.82190	-0.1641	-0.3467	

续表

变量	因子载荷				因子名称
	Factor 1	Factor 2	Factor 3	Factor 4	
增加值率	**0.98520**	0.0764	0.1124	-0.1649	经济效益
总资产贡献率	**0.96680**	0.1378	0.3401	-0.4253	
销售利润率	**0.87520**	-0.2497	0.2216	0.6248	
政府部门的科技活动资金	0.0035	-0.2111	**0.84620**	0.0047	创新环境
有研发活动企业占比	-0.0321	0.2017	**0.94310**	0.0314	
研发人员人数	-0.1205	0.3014	0.3412	**0.85240**	创新效率
研发人员占比	-0.0052	-0.0407	-0.2146	**0.83650**	
研发经费支出总额	0.2031	-0.0701	0.0197	**0.95240**	
研发强度	0.0103	-0.3857	-0.1329	0.7932	
发明专利申请数	0.5321	0.4017	-0.5347	0.6971	
每万个从业人员发明专利申请数	0.0907	-0.0016	0.4324	**0.87630**	
新产品销售收入	-0.0726	0.0808	0.3987	**0.93470**	
新产品销售收入占比	-0.0801	-0.1478	0.2376	**0.87260**	

由表10-3可知，公共因子的个数设置为4是合适的，累计方差贡献率达到了96.16%，说明4个公共因子能反映原有16个观测变量96.16%的信息。

表10-3 相关系数矩阵的特征值

主成分	特征值	方差贡献率（%）	累计方差贡献率（%）
1	2.86888143	0.4098	0.4098
2	2.19751377	0.3139	0.7237
3	1.10925704	0.1585	0.8822
4	0.55603450	0.0794	0.9616
5	0.22500692	0.0321	0.9937

（3）实证结果分析

为了更清晰直观地反映陕西省战略性新兴产业各行业近年来发展的演进状态，本章对发展规模因子得分、经济效益因子得分、创新环境因子得分、创新效率因子得分进行比较分析，绘制雷达图，结果如图10-4至图10-7所示。

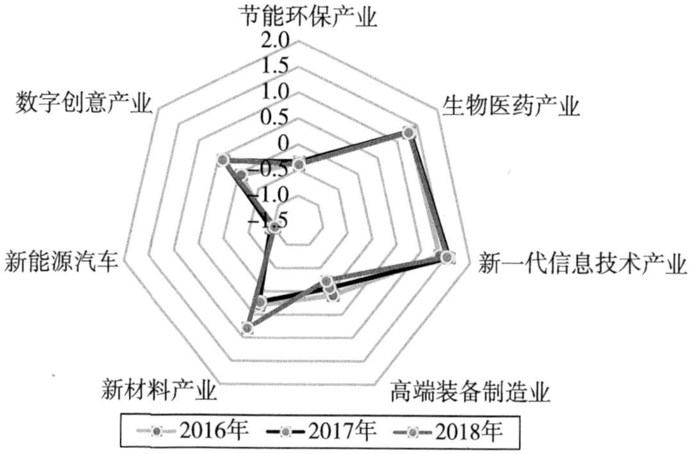

图 10－4　2016—2018 年陕西省战略性新兴产业经济效益雷达图

由图 10－4 可知，生物医药产业的经济效益最好，其次是新一代信息技术产业、数字创意产业和新材料产业；高端装备制造产业的经济效益处于行业中等水平；新能源汽车、节能环保产业的经济效益水平较差。

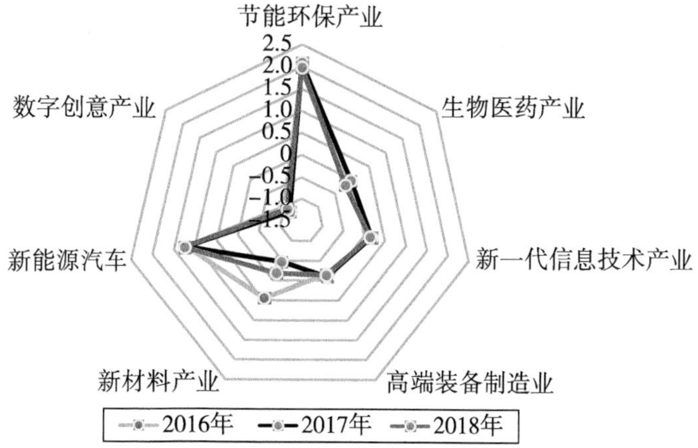

图 10－5　2016—2018 年陕西省战略性新兴产业发展规模雷达图

由图 10－5 可知，节能环保产业和新能源汽车产业的发展规模最大，处于行业领先地位；新材料产业、新一代信息技术产业、生物医药产业的发展规模居中；高端装备制造业、数字创意产业的发展规模较小。

由图 10－6 可知，近年来陕西省战略性新兴产业的创新环境不断提升。

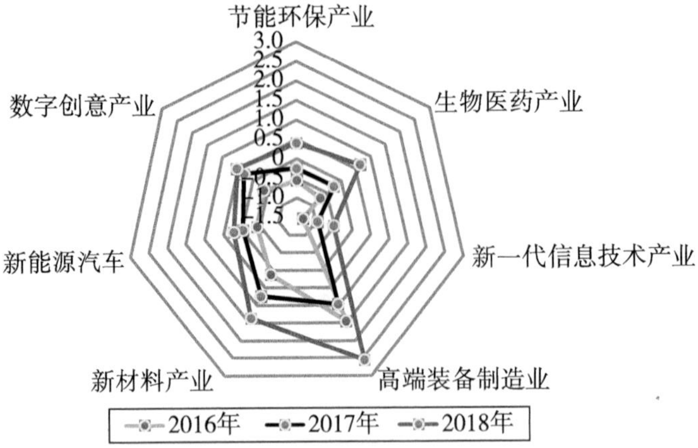

图 10－6　2016—2018 年陕西省战略性新兴产业创新环境雷达图

高端装备制造产业、新材料产业的创新环境较为突出；节能环保产业、生物医药产业、数字创意产业的创新环境处于行业中等水平；新一代信息技术产业、新能源汽车产业的创新环境弱，但近年来有所增强。

由图 10－7 可知，生物医药产业、数字创意产业、高端装备制造业的创新效率较高；节能环保产业、新能源汽车产业、新材料产业的效率居中；新一代信息技术产业的创新效率较低。

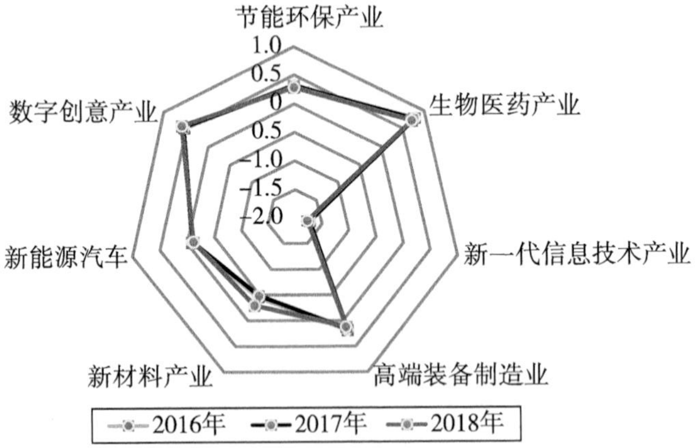

图 10－7　2016—2018 年陕西省战略性新兴产业创新效率雷达图

10.2.3 陕西战略性新兴产业综合评价及现存问题

(1) 科技体制机制创新滞后，科技资源“三分”现象严重

陕西科技资源丰裕，科技优势突出，但在很大程度上是因为陕西作为我国内陆的战略重地，国家长期支持倾斜的结果，其区域科技是“嵌入式”的，而非陕西经济、科技自身发展的结果。其科技先进实质上是由完成国家使命的中央所属科研院所、重点高校支撑的国家科技先进，地方科技资源和研究实力仍相当滞后。科技资源和科技活动存在国家强、地方弱，军工强、民用弱，高校科研院所强、企业弱的“三强三弱”和科技体制上的“分离”、布局上的“分散”、市场上的“分隔”的“三分”现象，致使省内丰裕的科技资源本地“可支配”“可使用”的非常有限，利用效率、效益非常低下。

(2) 战略性新兴产业投资不足，结构不合理

战略性新兴产业培育发展初期，其关键是靠项目和投资驱动。但从固定资产投资角度来看，2018 年陕西确定的战略性新兴产业项目 22 个，计划总投资 1043 万元，仅占年度投资计划的 8.93%，资金投入明显不足，难以满足培育发展战略性新兴产业巨大资金的需求。从资金投入结构来看，企业是技术创新、产业创新的投入主体，这对以技术创新为主要特征的战略性新兴产业的培育发展更是如此，但陕西企业在技术创新和战略性新兴产业发展中投入明显偏低，社会风险投资更是微乎其微。企业尚未成为技术创新投入的主体和在战略性新兴产业投资偏低，融资渠道单一，机制不健全，是制约陕西战略性新兴产业发展的关键瓶颈。

(3) 发展重点不够突出，政策制度环境有待完善

陕西虽然科技优势较为突出，但经济仍属欠发达地区。这就决定了陕西培育发展战略性新兴产业不能全面铺开，而是必须坚持有限目标，在有限的几个特定产业领域，集中力量推动部分战略性新兴行业或产业片段跳跃发展，实现局部突破。但在 2016 年 9 月省政府发布的《陕西省“十三五”战略性新兴产业发展规划》中，将国家列出的七个重点培育发展的战略性新兴产业指导性意见全部列入其中，并都作为重点，势必造成资源分散投资，难以集成有限资源协力推动有限目标的迅速突破，实现重点突破，而且势必造成地区重复建设和恶性竞争，导致部分战略性新兴产业产能严重过剩，造成浪费的情况。

（4）现行经济和科技管理体制与战略性新兴产业培育发展不相匹配

地区、部门、行业之间相互分割的情况还普遍存在，在一定程度上制约了发展能力的形成和创新技术的推广应用。培育支持战略性新兴产业发展的财政、税收、金融、政府采购、知识产权保护、人才培养与使用等方面的政策，既不成体系、不够衔接，又存在制度性缺陷，还没有建立起比较科学的评价考核体系和激励约束机制，从而影响战略性新兴产业的健康稳定发展。

10.3 “十四五”时期陕西战略性新兴产业发展的路径选择

10.3.1 促进高端装备与新材料产业突破发展，引领中国制造新跨越

顺应制造业智能化、绿色化、服务化、国际化发展趋势，围绕“中国制造 2025”战略实施，加快突破关键技术与核心部件，推进重大装备与系统的工程应用和产业化，促进产业链协调发展，塑造中国制造新形象，带动制造业水平全面提升。力争到 2020 年，高端装备与新材料产业产值规模超过 3 万亿元。

（1）打造智能制造高端品牌

着力提高智能制造核心装备与部件的性能和质量，打造智能制造体系，强化基础支撑，积极开展示范应用，形成若干国际知名品牌，推动智能制造装备迈上新台阶。具体举措包括：首先，大力发展智能制造系统，加快推动新一代信息技术与制造技术的深度融合，开展集计算、通信与控制于一体的信息物理系统（CPS）顶层设计；其次，推动智能制造关键技术装备迈上新台阶，构建工业机器人产业体系，全面突破高精度减速器、

高性能控制器、精密测量等关键技术与核心零部件；最后，打造增材制造产业链，突破钛合金、高强合金钢、高温合金、耐高温高强度工程塑料等增材制造专用材料。

(2) 实现航空产业新突破

加强自主创新，推进民用航空产品产业化、系列化发展，加强产业配套设施和安全运营保障能力建设。具体举措包括：首先，加快航空发动机自主发展，依托航空发动机及燃气轮机重大专项，突破大涵道比大型涡扇发动机关键技术，支撑国产干线飞机发展；其次，推进民用飞机产业化，加快实施大型飞机重大专项，完成大型客机研制，启动宽体客机研发，突破核心技术；最后，完善产业配套体系建设，提高航空材料和基础元器件自主制造水平，掌握铝锂合金、复合材料等加工制造核心技术。

(3) 做大做强卫星及应用产业

建设自主开放、安全可靠、长期稳定运行的国家民用空间基础设施，加速卫星应用与基础设施融合发展。具体举措包括：首先，加快卫星及应用基础设施建设，构建星座和专题卫星组成的遥感卫星系统，形成“高、中、低”分辨率合理配置、空天地一体多层观测的全球数据获取能力；其次，提升卫星性能和技术水平，掌握长寿命、高稳定性、高定位精度、大承载量和强敏捷能力的卫星应用平台技术，突破高分辨率、高精度、高可靠性及综合探测等有效载荷技术；最后，推进卫星全面应用，统筹军民空间基础设施，完善卫星数据共用共享机制，加强卫星大众化、区域化、国际化应用，加快卫星遥感、通信与导航融合化应用，利用物联网、移动互联网等新技术，创新“卫星+”应用模式。

10.3.2 推动信息技术产业跨越发展，拓展网络经济新空间

实施网络强省战略，加快建设“数字中国”，推动物联网、云计算和人工智能等技术向各行业全面融合渗透，构建万物互联、融合创新、智能协同、安全可控的新一代信息技术产业体系。到2020年，力争在新一代信息技术产业薄弱环节实现系统性突破。

（1）构建网络强省基础设施

深入推进“宽带中国”战略，加快构建高速、移动、安全、泛在的新一代信息基础设施。大力推进高速光纤网络建设。具体措施包括：首先，大力推进高速光纤网络建设，开展智能网络新技术规模应用试点，推动国家骨干网向高速传送、灵活调度、智能适配方向升级；其次，加快构建新一代无线宽带网，加快第五代移动通信（5G）网络建设，实现城镇及人口密集行政村深度覆盖和广域连续覆盖；最后，统筹发展应用基础设施，充分利用现有设施，统筹规划大型、超大型数据中心在全国适宜地区布局，有序推进绿色数据中心建设。

（2）推进“互联网+”行动

促进新一代信息技术与经济社会各领域融合发展，培育“互联网+”生态体系。具体措施包括：首先，深化互联网在生产领域的融合应用，发展面向制造业的信息技术服务，构筑核心工业软硬件、工业云、智能服务平台等制造新基础，大力推广智能制造、网络化协同、个性化定制、服务化延伸等新业态、新模式；其次，拓展生活及公共服务领域的“互联网+”应用，加快行业管理体制创新，促进医疗、教育、社保、就业、交通、旅游等服务智慧化；最后，促进“互联网+”新业态创新，鼓励运用信息网络技术推动生产、管理和营销模式变革，重塑产业链、供应链、价值链，加快形成新的生产和流通交换模式。

（3）实施陕西大数据战略

落实大数据发展行动纲要，全面推进重点领域大数据高效采集、有效整合、公开共享和应用拓展，完善监督管理制度，强化安全保障，推动相关产业创新发展。具体措施包括：首先，加快数据资源开放共享，统筹布局建设国家大数据公共平台，制定出台数据资源开放共享管理办法，推动建立数据资源清单和开放目录；其次，发展大数据新应用新业态，加快推进政府大数据应用，建立国家宏观调控和社会治理数据体系，提高政府治理能力；最后，强化大数据与网络信息安全保障，建立大数据安全管理制度，制定大数据安全管理办法和有关标准规范，建立数据跨境流动安全保障机制。

10.3.3 推动新能源汽车、新能源和节能环保产业快速壮大，构建可持续发展新模式

把握全球能源变革发展趋势和我国产业绿色转型发展要求，着眼生态文明建设和应对气候变化，以绿色低碳技术创新和应用为重点，引导绿色消费，推广绿色产品，大幅提升新能源汽车和新能源的应用比例，全面推进高效节能、先进环保和资源循环利用产业体系建设，推动新能源汽车、新能源和节能环保等绿色低碳产业成为支柱产业，到2020年，产值规模达万亿元以上。

（1）实现新能源汽车规模应用

强化技术创新，完善产业链，优化配套环境，落实和完善扶持政策，提升纯电动汽车和插电式混合动力汽车产业化水平，推进燃料电池汽车产业化。具体举措包括：首先，全面提升电动汽车整车品质与性能。加快推进电动汽车系统集成技术创新与应用，重点开展整车安全性、可靠性研究和结构轻量化设计；其次，建设具有全球竞争力的动力电池产业链，大力推进动力电池技术研发，着力突破电池成组和系统集成技术，超前布局研发下一代动力电池和新体系动力电池，实现电池材料技术突破性发展；最后，系统推进燃料电池汽车研发与产业化，加强燃料电池基础材料与过程机理研究，推动高性能低成本燃料电池材料和系统关键部件研发。

（2）推动新能源产业发展

加快发展先进核电、高效光电光热、大型风电、高效储能、分布式能源等，加速提升新能源产品的经济性。具体举措包括：首先，推动核电安全高效发展，采用国际最高安全标准，坚持合作创新，重点发展大型先进压水堆、高温气冷堆、快堆及后处理技术装备，提升关键零部件配套能力，加快示范工程建设；其次，促进风电优质高效开发利用，大力发展智能电网技术，发展和挖掘系统调峰能力，大幅提升风电消纳能力；最后，推动太阳能多元化规模化发展，突破先进晶硅电池及关键设备技术瓶颈，提升薄膜太阳能电池效率，加强钙钛矿、染料敏化、有机等新型高效低成

本太阳能电池技术研发。

(3) 大力发展高效节能产业

适应建设资源节约型、环境友好型社会要求，树立节能为本理念，全面推进能源节约，提升高效节能装备技术及产品应用水平。具体举措包括：首先，大力提升高效节能装备技术及应用水平。鼓励研发高效节能设备（产品）及关键零部件，加大示范推广力度，加速推动降低综合成本；其次，大力推进节能技术系统集成及示范应用，在示范园区等重点区域和重点行业开展节能技术系统集成试点，整合高耗能企业的余热、余压、余气资源，鼓励利用余热采暖、利用余能和低温余热发电；最后，做大做强节能服务产业，支持合同能源管理、特许经营等业态快速发展，推动节能服务商业模式创新，推广节能服务整体解决方案。

10.3.4 加快生物产业创新发展步伐，培育生物经济新动力

把握生命科学纵深发展、生物新技术广泛应用和融合创新的新趋势，以基因技术快速发展为契机，推动医疗向精准医疗和个性化医疗发展，加快农业育种向高效精准育种升级转化，促进生物工艺和产品在更广泛领域的替代应用，以新的发展模式助力生物能源大规模应用，培育高品质、专业化生物服务新业态，将生物经济加速打造成为继信息经济后的重要新经济形态，到2020年，全省生物产业规模达到千亿元，形成一批具有较强国际竞争力的新型生物技术企业和生物经济集群。

(1) 构建生物医药新体系

加快开发具有重大临床需求的创新药物和生物制品，加快推广绿色化、智能化制药生产技术，强化科学高效监管和政策支持，推动产业国际化发展，加快建设生物医药强省。具体措施包括：一方面，推动生物医药行业跨越升级，加快基因测序、细胞规模化培养、靶向和长效释药、绿色智能生产等技术研发应用，支撑产业高端发展；另一方面，创新生物医药监管方式，建立更加科学高效的医药审评审批方式，加快推广药品上市许可持有人制度试点，加快仿制药质量和疗效一致性评价，探索开展医疗新

技术临床实验研究认可制度试点。

(2) 提升生物医学工程发展水平

深化生物医学工程技术与信息技术融合发展，加快行业规制改革，积极开发新型医疗器械，构建移动医疗、远程医疗等诊疗新模式，促进智慧医疗产业发展。具体措施包括：一方面，发展智能化移动化新型医疗设备，开发智能医疗设备及其软件和配套试剂、全方位远程医疗服务平台和终端设备，发展移动医疗服务，制定相关数据标准，促进互联互通，初步建立信息技术与生物技术深度融合的现代智能医疗服务体系；另一方面，开发高性能医疗设备与核心部件，发展高品质医学影像设备、先进放射治疗设备、高通量低成本基因测序仪、基因编辑设备、康复类医疗器械等医学装备，大幅提升医疗设备的稳定性、可靠性。

(3) 加速生物农业产业化发展

以产出高效、产品安全、资源节约、环境友好为目标，创制生物农业新品种，开发动植物营养和绿色植保新产品，构建现代农业新体系，形成一批具有国际竞争力的生物育种企业，为加快农业发展方式转变提供新途径、新支撑。具体措施包括：一方面，构建生物种业自主创新体系，开展基因编辑、分子设计、细胞诱变等关键核心技术创新与育种应用，研制推广一批优质、高产、营养、安全、资源高效利用、适应标准化生产的农业动植物新品种，积极推进生物技术培育新品种产业化；另一方面，开发一批新型农业生物制剂与重大产品，大力发展动植物病虫害防控新技术、新产品，建立基于病虫基因组信息的绿色农药、兽药创制技术体系，创制一批新型动物疫苗、生物兽药、植物新农药等重大产品，实现规模生产与应用，推动农业生产绿色转型。

10.3.5 完善体制机制和政策体系，营造发展新生态

加快落实创新驱动发展战略，深入推进政府职能转变，持续深化重点领域和关键环节改革，强化制度建设，汇聚知识、技术、资金、人才等创新要素，全面营造有利于战略性新兴产业发展壮大的生态环境。

(1) **完善管理方式**

具体举措包括：首先，推进简政放权、放管结合、优化服务改革，在电信、新药和医疗器械、新能源汽车生产准入等领域，进一步完善审批方式，最大限度地减少事前准入限制，修改和废止有碍发展的行政法规和规范性文件，激发市场主体活力；其次，营造公平竞争市场环境，完善反垄断法配套规则，进一步加大反垄断和反不正当竞争执法力度，严肃查处信息服务、医疗服务等领域企业违法行为；最后，加强政策协调，充分发挥战略性新兴产业发展部际联席会议制度作用，推动改革措施落地，加强工作沟通，避免相关政策碎片化。

(2) **构建产业创新体系**

具体举措包括：首先，深入开展“大众创业、万众创新”，打造众创、众包、众扶、众筹平台，依托“双创”资源集聚的区域、科研院所和创新型企业等载体，支持建设“双创”示范基地，发展专业化众创空间；其次，强化公共创新体系建设，实施一批重大科技项目和重大工程，加强颠覆性技术研发和产业化；最后，支持企业创新能力建设，实施国家技术创新工程，加强企业技术中心能力建设，推进创新企业百强工程，培育一批具有国际影响力的创新型领导企业，引领带动上下游产业创新能力提升。

(3) **强化知识产权保护和运用**

具体举措包括：首先，强化知识产权保护维权，积极推进专利法、著作权法修订工作。跟踪新技术、新业态、新模式发展创新，加强互联网、电子商务、大数据等领域知识产权保护规则研究，完善商业模式知识产权保护、商业秘密保护、实用艺术品外观设计专利保护等相关法律、法规；其次，加强知识产权布局运用，大力推行知识产权标准化管理，提升创新主体知识产权管理能力；最后，完善知识产权发展机制。实施战略性新兴产业知识产权战略推进计划，围绕战略性新兴产业集聚区部署知识产权服务链，建立知识产权集群管理制度，推动形成一批知识产权优势集聚区。

10.3.6 促进战略性新兴产业集聚发展，构建协调发展新格局

立足陕西省发展总体战略，围绕推进“一带一路”建设，根据省内各地产业基础和特色优势，坚持因地制宜、因业布局、因时施策，加快形成点面结合、优势互补、错位发展、协调共享的战略性新兴产业发展格局。

（1）打造战略性新兴产业策源地

支持创新资源富集的中心城市形成以扩散知识技术为主要特征的战略性新兴产业策源地。发挥策源地城市科研人才密集、学科齐全、国际交流频繁等优势，支持建设一批国际一流的大学和科研机构，强化重点领域基础研究，大力促进新兴学科、交叉学科发展，支持建设新兴交叉学科研究中心，推进信息、生命、医疗、能源等领域原创性、颠覆性、支撑性技术开发，推动产学研用联动融合，形成引领战略性新兴产业发展的“辐射源”。

（2）壮大一批国家级战略性新兴产业发展集聚区

依托关中城市群建设，以全面创新改革试验区为重点，发展知识密集型战略性新兴产业集群，打造具有全国影响力、引领我国战略性新兴产业发展的标志性产业集聚区，推动形成战略性新兴产业发展的体制机制创新区、产业链创新链融合区、国际合作承载区。

（3）培育战略性新兴产业特色集群

充分发挥现有产业集聚区作用，通过体制机制创新激发市场活力，采用市场化方式促进产业集聚，完善扶持政策，加大扶持力度，培育百余个特色鲜明、大中小企业协同发展的优势产业集群和特色产业链。完善政府引导产业集聚方式，由招商引资向引资、引智、引技并举转变，打造以人才和科技投入为主的新经济；由“引进来”向“引进来”“走出去”并重转变，充分整合利用全球创新资源和市场资源；由注重产业链发展向产业链、创新链协同转变，聚焦重点产业领域，依托科研机构和企业研发基础，提升产业创新能力；由产城分离向产城融合转变，推动研究机构、创新人才与企业相对集中，促进不同创新主体良性互动。

11 陕西“十四五”时期的对外开放

11.1 “十三五”时期陕西对外开放的回顾

11.1.1 陕西对外开放的总体情况

(1) 贸易数量逐渐扩大

“十三五”期间，陕西进出口贸易规模不断扩大，并始终保持高速增长态势。2016 年，全省进出口总额为 1976.3 亿元，同比增长 4.2%；2017 年，全省进出口总额为 2719.65 亿元，同比增长 37.6%，高出全国平均增速 23.2 个百分点，增速位居全国第五；2018 年，全省进出口总额为 3513.78 亿元，同比增长 29.3%。其中，进口总额中租赁贸易、出料加工贸易和保税仓进出境货物增长显著，2017 年的同比增长率分别达到 271031%、265% 和 286%。在出口总额中对外承包工程、保税仓进出口货物和海关特殊监管区域物流货物增长显著，同比增长率分别达到 223.7%、957.1% 和 1370.6%。2019 年 1—10 月，全省累计实现进出口总额 2896.25 亿元，与上年同期相比增长了 0.9%。

自由贸易试验区和“一带一路”建设深入推进，自由贸易试验区带动陕西对外贸易快速增长。2016 年 8 月 3 日，中国（陕西）自由贸易试验区批复成立。2017 年，陕西不断推进自贸试验区建设，全省开放水平显著提高，投资贸易便利化快速提升，营商环境得到改善。自由贸易试验区全面推行外资准入负面清单模式，减少外商投资准入限制，提高开放度和透明度。同时，自由贸易试验区依托电子口岸公共平台，开展国际贸易“单一口岸”建设，完善货物进出口和运输及工具进出境的应用功能，优化口岸监管执法流程和通关流程，实现贸易许可、资质登记平台功能；国际经济复苏，外部需求回暖刺激了陕西出口贸易增长，国内经济形势稳中向好，陕西经济稳步增长也为进出口贸易的发展提供了有利的内部条件。

（2）外资规模持续增长

近年来，随着陕西自由贸易试验区建设的不断推进，营商环境的不断优化，陕西利用外资的规模持续增长。2017 年，全省新设外商投资企业 203 家，同比增长 75.0%；合同利用外资 100.29 亿美元，同比增长 116.46%；实际利用外资 58.94 亿美元，同比增长 17.6%。2018 年，全省新设外商投资企业 283 家，同比增长 39.4%；合同利用外资 53.77 亿美元，同比下降 46.4%；实际利用外资 68.48 亿美元，同比增长 16.2%。2019 年 1—10 月，全省新设立外商投资企业 211 家，同比下降 5.8%；合同利用外资 27.11 亿美元，同比下降 59.2%，较 1— 9 月回落 10.3 个百分点；实际利用外资 70.73 亿美元，增长 80.0%，较 1— 9 月虽放缓 13.4 个百分点，但仍保持高位运行。

从外资来源看，陕西的外资来源地相对集中：2017 年利用外资前两名为韩国和中国香港，合计占全省合同外资和实际外资比重分别为 84% 和 80.2%。2018 年前 7 月，在陕投资涉及 24 个国家和地区，实际利用外资分别来源于中国香港、韩国；香港投资企业 65 家，增长 47.7%。2019 年前 9 个月，共有 34 个国家和地区的外商来陕投资，其中实际利用外资排在前 6 位的国家和地区分别是：韩国、中国香港、中国台湾、日本、新加坡、美国，6 个国家和地区实际利用外资总量占全省比重的 93.91%。从投资方式看，外商独资企业占据主要比重，2019 年上半年，全省新设外商独资企业 80 家，同比增长 17.65%，占全省新设外商投资企业的 62.99%；外商独资企业实际利用外资 17.76 亿美元，同比增长 71.22%，占全省外商直接投资的 87.76%。从投资结构看，第二产业仍是全省利用外资的支柱产业。2019 年前 9 个月第二产业实际利用外资 53.94 亿美元，占全省实际利用外资总额的 80.98%；全省第三产业新设外商投资企业 152 家，占全省新设外商投资企业总数的78.35%；第三产业实际利用外资12.66亿美元，占全省实际利用外资总额的19%。

（3）金融开放水平日益提高

“十三五”以来，陕西金融体量迅速增长，金融规模不断扩大。2013年末，全省金融机构（含外资）本外币各项存款余额25736.72亿元，各项贷款余额16537.69亿元，到2018年末，全省金融机构本外币各项存款余额40927.56亿元，各项贷款余额30742.73亿元，全省信贷规模6年实现翻一番。贷款余额不断增加，有力地满足了陕西经济快速发展的需要。与此同时，随着多项金融改革措施的落地实施，全省金融开放程度日益提高，外资金融机构驻陕数量不断增加。2014年以来，省内外资银行增至6家，外资（合资）保险公司达到10家。长安信托2015年获批西部地区首家QDII（合格境内机构投资者）投资资格，2018年获批1.8亿美元QDII投资额度。

此外，陕西金融业对重点领域和薄弱环节更加重视，金融服务广泛延伸至民生领域金融服务和普惠金融的发展，使得包括“三农”、小微、创业等弱势群体在内的社会各界能够共享改革发展成果。2018年以来，陕西金融机构信贷投放力度不断加大，呈现以下特点：一是基础设施领域贷款投放力度不断加大，全年投向基础设施领域的贷款新增995.86亿元，约占各项贷款新增额的1/3；二是高新技术行业贷款增速加快，2018年末全省科学研究和技术服务业贷款余额增长39.83%，较上年末提高42.68个百分点；三是普惠金融领域信贷投放持续发力，普惠口径小微企业、精准扶贫、涉农、助学和创业担保等贷款发放持续增长。

（4）对外投资快速增加

“十三五”期间，全省对外投资规模显著增长。2013年，全省新设境外企业32家（其中境外机构6家），协议投资总额为5.23亿美元，中方实际投资2.90亿万美元。投资主要分布在美国、吉尔吉斯斯坦、伊朗、中国香港等国家和地区，涉及装备制造、矿产资源勘查开发、批发零售等领域；对外承包工程业务累计新签合同额为15.50亿美元，完成营业额为

17.87 亿美元。随着自由贸易试验区和“一带一路”建设的推进，陕西对外投资不断取得新成果。2017 年，全省非金融类对外直接投资额为 6.63 亿美元，在全国排第 23 位，较上年度前进 2 个位次；对外承包工程完成营业额为 39.09 亿美元，同比增长 60.93%；新签合同额为 37.07 亿美元，同比增长 4.95%，完成营业额在全国排名第 11 位，居西部地区第 2 位，较上年度前进 5 个位次。

2018 年，全省新设境外投资企业 31 家，实际对外投资 6.47 亿美元，主要分布在中国香港、吉尔吉斯斯坦、澳大利亚等国家和地区，涉及采矿、租赁和商务服务、批发和零售等领域。2019 年 1—10 月，全省 39 家境内投资者对 21 个国家（地区）的 45 家境外企业进行了非金融类直接投资，投资金额为 3.72 亿美元，同比下降 41.2%，列全国第 23 位、西部地区第 5 位。对外投资是陕西输出优势产能、维持经济增长点的重要举措，“一带一路”倡议的提出把陕西推向开放的前沿，这既是陕西的重要发展机遇，也是陕西开拓市场空间、培育竞争力的最佳途径。

11.1.2 陕西对外开放的发展特点

(1)“一带一路”建设引领对外开放

2018 年是“一带一路”建设倡议提出的第五个年头。5 年来，陕西坚定不移地贯彻落实习近平总书记追赶超越定位和“五个扎实”要求，不断迈向对外开放前沿，围绕加快推进枢纽经济、门户经济、流动经济的发展，积极打造“一带一路”交通商贸物流中心、国际产能合作中心、科技教育中心、国际文化旅游中心和丝绸之路金融中心。“一带一路”建设使位于中国大陆几何中心的陕西，从国家的“大后方”变为东西双向开放的重要承接地，深度融入国际合作大格局，展现出前所未有的开放姿态，在对外开放进程中不断取得新成果。

中欧班列构建了连接中亚、辐射欧洲腹地的黄金物流大通道，从西安国际港务区出发的“长安号”国际货运班列成为连接陕西和中亚、欧洲的桥梁、对外贸易的基石。目前，“长安号”已实现每日 3 ~ 4 列双向稳定开行。2018 年，“长安号”国际货运班列共开行 1235 列，是 2017 年开行量的 6.37 倍，共运送货物 120.2 万吨，是 2017 年的 5.18 倍，重载率、货运量、实际开行量 3 项指标均稳居全国第一。

对外贸易畅通度不断提升，国际产能合作频结硕果。数据显示，陕西对外贸易与进出口呈现迅速增长态势，2013 年全省进出口总额 201.28 亿元，2018 年实现进出口总额 3513.78 亿元。陕西与“一带一路”沿线国家经贸交流和合作也在不断深化，哈萨克斯坦爱菊粮油工业园、吉尔吉斯斯坦中大工业园区纳入商务部境外经贸合作区监测统计；中俄丝路创新园、中欧工业园、陕韩产业园等国际合作产业园区集聚效应日益显现；杨凌示范区以“一带一路”海外农业国际合作园区为载体，先后与全球 60 多个国家在现代农业领域建立了合作关系。

科教文旅优势有效促进民心相通，陕西凭借厚重的历史文化影响，弘扬丝绸之路精神，与沿线国家在科学、教育、文化、旅游等领域广泛开展合作，进一步增进了沿线人民的彼此了解。陕西现今已与 36 个国家正式缔结 89 对友城关系，与“一带一路”沿线的 19 个国家建立 23 对友城关系；在 57 个国家累计举办旅游活动 64 场，截至 2018 年，累计接待入境游客 1718.43 万人次；精心打造“国风·秦韵”品牌并成功举办丝绸之路国际艺术节和丝博会。

（2）政府政策提升对外开放

“十三五”期间，陕西不断深化“放管服”改革，下放行政审批事项，创新服务方式，在提高政府行政效率的同时，优化营商环境。

在自由贸易试验区建设方面，加快推进政府职能转变，全面落实企业工商登记注册“一口受理、并联审批”和全程电子化，推行商务秘书和“集群注册”服务，使企业注册登记办理时限缩短至 3 个工作日以内，实现了 261 项省级行政管理事项下放（委托）至自由贸易试验区办理，深入推进“证照分离”改革，100 项改革任务在自由贸易试验区全面推开。同时，持续深化相对集中行政许可权和相对集中行政处罚权改革。各功能区分别设立行政审批、市场监管专门机构，建立“一枚公章管审批、一支队伍管执法”的政府管理新模式。

在创新税收服务方面，陕西自由贸易试验区建立容缺受理机制，与蚂蚁金服、腾讯等开展合作，建立网上办、自助办、大厅办、手机办等多元化办税渠道，让纳税人少跑路；建立知识产权运营服务中心，为企业提供咨询培训、专利信息、维权援助等全方位服务；建立中国（西安）知识产权保护中心，探索建立自由贸易试验区跨部门知识产权执法协作机制。

在吸引外商投资方面，陕西进一步放宽外资准入门槛。除了对外商投资全面实施准入前国民待遇加负面清单管理制度，还进一步减少或取消外商投资准入限制，放宽外资准入领域并鼓励外商多方式来陕投资。

在改善营商环境方面，不断完善外商投资企业投诉、调解工作机制，切实为外商投资企业解决生产经营中的实际问题。加大“放管服”改革力度，对外商投资企业办理行政许可手续，实行一口受理、一网办理、并行审批、限时办结、统一答复、全程服务。同时，落实外商投资企业国民待遇，完善投资者权益保障机制，允许符合条件的境外投资者自由转移其投资收益，依法严格保护外商投资企业知识产权。

（3）跨境电商扩大对外开放

近年来，在包括“互联网+”等一系列国家战略的推动下，陕西牢牢抓住发展机遇，大力推动以互联网为核心驱动力的经济发展，重点关注跨境电商发展，跨境电商也日益成为陕西对外开放的新引擎。2014 年，西安试点跨境贸易电子商务服务，“洋货码头”电商平台上线运营，跨境电商企业快速聚集，使跨境电商逐渐成为陕西和西安开展国际贸易、发展开放型经济的又一重要平台。跨境电子商务为陕西搭建起一条“网上丝绸之路”，成为建设电子商务新高地的重要支撑。

2015 年，陕西本土的丝路电商开始运营，这些创业型电商企业的经营范围主要集中在服装、珠宝、文创、农产品等领域，这批企业的出现为出口跨境电商注入了新活力；2017 年，西安国际港务区跨境电商出口突破 500 万单，进口突破 10 万单，跨境出口单量位居全国出口试点城市前列。同年 8 月，阿里巴巴“丝路总部”落户西安，“天猫国际”和阿里“全球购”电商平台将进一步促进陕西跨境电商产业的发展。2018年，西安获批创建跨境电子商务综合试验区，开通了中欧班列“长安号”电商专列，专列的开行为中国和“丝绸之路经济带”沿线国家搭建了便捷的跨境物流通道，有效提升了跨境电商企业配送响应速度和物流运转能力，给国内外消费者带来了更加便捷的购物体验。跨境电商的不断发展对促进陕西与“一带一路”沿线国家合作和发展开放型经济有着重要意义。

（4）基础设施助推对外开放

完善的基础设施是推进对外开放的重要保障，加强基础设施建设既是改善营商环境、吸引外资的重要举措，也是实现“一带一路”沿线国家互联互通的关键内容。陕西不断加强基础设施建设，打造“枢纽经济”。过去几年里，陕西以“国际运输走廊”和“国际航空枢纽”为目标，加快发展综合交通、枢纽交通，探索发展旅游轨道交通、无人机物流等新业态，逐步形成航空高端带动、高铁与公路地铁等交通无缝衔接的现代化交通体系。截至2018年底，陕西西安开通了直飞英国伦敦、西班牙马德里、美国洛杉矶等航线，目前国际（地区）航线达到64条，连通全球29个国家、53个枢纽和著名旅游城市；“米”字形高铁线路日渐成型、完善，从西安北站出发的高铁可以直达北京、天津、上海、重庆以及广州、深圳、南昌、武汉等19个省会（首府）城市；高速公路建设规模突破1600千米，铁路建设规模突破1800千米，干线公路建设规模突破2500千米。

作为陕西经济重要动能的“长安号”国际货运班列已成为陕西陆空内外开放、东西双向互济、全面开放新格局的重要通道。2018年，“长安号”国际货运班列共开行1235列，是2017年开行量的6.37倍，运送货物120.2万吨，是2017年的5.18倍，重载率、货运量、实际开行量3项指标均稳居全国第一。目前，“长安号”运营线路11条，覆盖中亚、中东及欧洲主要货源地，实现与澳大利亚、新西兰、美国等国家的无缝对接。“长安号”的高质量开行，有助于促进“一带一路”沿线国家的经贸合作，有利于构建陕西对外开放的新格局。

11.2 陕西对外开放水平的评价

11.2.1 陕西对外开放水平的评价体系

(1) 选取评价指标

40多年的改革开放，使对外开放成为我国经济社会发展的重要推动力。对外开放不仅仅是贸易方面的开放，同时也是经济、金融和社会文化方面的开放，是一个全方位的综合体现。根据已有文献，结合陕西对外开放的发展现状，本节从贸易开放、外商直接投资、金融开放、对外投资和社会开放五个方面进行评价。具体表现为5个一级指标、22个二级指标，如表11-1所示。

表11-1 陕西对外开放水平评价指标体系

一级指标	二级指标	三级指标	单位
贸易开放	进口总额		亿元
	出口总额		亿元
	进出口总额	进口总额+出口总额	亿元
	贸易依存度	进出口总额/GDP	%
	贸易方式	一般贸易/贸易总额	%
		加工贸易/贸易总额	%
外商直接投资	签订合同		个
	签订金额		亿美元
	实际利用金额		亿美元
	每个项目签订金额	签订金额/签订合同数量	百万美元
	每个项目实际金额	实际利用金额/签订合同	百万美元
金融开放	境外存款		亿元
	境外贷款		亿元
	境外存款率	境外存款/存款总额	%
	境外贷款率	境外贷款/贷款总额	%

续表

一级指标	二级指标	三级指标	单位
对外投资	新设境外企业		家
	实际投资		亿美元
	对外承包工程		亿美元
	对外劳务派出		人
社会开放	国际旅游收入		亿元
	国际游客		亿人次
	国际旅游收入占比	国际旅游收入/总旅游收入	%
	国际游客占比	国际游客/总游客	%

（2）评价方法

第一，贸易开放。在贸易开放方面，本章用进口总额、出口总额和进出口总额表示贸易开放的规模情况；用贸易依存度、贸易方式表示贸易开放的结构。

第二，外商直接投资。在外商直接投资方面，用签订合同、签订金额、实际利用金额表示外商直接投资规模；用每个项目签订金额、每个项目实际金额表示外商直接投资质量。

第三，金融开放。在金融开放方面，用境外存款、境外贷款表示金融开放的规模；用境外存款率、境外贷款率表示金融开放的结构。

第四，对外投资。在对外投资方面，用新设境外企业、实际投资、对外承包工程、对外劳务派出衡量。

第五，社会开放。在社会开放方面，用国际旅游收入、国际游客表示社会开放规模；用国际旅游收入占比、国际游客占比表示社会开放质量。

（3）数据来源

本章使用的数据均来自历年《陕西省统计年鉴》《陕西省国民经济和社会发展统计公报》《中国统计年鉴》《中国国民经济和社会发展统计公报》《中国城市统计年鉴》《中国对外直接投资统计公报》、陕西商务厅统计信息简报。

11.2.2 陕西对外开放的综合评价

(1) 贸易开放评价

从贸易规模来看，进口总额、出口总额和进出口总额反映了陕西参与国际贸易的规模程度。表 11－2 给出了 2013—2018 年陕西与全国的进口总额、出口总额和进出口总额。首先，从表 11－2 可以看出，陕西的进口总额、出口总额和进出口总额远远低于全国平均水平。最高占比仅为 39%，即 2018 年陕西出口总额占全国平均水平的 39%。也就是说，与全国平均水平相比，陕西进出口规模远远低于全国其他省市的水平。其次，从增长速度来看，表 11－2 显示，陕西在 2013—2018 年进出口均实现了快速增长，远远高于全国平均水平的增长速度。最后，从第 2 列和第 3 列可知，陕西出口总额高于进口总额，并且近年来净出口总额呈现快速上涨趋势。

表 11－2 2013—2018 年陕西与全国的进口、出口和进出口总额

单位：亿元

年份	陕西			全国平均水平		
	进口	出口	进出口	进口	出口	进出口
2013	622.92	643.28	1266.20	3904.44	4423.59	8328.03
2014	825.23	855.48	1680.72	3882.52	4641.41	8523.93
2015	976.78	918.47	1895.25	3365.68	4553.77	7919.45
2016	931.23	1045.07	1976.30	3386.04	4465.14	7851.18
2017	1059.92	1659.73	2719.65	4025.48	4945.52	8971.00
2018	1435.10	2078.68	3513.78	4544.32	5296.03	9840.32

贸易依存度反映了一个地区和国家外向型发展程度。图 11－1 给出了 2013—2018 年陕西和全国的对外贸易依存度。由图可知，陕西对外贸易依存度虽然近年来快速提高，但仍然处于较低的水平，2018 年外贸依存度仅为 14.37%。因此，陕西对外贸易依然处于较为封闭的状态。

加工贸易主要是指以低技能劳动力通过简单地加工、组装等形式生产的最终产品为主的贸易方式，体现了劳动力要素的成本优势；而一般贸易则不仅包括低技能的简单加工、组装，更重要的是体现了一国的综合国际

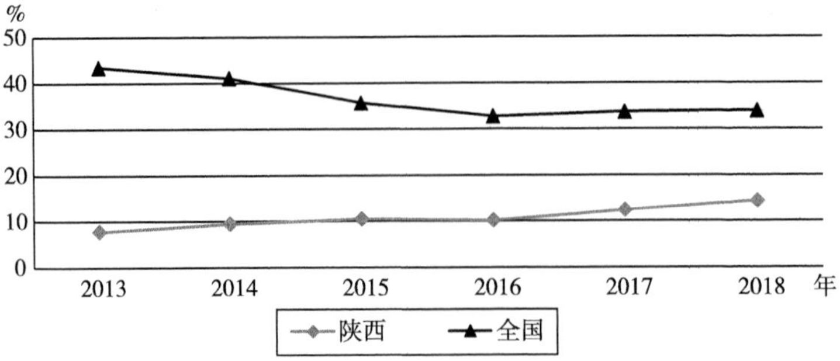

图 11 - 1 2013—2018 年陕西和全国对外贸易依存度

竞争力，包括资本、技术、劳动力等要素资源的成本优势和综合实力。因此，在一国对外贸易结构中，一般贸易比重与加工贸易比重的差异，在一定程度上体现了该国参与国际分工的程度和地位。图 11 - 2 给出了陕西 2017 年进口一般贸易与加工贸易的比例和出口一般贸易与加工贸易的比例。从图中可以看出，2017 年陕西无论是进口还是出口，加工贸易都占据绝对优势，占比高达 63% 和 64%，而一般贸易占比仅为 25.9%。由此可知，近年来陕西贸易总额虽然发展迅速，但其结构却呈现出严重的不合理特点，即反应综合实力的一般贸易比重较低。

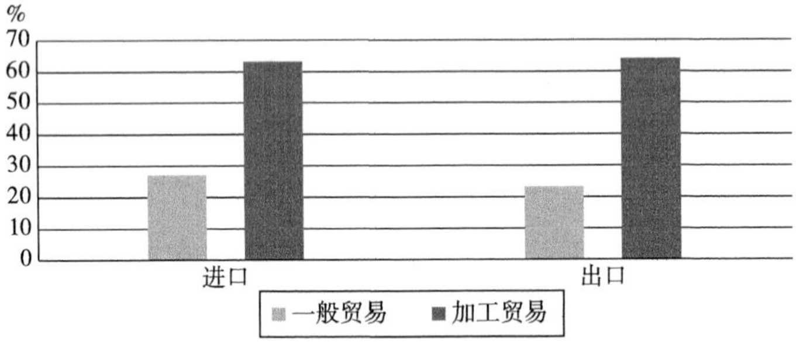

图 11 - 2 2017 年陕西进出口贸易结构

（2）外商投资评价

外商直接投资是指外国企业和经济组织或个人根据我国有关政策和法律、法规，用现汇、实物、技术等在我国境内开办外商独资企业的资金。表 11 - 3给出了 2013—2018 年陕西外商直接投资规模情况。可以看出，

2013—2018 年，陕西签订合同数波动幅度较大，2013 年签订 204 份合同，而 2015—2016 年每年仅 110 份左右，2017—2018 年则又超过了 200 份。从签订金额和实际利用金额来看，2013—2018 年签订金额变化较大，尤其是 2017 年的签订额度达到其他年份的 2 倍，但实际利用资金金额则在稳步上涨，从每个项目资金额度来看，2013—2018 年每个项目实际资金利用额度相对较低。

表 11－3　2013—2018 年陕西利用外资情况

年份	签订合同（份）	签订金额（亿美元）	实际利用金额（亿美元）	每个项目签订额度（百万美元）	每个项目实际额度（百万美元）
2013	204	37.21	36.78	18.24	18.03
2014	141	58.55	41.76	41.52	29.61
2015	112	57.82	46.21	51.63	41.26
2016	116	46.33	50.12	39.94	43.26
2017	203	100.29	58.94	49.40	29.04
2018	283	55.77	68.48	19.71	24.20

从行业层面来看，实际利用外资主要流向了制造业，占比高达 73%，而第三产业占比相对较低，仅为 24%，如图 11－3 所示。具体而言，批发和零售业，交通运输、仓储，住宿和餐饮业等商贸流通业总占比仅为 40%，分别占比为 5.63%、2.88% 和 1.07%；而反映在高科技方面的服务业的外资利用比例较低，信息传输、软件和信息技术服务业，科学研究和技术服务业共占全部外资利用的 0.71%，分别占比为 0.57% 和 0.14%；现代金融服务业方面的占比略高，占全部外资利用的 13.56%，其中金融业占比为 1.64%、房地产业占比为 11.63%、租赁和商务服务业占比为 0.29%。由此可见，陕西利用外资主要集中于制造业，服务业占比较低。在服务业方面则主要集中于房地产业，而反映高科技方面的服务业资金利用十分有限。

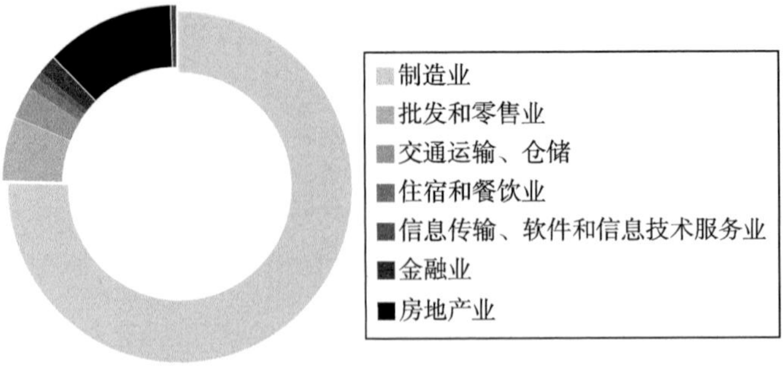

图11－3　2017年陕西实际利用外资行业分布

（3）金融开放评价

金融开放有利于促进金融市场的发展，繁荣金融市场，提高资金的配置效率。表11－4给出了陕西2015—2017年境外存款、贷款总额。可以看出，2015—2017年陕西境外存款为11亿～13亿元，而同期的境外贷款则仅为1亿～4亿元。由此可见，陕西境外存款、贷款规模较小，而且境外贷款远远低于存款。

表11－4　2015—2017年陕西境外存款、贷款总额　　单位：亿元

年份	陕西境外存款	陕西境外贷款
2015	13.16	1.35
2016	13.65	4.15
2017	11.14	0.93

虽然陕西金融开放规模较小，但是由于陕西经济规模较小，所以从金融开放规模方面不足以反映出陕西金融开放程度，而金融开放结构能更好地反映经济发展阶段与金融开放之间的关系。图11－4给出了2015—2017年陕西金融开放结构和全国金融开放程度。由图可以看出，2015—2017年陕西金融开放程度十分低，境外存款率仅为0.03%～0.04%，境外贷款率仅为0.003%～0.017%；而同期的全国金融开放程度分别为0.6%～0.8%和0.34%～0.37%。由此可见，陕西金融开放程度远远低于全国平均水平，不足全国的1/10。

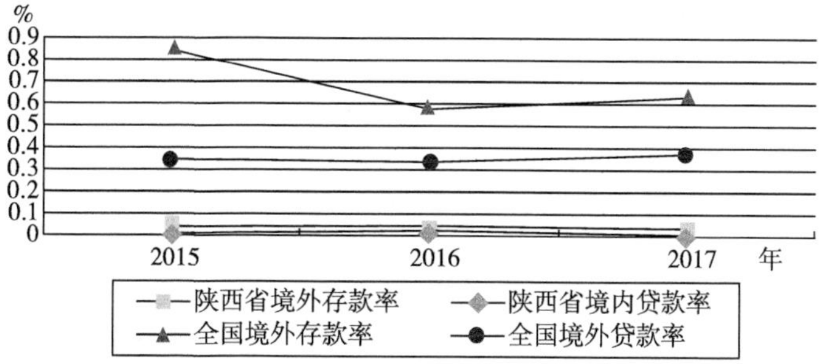

图 11－4　2015—2017 年陕西和全国境外存贷款

（4）对外投资评价

对外投资合作反映了一个国家或地区企业“走出去”的情况。对外投资合作水平越高，企业“走出去”越多，企业国际竞争力就越强，反之越弱。表 11－5 给出了 2013—2018 年陕西对外投资合作情况。从表中可以看出，2018 年与 2013 年相比，陕西新设境外企业数量减少，对外直接投资规模呈现上涨趋势，对外承包工程完成营业额呈现快速上涨态势，对外劳务合作派遣人数波动上涨。

表 11－5　2013—2018 年陕西对外投资合作情况

年份	新设境外企业（家）	中方实际投资（亿美元）	对外承包工程完成营业额（亿美元）	对外劳务合作派遣人数（人）
2013	32	2. 91	15. 51	6959
2014	45	4. 54	17. 86	9218
2015	69	7. 09	22. 04	8411
2016	74	6. 64	19. 22	5882
2017	35	6. 63	39. 09	9425
2018	31	6. 47	40. 58	7464

从对外投资合作结构来看，图 11－5 给出以上 4 个指标占全国的比重。从图中可以看出，总体而言，新设境外企业占比、中方实际投资占比、对外承包工程额占比和对外劳务派遣占比均较低，低于全国平均值 3. 33%。同时，从时间趋势来看，新设境外企业占比、中方实际投资占比呈现倒“U”形，2015 年以前呈现上涨趋势，之后开始下降；对外承包工程完成

额占比和对外劳务派遣占比呈现出“M”形，即先上升、后下降、再上升，最后下降的趋势。

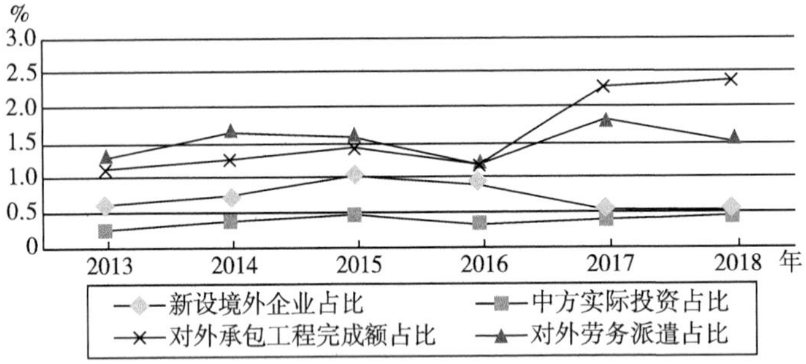

图 11－5　2013—2018 年陕西对外投资合作占全国比重

从投资国别来看，2018 年陕西对外投资主要分布在中国香港、吉尔吉斯斯坦、澳大利亚等国家和地区，涉及采矿、租赁和商务服务、批发和零售等领域。2018 年，陕西在“一带一路”沿线国家累计对外投资 8146 万美元，占全年对外投资的 12.59%，主要分布在吉尔吉斯斯坦、泰国等。作为“一带一路”建设重点省份，历时 5 年的建设，陕西对“一带一路”沿线国家的投资比例依然较低。

（5）社会开放评价

社会开放反映一个国家或地区与国外的文化交流和文化认同感的程度。社会开放程度越高，该国或地区的文化交流越繁荣、文化认同感越强，反之则越低。表 11－6 汇总了 2013—2018 年陕西国际旅游收入和国际旅游人数等情况。从表中可以看出，2013—2018 年陕西国际旅游收入持续增长，但是国际旅游收入占陕西总旅游收入的比例持续下降；从国际游客数量来看，2013—2018 年陕西国际游客总体呈现上涨态势，但游客人数占陕西总游客人数比例同样呈现持续下降的态势。由此可知，虽然陕西国际旅游收入和游客人数绝对量呈现上涨趋势，但国际旅游收入和游客人数占比却在持续下降。

表 11-6　2013—2018 年陕西国际旅游收入和旅游人数

年份	总收入（亿元）	国际旅游收入（亿元）	旅游收入占比（%）	总人数（亿人次）	国际游客（万人次）	旅游人数占比（%）
2013	2135	103.81	4.86	2.85	352	1.23
2014	2521	87.00	3.45	3.32	266	0.80
2015	3006	124.58	4.14	3.86	293	0.76
2016	3813	155.33	4.07	4.49	338	0.75
2017	4814	182.57	3.79	5.23	384	0.73
2018	5995	206.85	3.45	6.30	437	0.69

图 11-6 给出了 2017 年陕西境外旅游收入国别分布情况。可以看出，2017 年陕西境外旅游集中分布于东南亚国家，占总收入的 64%，其余分布于欧洲和北美洲，占总收入比例分别为 19% 和 16%，而大洋洲仅占 1%。由此可知，陕西境外旅游主要来自具有相同文化背景且距离较近的东南亚国家，欧美等发达国家也占据了相对重要的位置。根据统计数据可知，东南亚、欧洲、北美洲和大洋洲的 27 个国家和地区占据了陕西境外旅游收入的 83.21%，表明陕西境外旅游收入相对集中，进而说明陕西社会开放单一化和集中化，并没有实现全球化开放的社会结构。

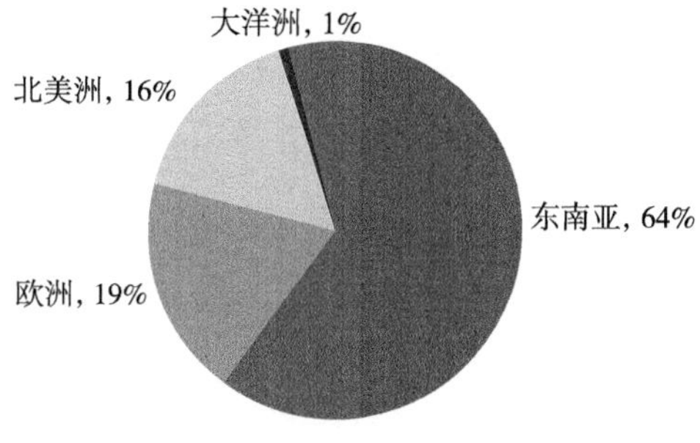

图 11-6　2017 年陕西境外旅游收入国别分布

11.2.3　陕西对外开放的现存问题

（1）整体对外开放程度低

对外开放能够有效促进地区资源的优化配置、提高经济福利，改善居民的生活状态，实现经济发展和社会福利改进的双赢结果。从前文分析可知，整体而言，陕西对外开放程度不高，层级较低，具体表现为对外贸易基数低，外贸依存度低；外商投资额度低，项目利用率低；金融开放程度低，开放结构不合理；对外投资规模小，且未有效抓住“一带一路”建设契机优化对外投资结构；社会开放程度低，社会开放单一化和集中化，并没有实现全球化开放的社会结构。陕西作为重工业基地，未能充分利用重工业优势实现一般贸易的快速发展，反而使加工贸易成了陕西对外贸易中重要的贸易方式。另外，陕西作为历史文化厚重的省市，也未能充分发挥历史文化作用，实现社会的开放，从而呈现贸易开放、外商投资开放、金融开放、对外投资合作开放和社会开放水平低的整体局面。由此可知，在过去6年的发展过程中，陕西对外开放虽然有所发展，但由于基数低、发展滞后，在全国范围内排名依然十分滞后，且结构不仅没有得到优化，反而在一定程度上越来越差。

陕西外资来源地主要集中在中国香港和韩国，利用外资总体水平较低，存在规模较小、结构性矛盾突出、区域发展不平衡、外资来源地单一等问题，还需破解一系列难题。近年来，陕西虽然抢抓“一带一路”建设机遇，取得了一些进展，但从2018年整体发展的情况来看，总体规模仍比较小，还需积极“走出去”，拓展与“一带一路”沿线国家的经贸合作。

（2）区域对外开放发展不平衡

陕西作为西北经济发展核心省份，省域内部之间发展极为不平衡。从贸易开放角度来看，2017年陕西进出口总额为2719.65亿元。其中，关中地区进出口总额为2671.47亿元，占比高达98.23%；而陕南、陕北地区分别为33.99亿元、14.19亿元，占比仅为1.7%；关中地区又进一步表现为以西安市为主，占关中地区的95.65%，贸易开放主要集中于西安市。从外商直接投资来看，2017年陕西外商直接投资总额为58.94亿美元，西安市则为53.07亿美元，占据全省外商直接投资总额的90%。从金融开放程度来看，西安市在金融开放规模上所占比重过高，陕南和陕北所占比重严重过低。

陕西区域对外发展表现出严重的不平衡状态，这也是制约陕西对外开放水平提高的重要原因。从空间角度来看，陕西总面积为20.56万平方千米，西安市总面积为1.0752万平方千米，由此可知，虽然西安市占陕西国土面积的5.2%，却占据了陕西贸易总额、外资利用额的90%，继而导致陕西其他区域对外开放程度偏低。因此，陕西区域间对外开放的不平衡发展，形成了省会城市的开放现代化发展与其他城市的封闭传统性发展的不协调局面。陕西在未来的对外开放过程中，一定要重视陕西内部各区域之间的协同、协调发展，降低区域间对外开放的巨大差距，进而促进陕西对外开放的高质量发展。

（3）产业间对外开放差异较大

从产业层面来看，陕西对外开放产业差异较大。具体表现如下：从贸易开放来看，虽然陕西高新技术产品出口占比达77.08%，进口占比高达70.12%，但图11－2告诉我们，陕西进出口贸易结构主要以加工贸易为主。加工贸易仅仅反映出本地区的低技能劳动力丰裕程度，而非体现本地区综合经济实力。因此，从贸易开放角度来看，陕西贸易商品主要集中于加工贸易中的代工产品的组装环节。从外商投资来看，陕西外商直接投资主要集中于制造业，进而繁荣了进出口中的高技术产品的出口，而反映高科技方面的服务业资金利用十分有限。从社会开放来看，陕西作为文化底蕴丰厚的省份，其国际文化交流和文化认同感的程度低。因此，综合而言，陕西在充分利用低技能劳动力的情况下大力发展加工贸易，忽视了本地企业的发展，阻碍了陕西具有自身比较优势产业的发展。

缺乏有竞争力的比较优势产业必将制约陕西对外开放的持续性提高。因此，在未来的对外开放过程中，陕西需要注重培育具有自身比较优势的产业。制造业是陕西的传统优势行业，简单加工贸易已为陕西带来60%以上的增长。制造业的可替代性较强，而电子信息、航空航天、生物医药、新材料、服务贸易等新型产业则更具独立性、未来性。面对复杂的国际经济形势和国内市场环境，在保持传统制造业产业优势的同时，更应拓展思路，注重产业的自主性，用高新技术创新培养竞争力，用工匠精神提升外贸增长质量。同时，借助陕西丰裕的资源，深度挖掘资源类制造业技术，发展形成具有比较优势的资源类制造业行业。此外，西安市作为历史文化名都，可以深入发展高端历史文化服务业，繁荣西安市国际旅游业和现代服务业。

（4）对外贸易结构单一化

结构单一化是陕西对外开放的另一个重要问题。从区域结构来看，陕西对外开放主要集中于省会西安市，除西安外，大多地（区）市虽实现了较高增长，但仍有部分地（区）市出现负增长，且进出口占比较小，西安以外区域的整体发展的带动作用有限。从产业结构来看，商品贸易主要集中于加工贸易中的高科技产品组装方面，外商直接投资主要集中于制造业部分；从国别来看，社会开放方面主要集中于全球31个国家，而又以东南亚15个国家和地区为主。2018年，五大贸易伙伴占全省外贸进出口的69.4%，分别为中国台湾、韩国、中国香港、美国和日本。从贸易结构来看，对外商品贸易主要集中于加工贸易，而一般贸易占比不足1/4。从企业结构来看，外贸中的加工贸易占全省进出口总额的63.4%，大多依靠外资企业的简单加工品。陕西本土企业较少，自主创新性较低，全球竞争力较弱。2018年，私营企业全年进出口实现789.90亿元，占全省进出口总值比重为22.5%。从“一带一路”建设结构来看，陕西主要与“一带一路”沿线国家中的东南亚国家合作。自2017年3月31日，中国（陕西）自由贸易试验区批复以来，自由贸易试验区建设进度缓慢，在陕西对外贸易多元化方面发挥的作用有限。因此，陕西需要在集中发展核心比较优势产业的同时，通过多元化发展思路，促进陕西对外贸易结构的多元化，从而实现陕西对外贸易结构优化。

（5）企业“走出去”的数量较少

企业是对外开放中的重要角色。企业“走出去”是企业国际竞争力提升的重要体现。目前，陕西企业“走出去”的数量较少。从表11－5可知，2018年与2013年相比，陕西“走出去”企业数量减少，具体分别为32家、45家、69家、74家、35家、31家。历时6年的时间，2013年陕西“走出去”企业尚有32家，而到了2018年则降为31家。其占全国“走出去”企业的比例分别为0.63%、0.73%、1.06%、0.93%、0.56%、

0.54%，远远低于全国平均水平3.33%。由于“走出去”企业数量较少，陕西对外直接投资额低，2013—2018年对外直接投资额分别为2.91亿美元、4.54亿美元、7.09亿美元、6.64亿美元、6.63亿美元、6.47亿美元，在全国占比分别为0.27%、0.37%、0.49%、0.34%、0.42%、0.45%，不足全国的1/20。由此可见，陕西企业“走出去”数量极少，凸显出陕西企业缺乏有效的竞争力，国际竞争力十分低下。与此同时，陕西前10位的龙头企业实现进出口总额2716.52亿元，占全省进出口总额达77.3%。外贸中的加工贸易占全省进出口总额的63.4%，大多依靠外资企业的简单加工。陕西本土企业较少，自主创新性较低，全球竞争力较弱。

在未来陕西企业“走出去”的同时，还需要为外资外商企业营造相同权利、平等规则、同等机会等环境，使其更好地发挥优势，不断扩大陕西利用外资规模。同时，加快对外投资步伐，积极发挥民营企业主力军作用，不断拓展对外合作领域，进一步深化与“一带一路”沿线国家经贸合作，助力陕西经济高质量发展。

11.3 “十四五”时期陕西对外开放的路径选择

11.3.1 “十四五”期间陕西对外开放的发展路径

陕西通过抢抓“一带一路”建设的发展机遇，利用区位优势和交通优势加快构建全方位的开放格局。2017年的《陕西省“一带一路”建设2017年行动计划》中指出，在“十四五”期间，要将陕西建设成为“一带一路”沿线的商贸物流中心、国际产能合作中心、科技教育中心、国际文化旅游中心和丝绸之路金融中心五大中心。五大中心建设是陕西省对外开放向更高层次发展的表现。

（1）完善自贸区发展，促进文化产业开放

“十四五”期间，陕西应该着力完善自贸区的发展，陕西自贸区是西北地区唯一的自由贸易试验区，陕西作为西北门户具有得天独厚的地理优势，贯通南北、连接南北，作为古丝绸之路的起点和“一带一路”建设的新高地，陕西自贸区的重要性可见一斑。陕西自贸区挂牌成立以来，建设成果显著，官网数据显示，自2017年4月1日至2019年8月31日，陕西省自由贸易试验区新增市场主体51207家，新增注册资本6689.1亿元（含外资企业注册资本26.6亿元）。其中，新增企业达到3万多家，包含外企436家，亿元以上的新增企业有673家。自贸区通过一系列简政放权尤其是“互联网+政务服务”措施推进“放管服”改革，取消企业准入限制，放宽外商企业准入条件，通过提高基础设施建设，提供金融服务吸引企业和外资进入，成果显著。

西安作为一座历史名城，是我国的十三朝古都。文化产业一直是陕西加强文化建设的重中之重。“十三五”规划中，文化体制改革被不断推进，在关键环节和重点领域快速发展，成功举办了丝路电影节、文化节等一系列活动，使陕西文化产业活力进一步提高。2017年3月27日，陕西省委发布的数据显示，2012—2016年陕西文化产业增加值从500.7亿元增长至802.52亿元，年均增速12.5%，占GDP的比重达到4.14%，全省文化及相关产业法人单位数量从1.5万家增长至2.2万家。从全国范围来看，杭州文化产业发展占GDP比重较高，2017年达24.2%，文化产业已经成为杭州的第二大产业，北京文化产业增加值占比为14%。与同为新一线城市的杭州相比，陕西文化产业的发展仍然不足。

“十四五”期间，文化产业的开发与进一步发展需要推进重点项目，如白鹿原影视城的建设和布局，逐步建设属于陕西的文化品牌。在文化建设中，不应该只关注影视行业的发展，在文学建设方面也应该走在前列，通过贾平凹、高建群、厚夫等一大批先进的文化作家，建设陕西文学形象，推动文化产业百花齐放，逐步形成“四梁八柱”构架。另外，在产业布局上应进一步优化结构，吸引高质量、实力强的企业在陕西落户，解决陕西文化企业数量少、实力弱、品牌不知名等问题，以进一步推动陕西向国际文化旅游中心发展。

（2）积极参与“一带一路”建设，发挥门户经济作用

陕西作为“一带一路”发展新高地，在“一带一路”建设过程中发挥着承东启西的关键作用，是陆上丝绸之路向西连接中东和欧洲的关键通道。“长安号”2017年开行量为194列，2018年增长至1235列，是2017年的6倍之多，实现井喷式增长。其中，2018年中亚方向去程开行518列、回程开行77列，中欧方向去程开行227列、回程开行413列，无论是载重率、货运量还是实际开行量均稳居全国第一。可见“长安号”在陆上“一带一路”建设中的关键作用，与沿线国家实现互联互通、贸易自由，不仅贸易量取得突破增长，贸易品种也从单一变得丰富。数据显示，自2014年以来，陕西的进出口总额处于高速增长的态势，从2014年的1680.7亿元增长到2017年的2719.7亿元，增长率高达61.8%。

另外，陕西依托咸阳国际机场和空港新城打造内陆航空运输新高地。在航空货运上空港新城发展成果显著，2018年咸阳国际机场年货邮吞吐量突破30万吨大关，达到31.3万吨，同比增长20.3%；2018年末，顺丰速运、圆通航空转运中心等都在陕西建成投运，这一系列成果均加强了西安作为向西开放的门户作用，强化了其作为物流中心的职能。在“十四五”期间，西安必须加强以下职能，发挥门户经济的作用。

一是构建连接亚欧的物流门户。西安是亚欧大陆桥的心脏和“一带一路”的陆上核心，在亚欧货物流动中起着重要作用。发展门户经济，物流和交通是前提，西安正在构建一个以铁路、公路、航空运输为主要运输方式的陆上港口，西安国际港务区要依靠西安北客站、咸阳国际机场以及以西安为中心的“米”字形高速公路，发挥三种交通工具的优势，将西安港务区打造成为亚欧大陆桥上最大的货物中转和集散中心。

二是加强与亚欧各国的经贸往来。自汉朝张骞出使西域以来，中国商队从西安出发，通过满载丝绸、瓷器的骆驼与西域各国进行贸易往来，古丝绸之路由此而来。在新时代提出“一带一路”倡议的背景下，西安应当承担起“亚欧之家”交流合作的主心骨，以亚欧经济论坛为纽带，带动亚欧大陆桥沿线各国的商务合作，进一步增强西安的对外开放程度。还应当发挥当前各开发区、工业园的优势，将其建设成为亚欧经贸合作交流的基地。

(3) 加强综合试验区建设，助推物流经济发展

陕西自贸区在建设过程中取得了许多突破性的进展，比如铁路运输方式“舱单归并”、爱菊粮油与哈萨克斯坦合作建成跨国农业产业发展链。跨国农业产业发展链是“一带一路”沿线国家国际合作的体现，借助“长安号”实现产业链的国际分布与货物的跨国界流动。

自由贸易试验区的建设，将从而进一步加强西安作为“一带一路”交通枢纽的作用，在“十四五”建设期间，西安应当主动承担起进口由西向东组货—散货的功能，同时承担国内出口由东向西组货—散货的功能，这是一个双向的过程，从而进一步加强西安物流中心的职能，推动物流经济的发展。尤其是在西安获得“第五航权”之后，大型货机投入使用改变了原有主要依靠腹舱载货、航线运力不足的窘境，大型货机的应用使西安咸阳机场的货运能力大幅提高，可以承接大型运输任务。陕西省应该制定相关优惠政策，吸引附加值高、科技含量高的加工制造业入驻自贸区，以区域内货物的对外输出带动区域外的货物向区域内流动。加之2018年“长安号”开行量实现井喷式增长，且空载率大大降低，使西安的铁路运输能力也大幅提升。陕西在“十四五”期间，应进一步加强“长安号”的宣传与推广，与更多的“一带一路”沿线国家建立合作关系，推动“长安号”开行量再上一个台阶，通过提高发行量和降低空载率降低成本，吸引更多的出口型企业选择“长安号”，形成一个良性循环。

(4) 推进国际航空枢纽建设，培育“航空+”特色产业

交通是所有城市想要进一步发展的基础，发达的交通带动要素的流动，通过流量带动增量，进而促进地区经济的发展。西安想要发展成国际航空枢纽，必须要有货运量作为基础，西安“第五航权”的获批正好解决了这一问题。航权的开放意味着更多的航班经停，可以与更多的国家进行国际运输合作，从而带动咸阳国际机场客货运量的提升，进而提高航空运输的通达性。一方面，为西安本地出口型企业三星、美光、比亚迪等打通

国际物流通道；另一方面，通过开放航权吸引更多的国际企业入驻西安。“第五航权”既是西安进一步向国际航空枢纽发展的重要推手，也是陕西经济向更高层次发展的关键力量。

一是“十四五”期间，陕西应该借助西安“第五航权”的优势，加快推进国际航空枢纽的建设，逐渐完善咸阳国际机场的职能，加快机场三期工程的建设，吸引更多国际企业入驻西安，不断提高人货流量。

二是发展临空经济产业链，培育“航空＋”特色产业。一个产业的发展，需要很多同产业链上的企业在同一区域内集聚，航空产业也不例外，通过集聚可以降低企业成本，提高经济效益，促进产业发展。西安在航天航空相关产业具有绝对的发展优势，传统军工企业积累的技术优势可以通过军民结合实现更大的经济价值，从而带动相关产业发展。目前，已有南航、东航、深航、川航等 13 家航空公司入驻空港航空 CBD，同时入驻的与临空经济相关的企业达 138 家，现代物流企业 66 家。临空经济产业，主要是指产品价值大、附加值高的产业，需要通过航空运输实现货物的快速转运，并能承担起高昂的运输费用。陕西要加快出台相关临空产业发展政策，完善临空产业园建设，借助综合保税区的优势，将空港新城打造成集航天航空制造业、航空服务业、保税物流口岸为一体的临空产业区。

11.3.2 “十四五”期间陕西对外开放的政策保障

(1) 陕西扩大开放的金融服务保障

金融业发达与否往往决定着地区的经济活力，在发展经济的过程中金融起到关键的制约作用，金融服务保障体系是否完善，体现了市场的活力，也往往决定了企业能否顺利融资。2017 年 8 月，陕西省自贸办与中国人民银行西安分行、国家外汇管理局陕西分局印发了《金融服务中国（陕西）自由贸易区建设的若干意见》，该意见从政策方面基于辖区内金融机构指导意见，提出了扩大人民币使用，加快跨境人民币结算中心功能假设，进一步简政放权，促进贸易投资便利化、大力创新金融服务，支持实体经济加快发展，深化金融改革创新，推进人文交流和现代农业国际合作等举措，将为金融服务于陕西自贸区试验区建设打造良好的政策措施服务体系。

首先，金融先行为企业发展开路。空港新城、国际港务区、西咸新区、沣东新城一系列的区域建设离不开市场主体的参与，各开发区政府应当出台相应的优惠政策，为企业初期发展降低费用、提供保障。在各个开发区建设过程中，应当优先引入金融企业，出台配套政策，为企业发展提供保障。

其次，改革金融体制，降低金融机构放款限制。金融机构往往存在不愿意给中小企业贷款，或是贷款限制过多的问题，这使得中小企业想要取得资金就需要经过一个冗长的过程。中小企业是市场的中坚力量，政府在政策制定的过程中应当偏向为中小企业带来便利、减轻压力，引导金融机构为中小企业的融资提供便利，进一步减少中小企业的发展困难。

（2）陕西扩大开放的投资服务保障

投资是拉动经济增长的“三驾马车”之一，投资的乘数效应可以起到成倍地带动经济增长的作用，政府是市场投资中的关键角色，政府投资如何又好又快地落实，是提高经济增长质量的关键。“十四五”期间，陕西省政府应当扩大开放的投资服务保障。

第一，放宽投资准入，利用政府项目带动招商引资。鼓励和支持外来企业参与陕西省在能源、交通、农业、环保等公共领域的项目建设，支持外来投资参与各级政府发起设立的 PPP 系项目融资支持基金，首先解决政府资金不足的问题，通过政府项目带动招商引资。另外，应当进一步吸引外资，放宽外国资本的准入限制。2017 年，陕西签订利用外商直接投资协议额为 100 亿美元，但实际利用额仅为 58 亿美元，可见陕西省对于外资的利用程度还不够高，应当借助“一带一路”建设的发展机遇，积极引导沿线国家的相关企业前来投资，激发经济增长活力。

第二，拉动民间投资的增长。民间投资是另一股不可小觑的力量，往往决定着资本市场是否活跃，企业能否快速地获得资金。在“十四五”期间，陕西省应当进一步完善金融市场和相关规制，降低民间投资者的系统性风险，引导民间资本向重点产业流动，以促进相关产业的发展。

（3）陕西扩大开放的贸易服务保障

西安处于亚欧大陆桥的中心，同时也处于中国版图的中心，西安的交通四通八达，贯通南北，到全国各省会城市的平均距离最短。要将陕西建设成为连接亚欧的贸易中心，贸易服务保障是关键。

国际贸易“单一窗口”是实现了贸易便利化的重要举措之一。2017 年 6 月 30 日，陕西自由贸易区国际贸易“单一窗口”正式上线运行，将为全省外贸商提供全流程、无纸化的口岸在线服务，“单一窗口”实现了政府部门的整体联动和一站式办理，既提高了海关的办事效率也便利了企业的贸易活动，是一项十分重要的贸易服务保障。

2019 年，陕西自贸区推出“智慧通关”模式，海关和机场利用“互联网 + 金融工具”，改变原先使用银联卡缴税的模式，旅客使用“支付宝”和“微信”即可实现线上缴费完成邮税的支付，大大提高了通关效率。“智慧通关”模式实施后，整个审批环节将减少 70%，缴税工作量也将减少 70%，通关时间由“日通关”进一步提速为“秒通关”。通关时间的进一步缩短为企业营商提供了巨大便利，节省了企业在报关通关环节上花费的时间，使陕西省贸易服务保障进一步加强。

（4）陕西扩大开放的公共服务保障

政府是提供公共服务的主体，享有公共服务是公民的基本权利，提供与社会经济发展水平相适应的公共服务是政府的责任，对于促进公平公正、提高人民福祉有着重要的作用。在陕西经济发展快速增长的今天，人民生活水平日益提高，对公共服务保障也提出了更高的要求，提供覆盖医疗、住房、就业、环境等一系列高质量的公共服务是一大难题。

“十三五”期间，按照全面建成小康社会的目标要求，陕西省已经初步构建了覆盖全民的基本公共服务体系，但仍存在规模不足、质量不高、发展平衡不充分的问题。在“十四五”期间，应当进一步完善当前公共服务体系，提高公共服务数量、质量，进一步加大农村地区的公共服务供给，帮助农村人口脱贫致富。另外，在城市公共服务体系中，应当着重基础设施建设，尤其是新设立的开发区、新城的基础设施建设及其配套的公路、教育、医疗等基础设施建设有待加强，满足城市人民的日常所需。高质量的公共服务会促使人口向新开发区、新城流动，从而促进地区的协调发展。此外，陕西省政府应当加大公共服务领域的开放力度，对于一些可以由私人企业经营的领域应适当放开，例如养老、医疗等，或是以公私合营的方式提供公共服务，可以在很大程度上减轻政府的财政负担，同时提高公共服务质量。

12 陕西十市一区高质量发展评价及“十四五”时期高质量发展的路径

西安市是“一带一路”建设核心区、中国西部地区重要的中心城市，为关中城市群之“领头雁”、发动机，目标定位是建设成为国家中心城市。宝鸡市、咸阳市、铜川市、渭南市是关中地区紧邻西安的附属城市群，是主要的经济发展空间。杨凌农业示范区按照国务院指示，其功能定位为“核心示范，带动旱区，服务全国”。依据陕西省十市一区功能定位，本书将其高质量发展评价区域分为三类：第一类：西安市。第二类：宝鸡市、咸阳市、铜川市、渭南市、榆林市、延安市、汉中市、商洛市、安康市。第三类：杨凌农业示范区。依据不同地区的情况，设计指标体系，对陕西省十市一区高质量发展进行评价。

12.1 陕西十市一区高质量发展指标体系

12.1.1 陕西西安市高质量发展评价指标体系

表 12－1 陕西西安市高质量发展评价指标体系（48 项）

分类	分项指标	序号	基础指标	指标含义	指标属性	权重	
综合质量效益（11）	经济发展水平	1	人均生产总值增长率（%）	衡量经济增长速度	正	4.5	28.5
		2	全员劳动生产率（万元/人）	衡量经济发展方式	正	4.5	
	产业结构	3	服务业增加值占 GDP 比重（%）	衡量第三产业结构	正	3	
		4	规模以上工业制造业增加值占 GDP 比重（%）	衡量第二产业结构	正	3	

续表

分类	分项指标	序号	基础指标	指标含义	指标属性	权重	
综合质量效益（11）	财政收入	5	财政收入增长率（%）	衡量财政收入变化	正	1.5	28.5
	消费变化	6	消费品零售总额增长率（%）	衡量消费支出水平	正	1.5	
		7	居民人均消费支出比重（%）	衡量消费变化	正	1.5	
	金融支持实体经济	8	普惠金融小微企业贷款余额占比	衡量金融发展广度	正	1.5	
		9	直接融资占比	衡量金融发展深度	正	1.5	
	投资水平	10	地区实体经济投资额（亿元）	衡量投资结构	正	1.5	
		11	营商便利度	衡量经济活力环境	正	4.5	
创新（9）	创新环境	1	省级以上创新平台（个）	衡量创新环境	正	1	14.5
	创新投入	2	R&D支出占地区GDP比重（%）	衡量区域创新投入	正	3	
		3	规模以上工业企业研发经费投入强度（%）	衡量企业创新投入	正	3	
	创新产出	4	每万人发明专利拥有量	衡量创新产出数量	正	1.5	
	创新成果转化	5	工业战略新兴产业总产值占规模以上工业总产值比重	衡量创新成果转化速度	正	1.5	
		6	技术合同成交额与地区生产总值比重	衡量市场创新活力	正	1.5	
		7	国家级高新技术企业数量（个）	衡量创新成果转化程度	正	1	
		8	省级以上名牌产品数量（个）	衡量企业创新成果	正	1	
		9	新增上市企业数（家）	衡量企业创新	正	1	
协调（8）	城乡收入差距	1	城乡居民人均可支配收入比	衡量城乡收入差距	正	2	13
		2	地区人均生产总值差异系数	衡量区域经济收敛变化	正	2	
	城乡人口变化	3	常住人口城镇化率（%）	衡量城乡人口变化	正	4	
	城乡经济活力变化	4	新增“五上”企业数（家）	衡量城镇经济活力	正	1	
		5	飞地经济增加值增速（%）	衡量城镇经济活力	正	1	
	乡村经济发展	6	粮食生产稳定度	衡量乡村农业生产	正	1	
		7	贫困人口脱贫率（%）	衡量乡村脱贫变化	正	1	
		8	农业产业化经营组织数（个）	衡量乡村经济发展	正	1	

续表

分类	分项指标	序号	基础指标	指标含义	指标属性	权重	
绿色（8）	空气质量	1	$PM_{2.5}$年均浓度（微克/立方米）	衡量雾霾污染程度	逆	4.5	13
		2	主要污染物排放强度指数	衡量工业污染程度	逆	1.5	
	地表水质量	3	地表水水质达标率（%）	衡量地表水水质	正	1.5	
		4	城市生活污水集中处理率（%）	衡量污水处理程度	正	1.5	
	固体废物处理	5	生活垃圾无害化处理率（%）	衡量生活垃圾处理	正	1	
		6	工业固体废物综合利用量（万吨）	衡量固体废物处理	正	1	
	土地利用	7	单位 GDP 建设用地面积（亩）	建设用地产出能力	逆	1	
	资源节约利用率	8	单位 GDP 能耗下降率（%）	衡量资源节约利用	正	1	
开放（3）	开放投资	1	人均使用外资额（万美元）	衡量对外开放程度	正	3	7
	进出口水平	2	人均进出口贸易总额增长率（%）	衡量对外贸易发展	正	2	
	进出口平台	3	自由贸易试验区新增注册资本（亿元）	衡量自贸区发展	正	2	
共享（5）	公共服务支出	1	人均一般公共服务支出（元/人）	衡量公共服务供给	正	3	15
	医疗水平	2	每千常住人口卫生技术人员数（个）	衡量医疗供给水平	正	3	
	教育程度	3	平均受教育年限（年）	衡量居民受教育程度	正	3	
	社会保障	4	基本社会保险覆盖率（%）	衡量社会保障情况	正	3	
	健康水平	5	平均预期寿命（年）	衡量居民平均寿命	正	3	
主观感受（4）	满意度	1	生活水平满意度	衡量人民群众吃穿住行满意度	正	3	9
		2	生态文明满意度	衡量人民群众对生态文明需求主观满意度	正	2	
		3	政府善治满意度	衡量人民群众对政治善治需求主观满意度	正	2	
		4	文化丰富满意度	衡量人民群众对文化丰富需求主观满意度	正	2	

12.1.2 陕西其他九市高质量发展评价指标体系

表12－2 陕西其他九市高质量发展评价指标体系（44项）

分类	分项指标	序号	基础指标	指标含义	指标属性	权重	
综合质量效益（11）	经济发展水平	1	人均生产总值增长率（%）	衡量经济增长速度	正	3.5	25.5
		2	全员劳动生产率（万元/人）	衡量经济发展方式	正	3.5	
	产业结构	3	服务业增加值占GDP比重（%）	衡量产业结构优化	正	2.5	
		4	规模以上工业制造业增加值占GDP比重（%）	衡量产业结构发展	正	2.5	
	财政收入	5	财政收入增长率（%）	衡量财政收入	正	1.5	
	消费变化	6	消费品零售总额增长率（%）	衡量消费支出水平	正	1.5	
	金融支持实体经济	7	新增上市企业数（家）	衡量企业融资方式	正	1.5	
		8	普惠金融小微企业贷款余额占比（%）	衡量金融发展广度	正	1.5	
	投资水平	9	地区实体经济投资额（亿元）	衡量投资结构优化	正	1.5	
		10	营商便利度	衡量经济活力	正	4.5	
		11	全社会固定资产投资增长率（%）	衡量投资效率	正	1.5	
创新（6）	创新投入	1	R&D支出占地区GDP比重（%）	衡量区域创新投入	正	2.5	13.5
		2	规模以上工业企业研发费用投入强度（%）	衡量企业创新投入	正	2.5	
		3	工业企业技术改造投资占工业固定资产投资比重（%）	衡量企业创新改造	正	2	
	创新产出	4	每万家企业法人中高新技术企业数（家）	衡量创新产出数量	正	2.5	
	创新成果转化	5	省级以上名牌产品数量（个）	衡量企业创新成果	正	2	
		6	新增高新技术企业数（家）	衡量企业创新	正	2	

续表

分类	分项指标	序号	基础指标	指标含义	指标属性	权重	
协调（8）	城乡收入差距	1	城乡居民人均可支配收入比	衡量城乡收入差距	正	2	13
		2	地区人均生产总值差异系数	衡量区域经济收敛变化	正	2	
	城乡人口变化	3	常住人口城镇化率（%）	衡量城乡人口变化	正	4	
	城乡经济活力变化	4	新增“五上”企业数（家）	衡量城镇经济活力	正	1	
		5	战略性新兴产业增加值占 GDP 比重（%）	衡量新兴产业发展	正	1	
	乡村经济发展	6	果业、畜牧业、设施农业和区域特色产业增加值增速（%）	衡量农业发展情况	正	1	
		7	粮食生产稳定度	衡量粮食生产安全水平	正	1	
		8	农业产业化经营组织数（家）	衡量乡村经济发展	正	1	
绿色（8）	空气质量	1	$PM_{2.5}$年均浓度(微克/立方米)	衡量雾霾污染程度	逆	3	17
		2	主要污染物排放强度指数	衡量工业污染程度	逆	2	
	地表水质量	3	地表水水质达标率（%）	衡量地表水水质	正	2	
		4	城市生活污水集中处理率（%）	衡量污水处理程度	正	2	
	固体废物处理	5	生活垃圾无害化处理率（%）	衡量生化垃圾处理	正	2	
		6	工业固体废物综合利用量（万吨）	衡量固体废物处理	正	2	
	土地利用	7	单位 GDP 建设用地面积（亩）	建设用地产出能力	逆	2	
	资源节约利用率	8	单位 GDP 能耗下降率（%）	衡量资源节约利用	正	2	
开放（2）	开放投资	1	人均使用外资额（万美元）	衡量对外开放程度	正	3.5	6.5
	进出口水平	2	人均进出口贸易总额增长率（%）	衡量对外贸易发展	正	3	
共享（5）	公共服务支出	1	人均一般公共服务支出（元/人）	衡量公共服务供给	正	3.5	15.5
	医疗水平	2	每千常住人口卫生技术人员数(个)	衡量医疗供给水平	正	3	
	教育程度	3	平均受教育年限（年）	衡量居民受教育程度	正	3	
	社会保障	4	基本社会保险覆盖率（%）	衡量社会保障情况	正	3	
	健康水平	5	平均预期寿命（年）	衡量居民平均寿命	正	3	

续表

分类	分项指标	序号	基础指标	指标含义	指标属性	权重	
主观感受（4）	满意度	1	生活水平满意度	衡量人民群众吃穿住行满意度	正	3	9
		3	生态文明满意度	衡量人民群众对生态文明需求主观满意度	正	2	
		4	政府善治满意度	衡量人民群众对政治善治需求主观满意度	正	2	
		5	文化丰富满意度	衡量人民群众对文化丰富需求主观满意度	正	2	

12.1.3 陕西杨凌示范区高质量发展评价指标体系

表12-3 陕西杨凌示范区高质量发展评价指标体系（49项）

分类	分项指标	序号	基础指标	指标含义	指标属性	权重	
综合质量效益（11）	经济发展水平	1	人均生产总值增长率（%）	衡量经济增长速度	正	4.5	27.5
		2	全员劳动生产率（万元/人）	衡量经济发展方式	正	4.5	
	产业结构	3	服务业增加值占GDP比重（%）	衡量产业结构优化升级	正	1.5	
		4	规模以上工业制造业增加值占GDP比重（%）	衡量产业结构发展	正	1.5	
	财政收入	5	财政收入增长率（%）	衡量财政收入	正	1.5	
	消费变化	6	消费品零售总额增长率（%）	衡量消费支出水平	正	1.5	
	金融支持实体经济	7	新增上市企业数（家）	衡量企业融资方式	正	1.5	
		8	普惠金融小微企业贷款余额占比（%）	衡量金融发展广度	正	1.5	
	投资水平	9	地区实体经济投资额（亿元）	衡量投资结构优化	正	2.5	
		10	营商便利度	衡量经济活力	正	4.5	
		11	全社会固定资产投资增长率（%）	衡量投资效率	正	2.5	

续表

分类	分项指标	序号	基础指标	指标含义	指标属性	权重	
创新（10）	创新环境	1	科技创新平台个数（个）	衡量创新环境	正	1	20
	创新投入	2	R&D 支出占地区 GDP 比重（%）	衡量区域创新投入	正	2.5	
		3	规模以上工业企业研发费用投入强度（%）	衡量企业创新投入	正	2	
		4	技术合同成交额占地区生产总值比重（%）	衡量市场创新活力	正	2.5	
	创新产出	5	通过国审、省审主要农作物品种（个）	衡量农业创新产出	正	2.5	
	创新成果转化	6	战略性新兴产业增加值占 GDP 比重（%）	衡量创新成果转化速度	正	2.5	
		7	现代农业产业托管园区个数（个）	衡量市场创新活力	正	2.5	
		8	在干旱半干旱区建设农业科技示范基地个数（个）	衡量创新成果转化程度	正	2.5	
		9	省级以上名牌产品数量（个）	衡量企业创新成果	正	1	
		10	新增高新技术企业数（家）	衡量企业创新	正	1	
协调（6）	城乡收入差距	1	城乡居民人均可支配收入比	衡量城乡收入差距	正	1	7
		2	地区人均生产总值差异系数	衡量区域经济收敛变化	正	1	
	城乡人口变化	3	常住人口城镇化率（%）	衡量城乡人口变化	正	1	
	城乡经济活力变化	4	新增“五上”企业数（家）	衡量城镇经济活力	正	1	
	乡村经济发展	5	贫困人口脱贫率（%）	衡量乡村人口生活水平	正	2	
		6	农业产业化经营组织数（家）	衡量乡村经济发展	正	1	
绿色（8）	空气质量	1	$PM_{2.5}$年均浓度（微克/立方米）	衡量雾霾污染程度	逆	2	13
		2	主要污染物排放强度指数	衡量工业污染程度	逆	2	
	地表水质量	3	地表水水质达标率（%）	衡量地表水水质	正	1	
			渭河出境断面达到水质目标		正	1	
		4	城市生活污水集中处理率（%）	衡量污水处理程度	正	2	
	固体废物处理	5	生活垃圾无害化处理率（%）	衡量生活垃圾处理	正	2	
		6	工业固体废物综合利用量（万吨）	衡量固体废物处理	正	1	
	土地利用	7	单位 GDP 建设用地面积（亩）	建设用地产出能力	逆	1	
	资源节约利用率	8	单位 GDP 能耗下降率（%）	衡量资源节约利用	正	1	

续表

分类	分项指标	序号	基础指标	指标含义	指标属性	权重	
开放（3）	开放投资	1	人均使用外资额（万美元）	衡量对外开放程度	正	3.5	11
		2	农高会交易额（亿元）	衡量农业开发程度	正	3.5	
	进出口水平	3	人均进出口贸易总额增长率(%)	衡量对外贸易发展	正	4	
共享（5）	公共服务支出	1	人均一般公共服务支出（元/人）	衡量公共服务供给	正	2.5	12.5
	医疗水平	2	每千常住人口卫生技术人员数（个）	衡量医疗供给水平	正	2.5	
	教育程度	3	平均受教育年限（年）	衡量居民受教育程度	正	2.5	
	社会保障	4	基本社会保险覆盖率（%）	衡量社会保障情况	正	2.5	
	健康水平	5	平均预期寿命（年）	衡量居民平均寿命	正	2.5	
主观感受（4）	满意度	1	生活水平满意度	衡量人民群众吃穿住行满意度	正	3	9
		2	生态文明满意度	衡量人民群众对生态文明需求主观满意度	正	2	
		3	政府善治满意度	衡量人民群众对政治善治需求主观满意度	正	2	
		4	文化丰富满意度	衡量人民群众对文化丰富需求主观满意度	正	2	

12.1.4　陕西十市一区高质量发展评价减分项指标

表 12－4　陕西十市一区高质量发展评价减分项指标

分类	指标	扣分标准
金融生态环境事件	地区不良贷款	发生特大事件的扣 1 分，发生重大事件的扣 0.5 分，发生较大事件的扣 0.25 分
	债券违约事件	发生特大事件的扣 1 分，发生重大事件的扣 0.5 分，发生较大事件的扣 0.25 分
	非法金融活动及群体性事件	发生特大事件的扣 1 分，发生重大事件的扣 0.5 分，发生较大事件的扣 0.25 分
地方政府债务重大违约事件	法定限额内地方政府债务因素评分	发生特大事件的扣 1 分，发生重大事件的扣 0.5 分，发生较大事件的扣 0.25 分
	地方政府债务总体情况评分	红色风险的扣 1 分，橙色风险的扣 0.75 分，黄色风险的扣 0.5 分，绿色风险的扣 0.25 分

续表

分类	指标	扣分标准
重大环境污染和生态破坏事件	重大环境污染事件	发生特大事件的扣 1 分，发生重大事件的扣 0.5 分，发生较大事件的扣 0.25 分
	重大生态破坏事件	发生特大事件的扣 1 分，发生重大事件的扣 0.5 分，发生较大事件的扣 0.25 分
重大产品和服务质量及食品药品安全事件	重大产品质量事件	每发生一起重大产品质量安全事件的，扣 0.5 分。
	重大服务质量事件	发生特大事件的扣 1 分，发生重大事件的扣 0.5 分，发生较大事件的扣 0.25 分
	重大药品安全事件	发生特大事件的扣 1 分，发生重大事件的扣 0.5 分，发生较大事件的扣 0.25 分
	重大食品安全事故	发生特大事件的扣 1 分，发生重大事件的扣 0.5 分，发生较大事件的扣 0.25 分
重大安全生产事故	重大安全生产事故	发生特大事件的扣 1 分，发生重大事件的扣 0.5 分，发生较大事件的扣 0.25 分
重大失信事件	严重失信惩戒企业数量占企业数	对占比 1% 以下的不扣分，对占比 3% 以上的扣 2 分；对占比 1% ~3% 的，按照比例扣分
	重点关注企业数量占比	对占比 10% 以下的不扣分，对占比 30% 以上的扣 1.5 分；对占比 10% ~30% 的，按照比例扣分

12.2 陕西十市一区高质量发展评价结果分析

本文在评价中选取了 2015 年、2016 年、2017 年 3 年的时间序列指标，指标数据来源于《陕西省统计年鉴》(2015—2018 年)；陕西省及各市《国民经济和社会发展统计公报》(2015—2018 年)；陕西省及各市《环境统计公报》；省各厅局、各职能部门门户官方网站，个别数据因无法得到其权重采用零处理。

12.2.1 陕西西安市高质量发展评价结果分析

(1) 综合发展方面

2017 年，陕西省西安市高质量发展综合方面评价结果如表 12 -5 所示。具体来看：①人均生产总值增长率。从总分来看，西安市人均生产总值增长率得分为 60 分。其中，水平分为 1 分，说明 2017 年西安市人均生产总值增长率总体呈增长态势；速度分为0分，说明2017年西安市人均生产总值增长率的增长速度较慢。②全员劳动生产率。2017年，西安市全员劳动生产率总分为60分。其中，水平分为1分，说明2017年西安市全员劳动生产率提高，总体向好；速度分为0分，说明西安市全员劳动生产率的增长速度较慢。③服务业占地区生产总值比重。2017年，西安市服务业占地区生产总值比重总分为60分。其中，水平分为1分，说明服务业占地区生产总值比重呈增加趋势；速度分为0分，说明比重的增长速度较前一年变慢。④财政收入增长率。2017年，西安市财政收入增长率总分为56.67分。其中，水平分为0.28分，反映出财政收入增长率在2017年呈增长趋势；速度分为1分，说明西安市财政收入增长率增加速度较快。⑤社会消费品零售总额增长率。2017年，西安市社会消费品零售总额增长率总分为100分。其中，水平分为1分，说明该指标在2017年呈增加趋势；速度分为0分，说明该指标增长速度较慢。⑥地区实体经济投资额。2017年，西安市地区实体经济投资额总分为100分。其中，水平分为1分，说明地区实体经济投资额在2017年呈增长趋势；速度得分为0分，说明地区实体经济投资额增长速度较慢。

表12-5　2017年陕西西安市高质量发展综合方面评价结果

指标	水平分	速度分	总分
人均生产总值增长率（%）	1.00	0.00	60.00
全员劳动生产率（万元/人）	1.00	0.00	60.00
服务业占地区生产总值比重（%）	1.00	0.00	60.00
财政收入增长率（%）	0.28	1.00	56.67
社会消费品零售总额增长率（%）	1.00	0.00	100.00
地区实体经济投资额（亿元）	1.00	0.00	100.00

（2）创新发展方面

2017年，陕西西安市高质量发展创新方面评价结果如表12-6所示。具体来看：①R&D支出占地区GDP比重。从总分来看，西安市R&D支出占地区GDP比重得分为0分。其中，水平分为0分，表明2017年西安市R&D支出占地区GDP比重增长不明显；速度分为0分，说明2017年西安市 R&D 支出占地区 GDP 比重的增长速度较为缓慢。②企业研发经费投入强度。从总分来看，西安市企业研发经费投入强度得分为 0 分。其中，水平分为 0 分，说明 2017 年西安市企业研发经费投入强度的变化不明显；速度分为 0 分，说明西安市企业研发经费投入强度的变化速度较为缓慢。③每万人发明专利拥有量。从总分来看，西安市每万人发明专利拥有量得分为 60 分。其中，水平分为 1 分，说明 2017 年西安市每万人发明专利拥有量呈逐年增长趋势；速度分为 0 分，说明西安市每万人发明专利拥有量的变化速度较缓慢。④新增上市企业数。从总分来看，西安市新增上市企业数得分为 0 分。其中，水平分为 0 分，说明 2017 年西安市新增上市企业数的增长不显著；速度分为 0 分，说明西安市新增上市企业数的增长速度不明显。⑤国家级高新技术企业数量。从总分来看，西安市国家级高新技术企业数量得分为 60 分。其中，水平分为 1 分，说明 2017 年西安市国家级高新技术企业数量增加，总体向好；速度分为 0 分，说明西安市国家级高新技术企业数量的增长速度不明显。⑥省级以上名牌产品数量。从总分来看，西安市省级以上名牌产品数量得分为 0 分。其中，水平分为 0 分，说明 2017 年西安市省级以上名牌产品数量的增加不显著；速度分为 0 分，说明西安市省级以上名牌产品数量的增长速度不明显。⑦技术合同成交额与地区生产总值比重。从总分来看，西安市技术合同成交额与地区生产总值比重得分为 0 分。其中，水平分为 0 分，说明 2017 年西安市技术合同成交额与地区生产总值比重变化不明显；速度分为 0 分，说明西安市技术合同成交额与地区生产总值比重的变化速度较为缓慢。

表 12-6　2017 年陕西西安市高质量发展创新方面评价结果

指标	水平分	速度分	总分
R&D 支出占地区 GDP 比重（%）	0.00	0.00	0.00
企业研发经费投入强度（%）	0.00	0.00	0.00
每万人发明专利拥有量	1.00	0.00	60.00
新增上市企业数（家）	0.00	0.00	0.00
国家级高新技术企业数量（家）	1.00	0.00	60.00

续表

指标	水平分	速度分	总分
省级以上名牌产品数量（个）	0.00	0.00	0.00
技术合同成交额与地区生产总值比重（%）	0.00	0.00	0.00

（3）协调发展方面

2017 年，陕西西安市高质量发展协调方面评价结果如表 12－7 所示。具体来看：①城乡居民人均可支配收入比（逆指标）。从总分来看，西安市城乡居民人均可支配收入比得分为 100 分。其中，水平分为 1 分，说明 2017 年西安市城乡居民人均可支配收入比总体较高；速度分为 1 分，说明 2017 年西安市城乡居民人均可支配收入比的变动速度显著。②地区人均生产总值差异系数。从总分来看，西安市地区人均生产总值差异系数得分为 100 分。其中，水平分为 1 分，说明 2017 年西安市地区人均生产总值差异系数较高，总体向好；速度分为 1 分，说明西安市 2017 年地区人均生产总值差异系数变化速度显著。③常住人口城镇化率。从总分来看，西安市常住人口城镇化率得分为 58.54 分。其中，水平分为 1 分，说明 2017 年西安市常住人口城镇化率较高；速度分为 1 分，说明西安市 2017 年常住人口城镇化率变动速度明显。

表 12－7　2017 年陕西西安市高质量发展协调方面评价结果

指标	水平分	速度分	总分
城乡居民人均可支配收入比	1.00	1.00	100.00
地区人均生产总值差异系数	1.00	1.00	100.00
常住人口城镇化率（%）	0.98	0.00	58.54

（4）绿色发展方面

2017 年，陕西西安市高质量发展绿色方面评价结果如表 12－8 所示。具体来看：①$PM_{2.5}$年均浓度（逆指标）。从总分来看，西安市 $PM_{2.5}$年均浓度得分为 58.05 分。其中，水平分为 0.97 分，说明 2017 年西安市 $PM_{2.5}$年均浓度总体较高；速度分为 0 分，说明 2017 年西安市 $PM_{2.5}$年均浓度的变动速度不显著。②主要污染物排放强度指数（逆指标）。从总分来看，西安市主要污染物排放强度指数得分为 40 分。其中，水平分为 0 分，说明 2017 年西安市主要污染物排放强度指数较低；速度分为 1 分，说明 2017 年西安市主要污染物排放强度变化速度较显著。③工业固体废物综合利用量。从总分来看，西安市工业固体废物综合利用量得分为 52.76 分。其中，水平分为 0.88 分，说明 2017 年西安市工业固体废物综合利用量较高；速度分为 0 分，说明 2017 年西安市工业固体废物综合利用量变动速度不明显。④单位 GDP 能耗下降率。从总分来看，西安市单位 GDP 能耗下降率得分为 100 分。其中，水平分为 1 分，说明 2017 年西安市单位 GDP 能耗下降率总体较高；速度分为 1 分，说 2017 年西安市单位 GDP 能耗下降率变动速度显著。

表 12-8　2017 年陕西西安市高质量发展绿色方面评价结果

指标	水平分	速度分	总分
$PM_{2.5}$年均浓度（微克/立方米）	0.97	0.00	58.05
主要污染物排放强度指数	0.00	1.00	40.00
工业固体废物综合利用量（万吨）	0.88	0.00	52.76
单位 GDP 能耗下降率（%）	1.00	1.00	100.00

（5）开放发展方面

2017 年，陕西西安市高质量发展开放方面评价结果如表 12-9 所示。具体来看：①人均使用外资额。从总分来看，西安市人均使用外资额得分为 60 分。其中，水平分为 1 分，说明 2017 年西安市人均使用外资额总体呈增长趋势；速度分为 0 分，说明 2017 年西安市人均使用外资额的增长速度较为缓慢。②人均进出口贸易总额增长率。从总分来看，西安市人均进出口贸易总额增长率得分为 100 分。其中，水平分为 1 分，说明 2017 年西安市人均进出口贸易总额增长率提高，总体向好；速度分为 1 分，说明西安市人均进出口贸易总额增长率的变化速度呈增长趋势。

表 12 – 9　2017 年陕西西安市高质量发展开放方面评价结果

指标	水平分	速度分	总分
人均使用外资额（万美元）	1.00	0.00	60.00
人均进出口贸易总额增长率（%）	1.00	1.00	100.00

（6）共享发展方面

表 12 – 10 概括了 2017 年陕西西安市高质量发展共享方面评价结果。具体来看：①人均一般公共服务支出。从总分来看，西安市得分为 60 分。从人均一般公共服务支出的水平分来看，西安市得分为 1 分，说明 2017 年西安市公共服务供给水平较好。从速度分来看，西安市得分为 0 分，说明西安市 2017 年人均一般公共服务支出的增长速度下降。②每千常住人口卫生技术人员数。从总分来看，西安市得分为 60 分。从水平分评价结果来看，西安市得分为 1 分，说明西安市 2017 年医疗供给水平较好。从速度分来看，西安市得分为 0 分，说明西安市 2017 年每千常住人口卫生技术人员数的增长速度有所下降，西安市应进一步加大对医疗卫生领域的投资。③平均受教育年限。从总分来看，西安市得分为 57.32 分。从水平分来看，西安市得分为 0.96 分，说明西安市人口的居民受教育程度较高。从速度分来看，西安市得分为 0 分，说明在 2017 年地区平均受教育年限的变动程度方面，西安市的变动速度较低。④基本社会保险覆盖率。从总分来看，西安市得分为 60 分。从基本社会保险覆盖率的水平分来看，西安市分数为 1 分，说明 2017 年西安市社会保障水平较好。从速度分来看，西安市得分为 0 分，说明 2017 年西安市基本社会保险覆盖率的变动速度较之前呈现下降的趋势。

表 12 – 10　陕西西安市高质量发展共享方面评价结果

指标	水平分	速度分	总分
人均一般公共服务支出（元/人）	1.00	0.00	60.00
每千常住人口卫生技术人员数（人）	1.00	0.00	60.00
平均受教育年限（年）	0.96	0.00	57.32
基本社会保险覆盖率（%）	1.00	0.00	60.00

12.2.2 陕西九地市高质量发展评价结果分析

(1) 综合发展方面

2017年，陕西其他九地市高质量发展综合方面评价结果如表12-11所示。具体来看：①人均生产总值增长率。从总分来看，除咸阳、渭南和商洛外，其他城市得分都较高，均为100分；商洛总得分最低为22.24分。水平分方面，除咸阳和商洛外各市水平分均为1分，反映出除咸阳和商洛外，人均生产总值增长率均有所增长。速度分方面，除咸阳、渭南和商洛外，速度分均为1分，反映出除咸阳、渭南和商洛外人均生产总值增长率增速均加快。②全员劳动生产率。2017年，其他九地市全员劳动生产率总分中宝鸡、延安、榆林和商洛较高，为100分，咸阳较低。水平分方面，渭南得分最低，但仍大于0分，说明九地市全员劳动生产率均呈增长趋势。速度分方面，除铜川、咸阳外各市均为1分，说明除铜川、咸阳外各地市全员劳动生产率增长速度都在加快。③服务业占地区生产总值比重。从总分来看，咸阳和商洛得分较高，为100分，汉中和榆林得分较低。水平分方面，除汉中、榆林外，各地市水平分均在0分以上，说明其他地市服务业占地区生产总值比重2017年均在增加。速度分方面，仅咸阳和商洛得分为1分，其余均为0分，说明咸阳和商洛服务业占地区生产总值比重增长速度变快。④财政收入增长率。渭南和榆林的总得分较高，为100分，汉中和安康得分较低。水平分方面，除咸阳、汉中、安康和商洛外其余各地市水平分均在0分以上，说明除咸阳、汉中、安康和商洛外，其余各地市财政收入增长率均呈上升趋势。速度分方面，除延安、汉中、安康外，其余各地市均有财政收入增长加快趋势。⑤社会消费品零售总额增长率。2017年，榆林得分较高为100分，咸阳和渭南得分较低。水平分方面，除铜川、咸阳和渭南外，其余各地市水平分均大于0，说明除铜川、咸阳和渭南外，其余各地市社会消费品零售总额增长率呈上升趋势。⑥地区实体经济投资额。2017年，除咸阳、延安得分较低外，其余各市均为100分。水平分方面，除咸阳和延安外，其余各地区实体经济投资额均呈上升趋势。速度分方面，除咸阳和延安外，其余各地市速度得分均为1分，说明其余各地市地区实体经济投资额增加变快。⑦全社会固定资产投资增长率。咸阳、汉中和安康总分较高，为100分，而铜川、宝鸡、商洛得分较低。水平分方面，铜川、宝鸡、榆林和商洛得分为0分，说明除这几市外其余各地市全社会固定资产投资增长率均呈上升趋势。速度分方面，咸阳、渭南、汉中、榆林和安康得分为1分，说明这几市全社会固定资产投资增长率变化加快。

（2）创新发展方面

2017年，陕西省九地市高质量发展创新方面评价结果如表12－12所示。具体来看：①R&D支出占地区GDP比重。从总分来看，咸阳市、延安市和商洛市均为100分，得分最高；铜川市、榆林市和安康市得分次之且相同，均为60分；宝鸡市、渭南市和汉中市得分最低。从水平分来看，铜川市、咸阳市、延安市、榆林市、安康市和商洛市得分为1分，说明这6个地市R&D支出占地区GDP比重呈变动趋势；宝鸡市、渭南市和汉中市为最低分0分，说明这3个地市R&D支出占地区GDP比重增长趋势不明显。从速度分来看，咸阳市、延安市和商洛市为1分，其余地市得分均为0分，说明咸阳市、延安市和商洛市地区R&D支出占地区GDP比重的变动速度最快，其余地市变动速度较慢。②规模以上工业企业研发费用投入强度。从总分来看，咸阳市和延安市得分最高，为100分；渭南市和汉中市得分最低，为0分，其余地区得分介于二者中间。从水平分来看，铜川市、咸阳市、延安市、榆林市和安康市得分最高且相同，均为1分，说明其规模以上工业企业研发费用投入强度较强；宝鸡市、渭南市、汉中市和商洛市为最低分0分，说明这些地市的规模以上工业企业研发费用投入强度较弱。从速度分来看，宝鸡市、咸阳市、延安市和商洛市得分为1分，说明这4个地市规模以上工业企业研发费用投入强度的变动速度较快，其余地市得分为0分，说明其余地市规模以上工业企业研发费用投入强度的变动速度呈下降趋势。③工业企业技术改造投资占工业固定资产投资比重。从总分来看，咸阳市得分最高，为100分；延安市得分次之，为57.09分；汉

表 12 – 11　陕西九地市高质量发展综合方面评价结果

地区	人均生产总值增长率（%）			全员劳动生产率（万元/人）			服务业占地区生产总值比重（%）			财政收入增长率（%）			社会消费品零售总额增长率（%）			地区实体经济投资额（亿元）			全社会固定资产投资增长率（%）		
	水平分	速度分	总分	水平分	速度分	总分	水平分	速度分	总分	水平分	速度分	总分	水平分	速度分	总分	水平分	速度分	总分	水平分	速度分	总分
铜川	1.00	1.00	100.00	1.00	0.00	60.00	1.00	0.00	60.00	0.02	1.00	41.02	0.00	1.00	40.00	1.00	1.00	100.00	0.00	0.00	0.00
宝鸡	1.00	1.00	100.00	1.00	1.00	100.00	0.57	0.00	34.36	0.98	1.00	98.90	0.52	0.00	31.17	1.00	1.00	100.00	0.00	0.00	0.00
咸阳	0.81	0.00	48.38	0.66	0.00	39.81	1.00	1.00	100.00	0.00	1.00	40.00	0.00	0.00	0.00	0.00	0.00	0.00	1.00	1.00	100.00
渭南	1.00	0.00	60.00	0.18	1.00	50.70	1.00	0.00	60.00	1.00	1.00	100.00	0.00	0.00	0.00	1.00	1.00	100.00	0.25	1.00	55.18
延安	1.00	1.00	100.00	1.00	1.00	100.00	0.60	0.00	35.85	1.00	0.00	60.00	0.22	1.00	53.04	0.00	1.00	40.00	0.72	0.00	42.92
汉中	1.00	1.00	100.00	0.67	1.00	80.11	0.00	0.00	0.00	0.00	0.00	0.00	0.89	0.00	53.60	1.00	1.00	100.00	1.00	1.00	100.00
榆林	1.00	1.00	100.00	1.00	1.00	100.00	0.00	0.00	0.00	1.00	1.00	100.00	1.00	1.00	100.00	1.00	1.00	100.00	0.00	1.00	40.00
安康	1.00	1.00	100.00	0.29	1.00	57.35	1.00	0.00	60.00	0.00	0.00	0.00	1.00	0.00	60.00	1.00	1.00	100.00	1.00	1.00	100.00
商洛	0.37	0.00	22.24	1.00	1.00	100.00	1.00	1.00	100.00	0.00	1.00	40.00	0.51	1.00	70.73	1.00	1.00	100.00	0.00	0.00	0.00

中市和商洛市均为40分；而其他地市得分最低，均为0分。从水平分来看，咸阳市得分最高，为1分，说明其工业企业技术改造投资占工业固定资产投资比重较高；延安市得分为0.28分，说明其工业企业技术改造投资占工业固定资产投资比重情况一般；其他地市均为最低分0分，说明这些地市的工业企业技术改造投资占工业固定资产投资比重较小。从速度分来看，咸阳市、延安市、汉中市和商洛市得分为1分，说明这4个地区工业企业技术改造投资占工业固定资产投资比重的变动速度较快；其余地市得分均为0分，说明其余地市工业企业技术改造投资占工业固定资产投资比重的变动速度呈下降趋势。

表12－12　陕西九地市高质量发展创新方面评价结果

地区	R&D支出占地区GDP比重（%）			规模以上工业企业研发费用投入强度（%）			工业企业技术改造投资占工业固定资产投资比重（%）		
	水平分	速度分	总分	水平分	速度分	总分	水平分	速度分	总分
铜川	1.00	0.00	60.00	1.00	0.00	60.00	0.00	0.00	0.00
宝鸡	0.00	0.00	0.00	0.00	1.00	40.00	0.00	0.00	0.00
咸阳	1.00	1.00	100.00	1.00	1.00	100.00	1.00	1.00	100.00
渭南	0.00	0.00	0.00	0.00	0.00	0.00	0.00	0.00	0.00
延安	1.00	1.00	100.00	1.00	1.00	100.00	0.28	1.00	57.09
汉中	0.00	0.00	0.00	0.00	0.00	0.00	0.00	1.00	40.00
榆林	1.00	0.00	60.00	1.00	0.00	60.00	0.00	0.00	0.00
安康	1.00	0.00	60.00	1.00	0.00	60.00	0.00	0.00	0.00
商洛	1.00	1.00	100.00	0.00	1.00	40.00	0.00	1.00	40.00

（3）协调发展方面

2017年，陕西九地市高质量发展协调方面评价结果如表12－13所示。具体来看：①城乡居民人均可支配收入比。九地市水平分及速度分均为1分，总分均为100分，说明九地市2017年城乡居民人均可支配收入比总体较高，且变动速度明显。②地区人均生产总值差异系数。从总分来看，铜川市、宝鸡市、渭南市、延安市、汉中市、榆林市和安康市得分为100分，咸阳市和商洛市得分为0分。[①] 从水平分来看，铜川市、宝鸡市、渭南市、延安市、汉中市、榆林市和安康市得分均为1分，说明其2017年地区人均生产总值差异系数较高；咸阳市和商洛市为0分，说明两地2017年的地区人均生产总值差异系数较低。从速度分来看，铜川市、宝鸡市、渭南市、延安市、汉中市、榆林市和安康市得分为1分，说明7市2017年地区人均生产总值差异系数的变动速度显著；其余地市得分为0分，说明2017年人均生产总值差异系数的变动速度不明显。③常住人口城镇化率。从总分来看，榆林市得分为60.27分，铜川市、宝鸡市、渭南市、延安市、汉中市和安康市得分为60分，咸阳市和商洛市得分较低，分别为40分和24.86分。从水平分来看，铜川市、宝鸡市、渭南市、延安市、汉中市、榆林市和安康市得分均为1分，说明其2017年常住人口城镇化率水平较高；咸阳市和商洛市分别为0.67分和0.19分，说明两地2017年的常住人口城镇化率水平较低。从速度分来看，铜川市、宝鸡市、咸阳市、渭南市、延安市、汉中市和安康市得分均为0分，榆林市得分为0.01分，说明这8个地市2017年常住人口城镇化率变化速度不显著；商洛市得分为0.34分，说明2017年常住人口城镇化率的变动速度较明显。

表12-13 2017年陕西九地市高质量发展协调方面评价结果

地区	城乡居民人均可支配收入比			地区人均生产总值差异系数			常住人口城镇化率（%）		
	水平分	速度分	总分	水平分	速度分	总分	水平分	速度分	总分
铜川	1.00	1.00	100.00	1.00	1.00	100.00	1.00	0.00	60.00
宝鸡	1.00	1.00	100.00	1.00	1.00	100.00	1.00	0.00	60.00
咸阳	1.00	1.00	100.00	0.00	0.00	0.00	0.67	0.00	40.00
渭南	1.00	1.00	100.00	1.00	1.00	100.00	1.00	0.00	60.00
延安	1.00	1.00	100.00	1.00	1.00	100.00	1.00	0.00	60.00
汉中	1.00	1.00	100.00	1.00	1.00	100.00	1.00	0.00	60.00

① 地区人均生产总值差异系数水平分、速度分均为0分的原因为：在测算过程中，2017年地区人均生产总值差异系数为测算时间序列中的最小值，故根据三级指标评价的计算公式，计算结果为0分。

续表

地区	城乡居民人均可支配收入比			地区人均生产总值差异系数			常住人口城镇化率（%）		
	水平分	速度分	总分	水平分	速度分	总分	水平分	速度分	总分
榆林	1.00	1.00	100.00	1.00	1.00	100.00	1.00	0.01	60.27
安康	1.00	1.00	100.00	1.00	1.00	100.00	1.00	0.00	60.00
商洛	1.00	1.00	100.00	0.00	0.00	0.00	0.19	0.34	24.86

（4）绿色发展方面

2017年，陕西九地市高质量发展绿色方面评价结果如表12-14所示。具体来看：①$PM_{2.5}$年均浓度。铜川市、宝鸡市和汉中市总分为100分，延安市、榆林市、安康市和商洛市为60分，咸阳市和渭南市为40分。从水平分来看，铜川市、宝鸡市、延安市、汉中市、榆林市、安康市和商洛市得分均为1分，说明2017年这7个地市$PM_{2.5}$年均浓度较高；只有咸阳市和渭南市得分为0分，说明其$PM_{2.5}$年均浓度较低。从速度分来看，铜川市、宝鸡市、咸阳市、渭南市和汉中市得分为1分，说明这5个地市2017年$PM_{2.5}$年均浓度的变动速度显著；其余地市得分为0分，说明其余地市2017年$PM_{2.5}$年均浓度的变动速度不明显。②主要污染物排放强度指数。从总分来看，宝鸡市、咸阳市、渭南市、汉中市、榆林市、安康市和商洛市得分为40分，铜川市和延安市为0分。从水平分来看，九地市得分均为0分，说明其2017年主要污染物排放强度指数均较低。从速度分来看，宝鸡市、咸阳市、渭南市、汉中市、榆林市、安康市和商洛市得分为1分，说明这7个地市2017年主要污染物排放强度指数的变动速度显著；其余地市得分为0分，说明2017年主要污染物排放强度指数的变动速度不明显。③工业固体废物综合利用量。从总分来看，铜川市得分最高，为100分；商洛市得分最低，为0.54分。从水平分来看，铜川市、宝鸡市和咸阳市得分较高，分别为1分、0.82分和1分，说明其2017年工业固体废物综合利用量较高；其余地市得分较低，说明其余地市的工业固体废物综合利用量较低。从速度分来看，铜川市和安康市得分为1分，说明两个地市2017年工业固体废物综合利用量变化速度显著；其余地市得分均为0分，说明

2017 年工业固体废物综合利用量的变动速度不明显。④单位 GDP 能耗下降率。从总分来看，宝鸡市、咸阳市、渭南市和延安市单位 GDP 能耗下降率得分最高，为 100 分；汉中市和安康市得分最低，为 0 分。其中，宝鸡市、咸阳市、渭南市、延安市和商洛市水平分为 1 分，说明 2017 年这 5 个地市单位 GDP 能耗下降率总体较高；汉中市、榆林市和安康市得分为 0 分，铜川市得分为 0. 32 分，说明这 4 个地市单位 GDP 能耗下降率总体较低。从速度分来看，铜川市、宝鸡市、咸阳市、渭南市、延安市和榆林市为 1 分，说明 2017 年这 6 个地市单位 GDP 能耗下降率变动速度显著，其余地市单位 GDP 能耗下降率变动速度则不明显。

表 12－14　2017 年陕西九地市高质量发展绿色方面评价结果

地区	$PM_{2.5}$年均浓度（微克/立方米）			主要污染物排放强度指数			工业固体废物综合利用量（万吨）			单位 GDP 能耗下降率（%）		
	水平分	速度分	总分	水平分	速度分	总分	水平分	速度分	总分	水平分	速度分	总分
铜川	1. 00	1. 00	100. 00	0. 00	0. 00	0. 00	1. 00	1. 00	100. 00	0. 32	1. 00	59. 48
宝鸡	1. 00	1. 00	100. 00	0. 00	1. 00	40. 00	0. 82	0. 00	48. 97	1. 00	1. 00	100. 00
咸阳	0. 00	1. 00	40. 00	0. 00	1. 00	40. 00	1. 00	0. 00	60. 00	1. 00	1. 00	100. 00
渭南	0. 00	1. 00	40. 00	0. 00	1. 00	40. 00	0. 28	0. 00	16. 75	1. 00	1. 00	100. 00
延安	1. 00	0. 00	60. 00	0. 00	0. 00	0. 00	0. 21	0. 00	12. 44	1. 00	1. 00	100. 00
汉中	1. 00	1. 00	100. 00	0. 00	1. 00	40. 00	0. 52	0. 00	31. 09	0. 00	0. 00	0. 00
榆林	1. 00	0. 00	60. 00	0. 00	1. 00	40. 00	0. 38	0. 00	22. 57	0. 00	1. 00	40. 00
安康	1. 00	0. 00	60. 00	0. 00	1. 00	40. 00	0. 00	1. 00	40. 00	0. 00	0. 00	0. 00
商洛	1. 00	0. 00	60. 00	0. 00	1. 00	40. 00	0. 01	0. 00	0. 54	1. 00	0. 00	60. 00

（5）开放发展方面

2017 年，陕西九地市高质量发展开放方面评价结果如表 12－15 所示。具体来看：①人均使用外资额。从总分来看，铜川市得分最高，为 100 分；咸阳市、渭南市、延安市和商洛市得分次之且相同，为 60 分；宝鸡市为最低分。从水平分来看，铜川市、咸阳市、渭南市、延安市和商洛市得分为 1 分，说明这 5 个地市人均使用外资额较高；宝鸡市和安康市为最低分 0 分，说明两个地区人均使用外资额水平较为一般。从速度分来看，铜川市和宝鸡市为 1 分，其余地市得分均为 0 分，说明铜川市、宝鸡市两个地市人均使用外资额的变动速度最快，其余地市变动速度较慢。②人均进出口贸易总额增长率。从总分来看，咸阳市、汉中市、安康市和商洛市得分最高，为 100 分；宝鸡市和榆林市得分最低，为 0 分；其余地市得分介于二者中间。从水平分来看，铜川市、咸阳市、延安市、汉中市、安康市和商洛市得分最高且相同，为 1 分，说明其人均进出口贸易总额增长率较高；宝鸡市和榆林市为最低分 0 分，说明两地市的人均进出口贸易总额增长率较慢。从速度分来看，咸阳市、渭南市、汉中市、安康市和商洛市得分为 1 分，说明这 5 个地市人均进出口贸易总额增长率的变动速度较快；其余地市得分为 0 分，说明其人均进出口贸易总额增长率的变动速度下降。

表 12－15　2017 年陕西九地市高质量发展开放方面评价结果

地区	人均使用外资额（万美元）			人均进出口贸易总额增长率（%）		
	水平分	速度分	总分	水平分	速度分	总分
铜川	1.00	1.00	100.00	1.00	0.00	60.00
宝鸡	0.00	1.00	40.00	0.00	0.00	0.00
咸阳	1.00	0.00	60.00	1.00	1.00	100.00
渭南	1.00	0.00	60.00	0.52	1.00	71.01
延安	1.00	0.00	60.00	1.00	0.00	60.00
汉中	0.85	0.00	50.99	1.00	1.00	100.00
榆林	0.96	0.00	57.78	0.00	0.00	0.00
安康	0.00	0.00	0.00	1.00	1.00	100.00
商洛	1.00	0.00	60.00	1.00	1.00	100.00

（6）共享发展方面

表 12－16 概括了 2017 年陕西九地市高质量发展共享方面评价结果。具体来看：①人均一般公共服务支出。从总分来看，得分为 100 分的地市包括铜川、宝鸡、咸阳、渭南、汉中、安康。从水平分来看，榆林市得分最低，说明榆林市应进一步加强公共服务领域的投入。从速度分来看，榆林市与商洛市的评价结果均为 0 分，而其他地市均为 1 分，说明榆林市与商洛市人均一般公共服务支出的增长速度呈下降趋势。②每千常住人口卫

生技术人员数。从总分来看，延安市及汉中市为最高得分 100 分，咸阳市得分最低，为 34.47 分。从水平分来看，咸阳市每千常住人口卫生技术人员数评分为 0.57 分，其他地市均为 100 分，说明咸阳市 2017 年医疗供给水平仍有待提升。从速度分评价结果来看，延安市与汉中市得分为 1 分，其余地市均为 0 分，说明延安市与汉中市每千常住人口卫生技术人员数的增长速度在 9 个地市中最快，医疗资源在该地市较为充裕，而其他地市每千常住人口卫生技术人员数的增长速度则有所下降，应加大对医疗卫生领域的投资。③平均受教育年限。从总分来看，汉中市得分最高，为 100 分，安康市得分最低。从平均受教育年限的水平分来看，铜川、宝鸡、商洛为最低分，说明这 3 个地区居民受教育程度较低。从平均受教育年限的速度分来看，咸阳、渭南、延安、安康得分最低，均为 0 分，说明 2017 年这 4 个地市平均受教育年限的变动程度有所下降，仍需在教育领域加大投入。④基本社会保险覆盖率。从总分来看，宝鸡、咸阳两地市为满分，商洛市为最低分。从基本社会保险覆盖率的水平分来看，除商洛市，其余地市均为 1 分，说明 2017 年各地市的基本社会保险覆盖率总体较好。从基本社会保险覆盖率的速度分来看，宝鸡和咸阳两地市得分为 1 分，其余地市均为 0 分，说明 2017 年宝鸡和咸阳两地市基本社会保险覆盖率的变动速度有所提升。

表 12－16 2017 年陕西九地市高质量发展共享方面评价结果

地区	人均一般公共服务支出（元/人）			每千常住人口卫生技术人员数（人）			平均受教育年限（年）			基本社会保险覆盖率（%）		
	水平分	速度分	总分	水平分	速度分	总分	水平分	速度分	总分	水平分	速度分	总分
铜川	1.00	1.00	100.00	1.00	0.00	60.00	0.00	1.00	40.00	1.00	0.00	60.00
宝鸡	1.00	1.00	100.00	1.00	0.00	60.00	0.00	1.00	40.00	1.00	1.00	100.00
咸阳	1.00	1.00	100.00	0.57	0.00	34.47	1.00	0.00	60.00	1.00	1.00	100.00
渭南	1.00	1.00	100.00	1.00	0.00	60.00	1.00	0.00	60.00	1.00	0.00	60.00
延安	0.15	1.00	48.93	1.00	1.00	100.00	1.00	0.00	60.00	1.00	0.00	60.00
汉中	1.00	1.00	100.00	1.00	1.00	100.00	1.00	1.00	100.00	1.00	0.00	60.00
榆林	0.00	0.00	0.00	1.00	0.00	60.00	0.68	1.00	80.97	1.00	0.00	60.00

续表

地区	人均一般公共服务支出（元/人）			每千常住人口卫生技术人员数（人）			平均受教育年限（年）			基本社会保险覆盖率（%）		
	水平分	速度分	总分	水平分	速度分	总分	水平分	速度分	总分	水平分	速度分	总分
安康	1.00	1.00	100.00	1.00	0.00	60.00	0.57	0.00	34.05	1.00	0.00	60.00
商洛	0.80	0.00	48.11	1.00	0.00	60.00	0.00	1.00	40.00	0.99	0.00	59.62

12.2.3 陕西杨凌示范区高质量发展评价结果分析

（1）综合发展方面

2017 年，陕西杨凌示范区高质量发展综合方面评价结果如表 12－17 所示。具体来看：①人均生产总值增长率。杨凌人均生产总值增长率总得分为 60 分。其中，水平分为 1 分，说明 2017 年杨凌人均生产总值增长率总体呈增长趋势；速度分为 0 分，说明 2017 年，杨凌人均生产总值增长率的增长速度较为缓慢。②全员劳动生产率。2017 年，杨凌全员劳动生产率总分为 60 分。其中，水平分为 1 分，说明 2017 年杨凌全员劳动生产率持续增加；速度分为 0 分，说明杨凌全员劳动生产率的变化速度较慢。③服务业占地区生产总值比重。2017 年，杨凌服务业占地区生产总值比重总分为 40 分。其中，水平分为 0 分，说明服务业占地区生产总值比重指标表现较差；速度分为 1 分，说明该指标的变化速度加快。④财政收入增长率。2017 年，杨凌财政收入增长率总分为 61.75 分。其中，水平分为 0.36 分，反映出财政收入增长率在 2017 年提高；速度分为 1 分，说明西安市财政收入增长率增加速度较快。⑤社会消费品零售总额增长率。2017 年，杨凌社会消费品零售总额增长率总分为 100。其中，水平分为 1 分，说明该指标在 2017 年增加；速度得分为 1 分，说明该指标增长速度较快。⑥地区实体经济投资额。2017 年，杨凌农业示范区实体经济投资额总分为 60 分。其中，水平分为 1 分，说明地区实体经济投资额在 2017 年增加；速度得分为 0 分，说明地区实体经济投资额增加速度较慢。⑦全社会固定资产投资增长率。从总分来看，杨凌该指标得分为 0 分，且水平分、速度分均为 0 分，说明杨凌全社会固定资产投资增长率及其变动速度总体上呈下降态势。

表 12－17　2017 年陕西杨凌示范区高质量发展综合方面评价结果

指标	水平分	速度分	总分
人均生产总值增长率（%）	1.00	0.00	60.00
全员劳动生产率（万元/人）	1.00	0.00	60.00
服务业占地区生产总值比重（%）	0.00	1.00	40.00
财政收入增长率（%）	0.36	1.00	61.75
社会消费品零售总额增长率（%）	1.00	1.00	100.00
地区实体经济投资额（亿元）	1.00	0.00	60.00
全社会固定资产投资增长率（%）	0.00	0.00	0.00

（2）创新发展方面

2017 年，陕西杨凌示范区高质量发展创新方面评价结果如表 12－18 所示。具体来看：①R&D 支出占地区 GDP 比重。从总分来看，杨凌示范区 R&D 支出占地区 GDP 比重得分为 100 分。其中，水平分为 1 分，说明 2017 年杨凌示范区 R&D 支出占地区 GDP 比重的增长趋势明显；速度分为 1 分，说明 2017 年杨凌示范区 R&D 支出占地区 GDP 比重的增长速度较快。②战略性新兴产业增加值占 GDP 比重。从总分来看，杨凌示范区技术战略性新兴产业增加值占 GDP 比重得分为 60 分。其中，水平分为 1 分，说明 2017 年杨凌示范区战略性新兴产业增加值占 GDP 比重变化明显；速度分为 0 分，说明杨凌示范区战略性新兴产业增加值占 GDP 比重的变化速度较为缓慢。③通过国审、省审主要农作物品种。从总分来看，杨凌示范区通过国审、省审主要农作物品种得分为 40 分。其中，水平分为 0 分，说明 2017 年杨凌示范区通过国审、省审主要农作物品种增长不明显；速度分为 1 分，说明杨凌示范区通过国审、省审主要农作物品种的变化速度较快。④规模以上工业企业研发费用投入强度。从总分来看，杨凌示范区规模以上工业企业研发费用投入强度得分为 32 分。其中，水平分为 0.53 分，说明 2017 年杨凌示范区企业研发经费投入强度规模以上工业企业研发费用投入强度的变化较明显；速度分为 0 分，说明杨凌示范区规模以上工业企业研发费用投入强度的变化速度较为缓慢。⑤在干旱半干旱区建设农业科技示范基地个数。从总分来看，杨凌示范区在干旱半干旱区建设农业科技示范基地个数得分为 60 分。其中，水平分为 1 分，说明 2017 年杨凌示范区在干旱半干旱区建设农业科技示范基地个数不断增加，总体向好；速度分为 0 分，说明杨凌示范区在干旱半干旱区建设农业科技示范基地个数的增长速度不明显。

表 12－18　2017 年陕西杨凌示范区高质量发展创新方面评价结果

指标	水平分	速度分	总分
R&D 支出占地区 GDP 比重（%）	1.00	1.00	100.00
战略性新兴产业增加值占 GDP 比重（%）	1.00	0.00	60.00
通过国审、省审主要农作物品种（个）	0.00	1.00	40.00
规模以上工业企业研发费用投入强度（%）	0.53	0.00	32.00
在干旱半干旱区建设农业科技示范基地个数（个）	1.00	0.00	60.00

（3）协调发展方面

2017 年，陕西杨凌示范区高质量发展协调方面评价结果如表 12－19 所示。具体来看：①城乡居民人均可支配收入比。从总分来看，杨凌示范区城乡居民人均可支配收入比得分 100 分，且水平分、速度分均为 1 分，说明杨凌示范区 2017 年城乡居民人均可支配收入比总体较高，变动速度显著。②地区人均生产总值差异系数。从总分来看，杨凌示范区地区人均生产总值差异系数得分为 60 分，其中水平分为 1 分，速度分为 0 分，说明杨凌示范区 2017 年地区人均生产总值差异系数较高，但变化速度不明显。③常住人口城镇化率。从总分来看，杨凌示范区常住人口城镇化率得分为 60 分，其中水平分为 1 分，速度分为 0 分，说明杨凌示范区 2017 年常住人口城镇化率较高，但速度变化不明显。

表 12－19　2017 年陕西杨凌示范区高质量发展协调方面评价结果

指标	水平分	速度分	总分
城乡居民人均可支配收入比	1.00	1.00	100.00
地区人均生产总值差异系数	1.00	0.00	60.00
常住人口城镇化率（%）	1.00	0.00	60.00

（4）绿色发展方面

2017 年，陕西杨凌示范区高质量发展绿色方面评价结果如表 12－20 所示。具体来看：①$PM_{2.5}$年均浓度。从总分来看，杨凌示范区 $PM_{2.5}$年均浓度得分 40 分，其中水平分和速度分分别为 0 分和 1 分，说明 2017 年杨凌示范区 $PM_{2.5}$年均浓度总体较高，变动速度显著。②主要污染物排放强度指数。从总分来看，杨凌示范区主要污染物排放强度指数得分为 79.75 分，其中水平分为 0.66 分，速度分为 1 分，说明 2017 年杨凌示范区主要污染物排放强度指数较低，变化速度较明显。③工业固体废物综合利用量。从总分来看，杨凌示范区工业固体废物综合利用量得分为 52.98 分，其中水平分为 0.22 分，速度分为 1 分，说明 2017 年杨凌示范区工业固体废物综合利用量较低，变化速度不明显。④单位 GDP 能耗下降率。从总分来看，杨凌示范区单位 GDP 能耗下降率得分为 40 分，其中水平分为 0 分，速度分为 1 分，说明 2017 年杨凌示范区单位 GDP 能耗下降率较低，变化速度较显著。

表 12－20　2017 年陕西杨凌示范区高质量发展绿色方面评价结果

指标	水平分	速度分	总分
$PM_{2.5}$年均浓度（微克/立方米）	0.00	1.00	40.00
主要污染物排放强度指数	0.66	1.00	79.75
工业固体废物综合利用量（万吨）	0.22	1.00	52.98
单位 GDP 能耗下降率（%）	0.00	1.00	40.00

（5）开放发展方面

2017 年，陕西杨凌示范区高质量发展开放方面评价结果如表 12－21 所示。具体来看：①人均使用外资额。从总分来看，杨凌示范区人均使用外资额得分为 0 分，且水平分、速度分均为 0 分，说明杨凌示范区人均使用外资额及其变动速度总体上呈下降趋势。②人均进出口贸易总额增长率。从总分来看，杨凌示范区人均进出口贸易总额增长率得分为 100 分，且水平分、速度分均为 1 分，说明杨凌示范区人均进出口贸易总额增长率及其变动速度均为增长的趋势。

表 12 - 21　2017 年陕西杨凌示范区高质量发展开放方面评价结果

指标	水平分	速度分	总分
人均使用外资额（万美元）	0.00	0.00	0.00
人均进出口贸易总额增长率（%）	1.00	1.00	100.00

（6）共享发展方面

表 12 - 22 概括了 2017 年陕西杨凌示范区高质量发展共享方面评价结果。具体来看：①人均一般公共服务支出。从总分来看，杨凌示范区得分为 60 分。从人均一般公共服务支出的水平分来看，得分为 1 分，说明 2017 年杨凌示范区人均一般公共服务支出较高，公共服务供给水平较高；从速度分来看，得分为 0 分，说明 2017 年杨凌示范区人均一般公共服务支出的增长速度较上年下降。②每千常住人口卫生技术人员数。从总分来看，杨凌示范区得分为 60 分。其中，水平分为 1 分，说明 2017 年杨凌示范区每千常住人口卫生技术人员数较多；速度分为 0 分，说明 2017 年杨凌示范区每千常住人口卫生技术人员数的变动速度有所下降。③平均受教育年限。从总分来看，杨凌示范区得分为 53.25 分。从平均受教育年限的水平分来看，杨凌示范区得分为 0.89 分，说明杨凌示范区的居民受教育程度较高；从平均受教育年限的速度分来看，杨凌示范区的得分为 0 分，说明 2017 年杨凌示范区平均受教育年限的变动速度最小，仍需在教育领域加大投入。④基本社会保险覆盖率。从总分来看，杨凌示范区得分为 60 分。从基本社会保险覆盖率的水平分来看，得分为 1 分，说明 2017 年杨凌示范区基本社会保险覆盖率较高；从基本社会保险覆盖率的速度分来看，得分为 0 分，说明 2017 年杨凌示范区基本社会保险覆盖率的变动速度较上年下降。

表 12 - 22　2017 年陕西杨凌示范区高质量发展共享方面评价结果

指标	水平分	速度分	总分
人均一般公共服务支出（元/人）	1.00	0.00	60.00
每千常住人口卫生技术人员数（人）	1.00	0.00	60.00
平均受教育年限（年）	0.89	0.00	53.25
基本社会保险覆盖率（%）	1.00	0.00	60.00

12.3 陕西高质量发展存在的问题和促进陕西“十四五”时期高质量发展的路径

12.3.1 陕西十市一区高质量发展存在的问题

依据评价的结果可以看出陕西省十市一区高质量发展存在的问题呈现出多样性、复杂性。

西安市的主要问题是：创新、绿色和共享在一定程度上制约西安市高质量发展。其他九地市的主要问题有：咸阳市存在综合指标和协调发展问题，人均生产总值增长率、财政收入增长率和消费品零售总额增长率3个三级指标得分低，在一定程度上拉低了咸阳市综合指标总体得分，协调发展指标得分也不高，地区人均生产总值差异系数得分为0分，且常住人口城镇化率得分也较低。渭南市的创新、绿色方面对渭南市高质量发展评价有一定程度的拖累，商洛市的协调、绿色和共享方面在一定程度上降低了商洛市的高质量发展评分。榆林市在创新、绿色、开放、共享方面得分不高，但总分很高，说明综合协调分数高，不均衡问题突出。宝鸡的问题很明显，主要是创新和开放方面。汉中市存在创新和绿色发展方面的问题，安康市存在创新、绿色、开放发展方面问题，延安市是绿色发展问题，铜川市是创新发展问题。

杨凌农业示范区的主要问题：开放制约高质量发展，同时综合指标和创新、绿色和共享发展水平普遍不高。

12.3.2 陕西“十四五”时期十市一区促进高质量发展的路径

(1) 实现陕西“十四五”综合高质量发展的路径

提高服务业占比，应加快发展现代服务业，促进产业结构优化升级，优化提升生活性服务业，满足城乡居民消费需求。适应产业结构和消费结构升级趋势，鼓励技术创新、商业模式创新和服务产品创新，培育壮大服务业新型业态和新兴产业。提高地方财政收入增速，最根本的还是要抓住供给侧改革，调整经济结构，促进地方经济增长。具体来说，首先，要淘汰落后产业，改造传统产业，发展优势产业。淘汰落后的能源企业，削减过剩产能，释放被其占用的资本和劳动力，使生产要素向高技术、高利润的产业流动。改造传统能源产业，依靠新技术、新工艺提高企业生产效率，革新管理方法，降低管理费用。依托互联网技术的普及，发展高端装备制造业和现代服务业，如新能源汽车业、航空装备业、金融服务业和现代物流业等。其次，还要加强政府预算管理，防止财政资金的错投、漏投和反复投资，提高财政资金使用效率。提高民间投资占比，应放宽准入条件，清理针对民间资本准入的不合理限制，逐步消除民间资本进入基础设施和公用事业等领域的各类门槛，取消和减少阻碍民间投资进入养老、医疗等领域的附加条件，破除各类隐形壁垒，解决好民间投资“不能投”的问题。

（2）实现陕西“十四五”创新高质量发展的路径

提高陕西研发支出占 GDP 比重，要加大 R&D 经费投入力度。加大 R&D 投入需政府、企业、高校及科研院所三方共同努力。政府部门应发挥带头作用，明确规定各级财政每年 R&D 经费占财政预算的比重；企业作为 R&D 投入主体，需依靠政府有关激励政策，自觉加大 R&D 投入，加强创新能力，提高企业竞争力，从而增加 R&D 经费投入力度，形成良性循环；高校及科研院所应加强与企业和政府间的产学研合作，以 R&D 活动研究成果产生的经济效益和社会效益激励高校及科研院所加强 R&D 投入力度。提高陕西专利拥有量需要加强创新体系建设，要建立以企业为主体、市场为导向、产学研结合的创新体系。要积极支持中小科技企业发展，让企业成为创新主体，同时要打通企业与高等院校的联系，利用高校科研优势，生产出符合产业发展方向、市场需求的新产品。

（3）实现陕西“十四五”协调高质量发展的路径

在协调发展指标中，各项三级指标均达到了合格水平，但城乡收入比和县域地区生产总值增长率指标平均得分稍低。促进陕西县域经济发展，要以“项目建设”为核心，以三产转移升级为抓手，重点突破推进县域产业大发展；要实施差异化政策，发挥县域资源禀赋优势，推动县域实现经济追赶超越；要以“深化对外开放、新型城镇化建设、发展非公有制经济”为牵引，增强县域经济的发展潜力和活力；要创新金融体制机制，大力发展互联网金融，破解县域发展的资金瓶颈；要持续发挥政府的服务职能，为县域经济发展提供相关政策支撑，推动县域经济追赶超越。

（4）实现陕西“十四五”绿色高质量发展的路径

从微观层面来看，企业应树立绿色生产理念，提高生态环境责任意识。此外，政府应通过绿色财税、金融等相关政策，引导企业主动履行环境责任、开展清洁生产。从中观层面来看，合理规划产业布局、规范地方政府行为、开展区域协同治理并激励地方政府绿色发展，通过地方政府实施技术补贴、鼓励技术创新以及完善政绩考核、绩效评价等方式发挥地方政府的主导作用，推进中观层面绿色发展。从宏观层面上看，陕西省十市一区绿色高质量发展需要完善顶层设计规划，创新优化正式制度、加强完善非正式制度，并建立健全制度实施机制，以确保各项制度安排的有效落实。陕西省对环境保护问题重视程度不高，为此一方面应加强陕西省各区域的生态环境建设，巩固和发展退耕还林、退牧还草工程，治理土地沙漠化和水土流失问题，在重点区域建立生态保护区，落实生态保护法律、法规。另一方面，各区域的经济发展模式应从传统粗放式发展向集约化低碳式发展转变，推进重点领域“节能减排”。合理控制能源消费，减少对传统能源的过度依赖，尝试开发与利用风能、太阳能等新能源，减少二氧化碳排放。对省内能耗增量（增速）超过年度控制目标的地区，暂停新建高耗能项目能评审批，针对钢铁、有色、建材、石化和化工行业的新增产能，实行能耗等量或减量置换。

（5）实现陕西“十四五”开放高质量发展的路径

改善营商软环境，加大陕西对外资的吸引力。具体来说，要改善官员绩效考核体制，破除不合理制度的禁锢。减少“唯 GDP 论”而产生的短视行为，注重地区长期发展；要“简政放权”提升市场配置资源效率；“减税降费”，降低企业生产成本。提高人均进出口额指标，增加进出口贸易总量。首先，要抓住“一带一路”发展的机遇，努力缩小陕西省内各地区的外贸差距，推动陕西北部、关中和南部地区对外贸易的协调发展。其次，要依托陕西自贸区的建设，聚集高新技术产业，加快陕西作为“一带一路”国际内陆交通枢纽和现代农业国际合作中心的建设。最后，要根据陕西自身资源禀赋优势，发展特色产业，提高产品质量，树立产品品牌，提高陕西企业在国际贸易中的竞争力。

（6）实现陕西“十四五”共享高质量发展的路径

一是继续提升基本公共文化服务水平。加强县域图书馆、文化馆和社区、农村综合文化服务中心建设，完善农村网络现代传输覆盖体系。二是加大对基本医疗保障的投资。要引导和支持社会力量办医，加快形成多元办医格局。通过财政补贴民营医疗机构，增加民营医疗机构数量，提高民营医院医疗技术，最终提升医疗资源供给数量和质量。要推进医疗资源的合理规划布局。三是加大对教育的投资，优先发展教育事业。推进义务教育均衡发展，加强中小学教育基础能力建设，充分发挥财政资金导向作用，加快推进高校“四个一流”建设，完善产学研用协同创新机制，增强高校服务经济社会发展能力，为产业转型发展提供动力。四是进一步扩大全省各市区的社会保障覆盖面。建立社会保障待遇正常调整机制，实现基金的安全可持续运行，健全社会保障法制。进一步推进社会保障制度改革，实行法定人群全面覆盖。建成能够支撑和引领全省现代化建设、规模宏大、具有强大竞争力的专业技术人才队伍和高技能人才队伍。

13 黄河流域高质量发展背景下陕西“十四五”时期发展路径与作为

黄河流域生态保护和高质量发展，同京津冀协同发展、长江经济带发展、粤港澳大湾区建设、长三角一体化发展一样是重大国家战略，这表明黄河流域高质量发展已上升为国家战略。陕西正好处于黄河流域生态保护和高质量发展战略区域的中心地带，应该在黄河流域高质量发展的战略下有所作为。

13.1 黄河流域高质量发展的战略思路

“高质量发展就是经济的总量与规模增长到一定阶段后，经济结构优化、新旧动能转换、经济社会协同发展、人民生活水平显著提高的结果。高质量发展阶段比高速增长阶段有更高的要求，高质量发展的内涵包括：经济发展高质量、改革开放高质量、城乡建设高质量、生态环境高质量、人民生活高质量”。习近平总书记在甘肃和郑州考察工作时强调黄河流域高质量发展，提出黄河流域高质量发展要“共同抓好大保护，协同推进大治理”，这是习近平总书记提出的黄河流域生态保护和高质量发展的战略思路。这一战略思路具体表现如下。

13.1.1 共同抓好大保护

新时代以来，面对我国的经济发展现状，吸收邓小平同志“发展才是硬道理”的理论思想，基于新中国70多年来的历史发展经验，习近平总书记对发展的内涵进行了深刻阐述，并赋予其新的时代意义，提出了科学发展的先进理念——“发展必须是遵循经济规律的科学发展，必须是遵循自然规律的可持续发展”。在习近平总书记提出的新发展理念中，也着重强调了绿色这一重要发展理念。

针对黄河流域高质量发展的重要命题，习近平总书记强调黄河流域高质量发展要以保护为先，以黄河生态保护作为黄河流域进一步发展的重要前提，在坚持黄河流域生态环境保护、防治水土流失及保障流域居民生活安全的前提下，考虑规划黄河的高质量发展道路。在战略规划的过程中，也应考虑黄河不同流域段的生态环境特点与流域各省区的发展水平，因地制宜，精准施策，协同推动黄河流域的生态保护与高质量发展。

黄河作为中华民族的母亲河，在中华儿女的心中有着不可取代的历史地位，其流域不仅是我国经济发展的关键区域，而且是具有深厚历史底蕴的中国文化传承之地，以保护生态为前提的黄河流域高质量发展更是千千万万中华儿女的历史使命。党和国家从区域协调发展的战略视角出发，强调在黄河流域的发展过程中，要坚持“绿水青山就是金山银山”这一先进发展理念，立足于黄河流域的发展现状，根据生态优先、保护为先的发展原则，根据黄河流域水土资源的空间分布，以水而定、量水而行，实现流域内水资源的合理开发利用；因地制宜、分类施策，着眼于省区的发展现状，从整体发展的视角出发，实现黄河流域上下游、干支流及左右岸的统筹谋划，共同抓好大保护，实现黄河流域的绿色发展、健康发展。以生态保护作为黄河流域治理及经济发展的重要前提，全面加强黄河流域生态保护，构建山水林田湖草生态空间一体化保护的生态保护新格局，在推进黄河流域生态修复的同时坚持流域的污染防治，逐步形成上游三江源头地区“中华水塔”稳固、重要水源涵养区修复、中下游加强水土保持、推动生态宜居的生态安全格局，进而推进黄河流域的高质量发展。

13. 1. 2　协同推进大治理

生态环境具有系统性，黄河流域的高质量发展亦具有系统性，在共同抓好大保护的前提下，黄河流域的高质量发展同样需要协同推进大治理这一重要战略的支撑。在协同推进大治理这一重大战略的实施过程中，应着重强调黄河流域发展的系统性、整体性与协同性。一是系统性。黄河流域高质量发展要实现自然系统、经济系统和社会系统的和谐共生。以协同推进大治理为政策导向，避免过度开发与利用资源导致自然系统发展滞后，进而对经济及社会系统产生负外部性，而应通过推进各系统的和谐共赢实现黄河流域的高质量发展。二是整体性，即应依据全流域整体的产业发展、流域治理、社会发展等整体情况设计高质量发展的思路。黄河流域的高质量发展作为各要素组成的有机整体，各要素之间相互依赖又相互制约，具有较强的关联性。流域治理与其他要素亦有着紧密的内在逻辑关联，故在以生态保护为战略方向的同时，也应着眼于整体布局，促进黄河流域的整体发展，而非针对单一问题的解决，不考虑其他要素的治理方案只是治标不治本，不能真正解决黄河流域的发展问题。三是协同性。在黄河流域的保护治理过程中，流域内 9 个省 329 个县之间要协同推进生态环境治理和高质量发展，在高质量发展的思路及战略实施道路等方面依据各地区的比较优势进行分工，在分工基础上通过协作共同推进黄河流域的生态环境保护与高质量发展。

党和国家立足于当前黄河流域的发展现状，从区域协调发展、打赢脱贫攻坚战、全面建成小康社会的顶层战略视角出发，对黄河流域的保护与治理提出了新的要求，并对黄河流域的高质量发展进行了顶层设计与战略规划。围绕保护与治理的发展主题，流域内各省也应协同进行生态治理，根据“共同抓好大保护，协同推进大治理”的战略方向着力加强本地区流域的生态保护治理。流域各省区应以“让黄河成为造福人民的幸福河”为战略目标进行地区发展规划，为保障黄河长治久安、流域居民安居乐业，进而促进全流域的高质量发展提供省区合力与地方支撑。依据党和国家提出的战略思路，流域各省区应对黄河流域保护和治理的系统性、整体性及协同性给予高度重视，从流域全局发展视角出发，着眼于地方的发展特点，因地制宜，依据习近平总书记讲话内容抓紧开展顶层设计，将黄河流域的生态问题作为规划重点加强重大问题研究，以协同发展实现黄河流域高质量发展这一重大战略目标。

13.2　黄河流域高质量发展给陕西“十四五”时期带来的机遇

黄河流域陕西段不仅包括黄河沿岸地区，而且由于渭河是黄河最大的支流，因此渭河流域横贯的关中平原都应该包括在黄河流域陕西段的地区。黄河流域陕西段包括榆林、延安、韩城、渭南、西安、咸阳、宝鸡和杨凌七市一区。黄河流域陕西段占全流域总面积将近40%，分别占全省面积的65%和全省人口的76%。黄河流域生态保护和高质量发展是国家重大战略，为陕西加快追赶超越步伐、推动高质量发展、培育经济发展新动能带来了重大机遇。

13.2.1　加快陕西经济高质量发展的机遇

高质量发展是中国未来经济发展的长期战略导向，也是陕西“十四五”时期乃至更长时期内经济发展的根本遵循。黄河流域生态环境保护和高质量发展为加快经济高质量发展提供了的新机遇，陕西要紧抓黄河流域生态保护和高质量发展上升为国家战略的机遇，积极对接，全力融入国家规划，在渭河流域的关中平原地区积极实施创新驱动战略、推动经济结构转型升级、培育陕西经济发展的新动能。在沿黄流域地区，大力发展特色现代农业，积极推进城镇化建设。把黄河金三角地区的渭南和韩城建设成为全国省际交界地区协调发展试验区，中西部地区特色农产品生产加工、能源原材料及装备制造业基地，内陆地区重要的区域物流中心，中华历史文化旅游目的地。

13.2.2　加快陕西绿色发展的机遇

一是为沿黄河流域加强生态环境保护提供了机遇，这一区域要突出水土保持和污染防治重点任务，巩固退耕还林、还草成果，加大植树造林力度。壮大县域经济，加快沿黄生态城镇带建设，着力保障改善民生。二是为推进渭河流域生态保护和绿色发展提供了机遇，这一区域要统筹流域治理，加强渭河生态区的建设，加快整个流域的治理保护力度，在黄河流域生态保护和高质量发展中体现渭河担当。把渭河流域生态环境保护和高质量发展纳入黄河流域生态保护和高质量发展国家战略中。在注重生态系统的完整性以及系统性构建的同时，以区域的综合治理为重点，根据渭河流域不同地区的经济发展和资源现状进行综合治理。

13.2.3 加快陕西经济结构升级的机遇

目前，陕西正处于转变发展方式、优化经济结构的关键时期，而产业转型升级需要科技和金融支撑，新旧动能转换需要培育新动能，现代化经济体系空间布局下需要集聚优势企业和产业集群。黄河流域生态保护和高质量发展为加快陕西经济结构升级提供了机遇，陕西要紧抓黄河流域生态保护和高质量发展国家战略机遇，推动实体经济结构优化，优化所有制结构，积极发展中小企业，加快发展制造业，推动互联网、大数据、人工智能和实体经济深度融合，支持传统产业优化升级，提升产业竞争力显得至关重要。

13.2.4 培育陕西经济发展新动能的机遇

根据陕西省经济发展的现实状况，传统的增长结构和动力进入了深刻的调整期，而新的增长结构和动力正在加速酝酿。传统优势产业支撑力逐渐减弱的矛盾突出，整体产业竞争力不强，创新型企业较少，战略性新兴产业发展相对缓慢。这就需要紧抓黄河流域生态保护和高质量发展国家战略机遇，积极培育经济发展的新动能，让科技创新成为经济发展中的重要驱动力，以供给侧结构性改革为抓手激发创新创业活力，促进科技和经济服务体系实现协同优化，在新一代信息技术、高端装备制造、新材料、生物技术、新能源、节能环保、新能源汽车产业上实现突破发展，形成经济社会发展新引擎。

13.3 黄河流域高质量发展背景下“十四五”时期的陕西路径

由于黄河流域陕西段的经济发展水平和生态环境状态差别大，黄河流域陕西段高质量发展不可能形成统一的模式，需要坚持主体功能区建设的路径推进黄河流域陕西段的高质量发展。因此，“十四五”时期黄河流域陕西段的高质量发展路径选择的理论依据是主体功能区建设的思路。从黄河流域陕西段的实际情况来看，应按照《陕西省主体功能区规划》的思路选择路径。

13.3.1 重点开发区的高质量发展

重点是关中—天水开发区域的关中地区及呼包鄂榆重点开发区域的榆林北部地区。这类区域具有较好的资源承载能力，良好的经济和人口聚集条件及经济发展基础。这类区域的高质量发展应首先改善营商环境，促进产业集群的发展，加快工业化和城市化，逐步成为支撑黄河流域陕西段高质量发展的重要载体。一是把关中地区建设成为全国内陆型经济开发开放战略高地、重要的先进制造业基地、高新技术产业基地、现代农业产业基地。二是着力打造西安国际化大都市，高水平建设西咸新区。构筑以航空航天、装备制造、电子信息、生物医药、资源加工、文化产业、旅游产业为代表的特色优势产业体系。三是支持宝鸡、渭南尽快成为百万人口的大城市，壮大杨凌、韩城、兴平、华阴等城市的规模，打造以中心城市为支撑、中小城镇为依托的西部地区重要城镇群。四是将榆林北部地区建设成为全国重要的能源化工基地和循环经济示范区，区域性商贸物流中心、现代特色农业基地，资源型城市可持续发展示范区。五是把延安建设成为陕北能源化工基地重要组成部分，区域性石油化工服务基地、特色农产品生产加工基地，全国重要的红色旅游及陕北民俗文化旅游中心，全省统筹城乡发展示范区。

13.3.2 限制开发区域的高质量发展

限制开发区域主要包括两类地区：第一类是农产品主产区，是指具备较好的农业生产条件，以提供农产品为主体功能，以提供生态产品、服务产品和工业品为其他功能，需要在国土空间开发中限制进行大规模、高强度工业化城镇化开发，以保持并提高农产品生产能力的区域。从黄河流域陕西段的实际情况来看，一是渭河平原小麦主产区，包括西安市的蓝田县和户县，宝鸡市的凤翔县、岐山县、扶风县和眉县，咸阳市的武功县、三原县、泾阳县、礼泉县和乾县，渭南市的富平县、蒲城县、大荔县、合阳县、澄城县等16个县。二是渭北东部粮果区，包括渭南市白水县和延安市洛川县。三是渭北西部农牧区，包括宝鸡市陇县、千阳县、麟游县，咸阳市永寿县、淳化县等5县。渭河平原小麦主产区要重点建设国家级优质专用小麦产业基地和玉米生产基地，保障国家粮食安全。渭北东部粮果区要建设全国优质苹果产区、西部农业综合发展示范区。渭北西部农牧区要建设优质奶畜产品生产基地、优质小麦生产基地、优质苹果和鲜杂果生产基地、中药材生产基地。第二类是重点生态功能区，是指生态脆弱、生态功能重要，关系全省乃至国家生态安全，以提供生态产品为主，不宜进行大规模、高强度工业化城镇化开发的区域。从黄河流域陕西段的实际情况来看，黄土高原丘陵沟壑水土保持生态功能区包括延安市吴起县、志丹县、安塞县、子长县，榆林市绥德县、米脂县、子洲县、清涧县、佳县、吴堡县等10个县。该区域黄土堆积深厚，梁峁交错，沟壑纵横，坡面土壤和沟道侵蚀严重，水土流失敏感程度高，对黄河中下游生态安全具有重要作用。

13.3.3 禁止开发区域的高质量发展

禁止开发区域是具有代表性的自然生态系统、珍稀濒危野生动植物物种天然集中分布地、有特殊价值的自然遗迹所在地和文化遗址等，需要在国土空间开发中禁止进行工业化、城镇化开发的重点生态功能区。从黄河流域陕西段的实际情况来看，包括进入《陕西省主体功能区规划》禁止开发区域名录中的地处黄河流域陕西段的自然保护区、森林公园、风景名胜区、地质公园、文化自然遗产、水产种质资源保护区、重要湿地（湿地公园）、重要水源地等都在禁止开发的范围内。

13.4 黄河流域高质量发展背景下“十四五”时期的陕西作为

黄河流域生态保护和高质量发展的国家战略为陕西发展提供了新的发展机遇，陕西在“十四五”时期要紧抓机遇，落实经济高质量发展要求，坚持生态优先、绿色发展，深入实施创新驱动发展战略。加快产业转型升级，大力发展战略性新兴产业，培育经济发展新动能，努力实现黄河流域高质量发展背景下的陕西生态环境高水平保护和经济高质量发展。

13.4.1 实施创新驱动发展战略，加快培育陕西经济发展新动能

在黄河流域生态保护和高质量发展的国家战略背景下，从陕西经济转型升级、高质量发展的实践来看，以科技创新为核心的创新驱动模式是实现高质量发展的关键。为此，陕西应该紧抓黄河流域生态保护和高质量发展的国家战略机遇，建立一些重要的科技创新平台，着眼建设“一带一路”建设的科创中心，为经济高质量发展培育新动能。一是加快创新型省份建设，推进军民、部省、央地融合发展。在推进军民、部省、央地融合发展的基础上，推动创新资源跨领域、跨产业、跨所有制优化配置。二是抓好产业技术创新、高新技术创新。陕西围绕产业链布局创新链，围绕创新链部署产业链。瞄准新材料、新能源、量子技术、人工智能等前沿领域加强攻关，突破关键技术。加快科技成果转化，积极推动创新成果和产业发展紧密对接。

13.4.2 推动陕西制造业高质量发展，构建陕西现代产业体系

紧抓黄河流域生态保护和高质量发展的国家战略机遇，在西安、榆林、延安、宝鸡、咸阳、杨凌、渭南、韩城这些区域中心城市优化提升传统产业。稳步推进产业结构调整，开展落后产能淘汰和过剩产能压减专项整治。推动能源化工产业高端化。大力释放先进能源产能，抓住煤化工产业效益提升的机遇，加快资源深度转化和综合利用等项目建设。壮大战略性新兴产业规模。促进人工智能、物联网、虚拟现实等领域的发展。促进先进制造业服务化、融合化。瞄准制造业数字化、网络化、智能化发展方向，建设工业互联网平台，拓展“智能+”，发展网络化协同研发制造、大规模个性化定制、云制造等新业态、新模式，延伸在线设计、数据分析、智能物流、远程运维等增值服务。在服务业领域，推进文化旅游资源

整合、项目结合、产业融合，加快全域旅游示范省建设。

13.4.3 以保护生态环境为前提，加强陕西水资源开发管理

一是陕北黄河流域水资源开发要以保护生态环境为前提，加强延河、无定河、窟野河等重点流域的生态修复，构建黄河中上游地区生态安全屏障。在加强节约用水的基础上，加快延安黄河饮水工程、榆林大泉黄河引水、府谷岩溶水开发等项目前期论证工作，保障能源开发、农业发展和生态用水的需要。二是渭河流域要加强水资源开发管理，退还挤占的生态用水和超采的地下水。开展渭河综合治理，加大水污染防治，改善水生态系统功能。建设引汉济渭、东庄水库等重点水源工程，构建水资源调控体系，努力缓解关中地区供水需求矛盾。

13.4.4 完善保障体系，为黄河流域陕西段的高质量发展提供保障

一是实施区域协调发展战略，增强发展的平衡性。以主体功能区规划为基本遵循，发挥不同区域的功能优势，优化空间布局，明晰发展重点，实现差异化发展，形成黄河流域陕西段的生态环境保护和高质量发展的新格局。二是实施乡村振兴战略，在黄河流域陕西段的生态环境保护和高质量发展中促进农业农村现代化、大力发展现代农业。三是深化重点领域改革，全方位扩大黄河流域陕西段的开放。优化营商环境，深化国企混合所有制改革，深化要素市场化改革，高水平全方位扩大黄河流域陕西段开放。四是加强生态文明建设，建设美丽黄河流域陕西段。牢固树立“绿水青山就是金山银山”的发展理念，着重推进黄河、渭河生态保护，建设生态文明制度，加强黄河流域陕西段综合治理、系统治理、源头治理。

14 “十四五”时期西安建设全国物流中心的问题研究

西安地处东西两大经济区域结合部，也是陇海、兰新经济带核心区，具有承东启西、连接南北的重要枢纽作用，在地域上具有得天独厚的优势。同时，西安又是我国中西部地区金融、商贸、信息、人才、科研、教育和旅游中心。这种地域上强聚集和远辐射的核心优势，在发展现代物流产业中显得尤为突出和重要。随着西安经济的持续发展和集散功能的不断增强，对现代物流的需求也增强；同时，门户经济、枢纽经济和流动经济成为陕西对外开放的新战略思路，这些都为“十四五”时期把西安建成全国物流中心提供了机遇。

14.1 “十四五”时期西安建设全国物流中心的可行性分析

西安发展物流业具有公路、铁路、航空方面的诸多区位优势以及一定的产业基础。2013 年 11 月开通的“长安号”货运专列，目前除前往哈萨克斯坦的中亚线路外，还开通了汉堡、华沙的欧洲线路。空港新城也开通了西安至阿姆斯特丹、芝加哥、广州等 12 条全货运航线，西安的基础设施、物流配套和政策优势都为跨境航空物流提供了便捷的通关效率，大大降低了入区企业制度成本、运营成本，海航、京东等物流业巨头落地西安，带来了巨大投资量，更是将西安物流业的发展带到了一个新的层次。在此基础上，西安制定了加入全球主要交通枢纽城市、打造商贸物流万亿级产业、形成国际性现代物流聚合区等一系列宏伟目标。具体而言，“十四五”时期西安建设全国性物流中心城市的可行性可以从以下几点进行分析。

14.1.1 区位条件

西安地处中国陆地版图中心和中国中西部两大经济区结合部，是西北地区最大的铁路交通枢纽城市及客、货集散地和转运中心，是西北通往中原、华北和华东各城市的必经之路，所属省份陕西省纵跨黄河、长江两大流域，周边与8个省市接壤，是我国境内邻接省市数量最多的省份。在全国区域经济布局上，西安作为新亚欧大陆桥中国段——陇海兰新铁路沿线经济带上最大的西部中心城市，是国家实施西部大开发战略的桥头堡，具有承东启西、连接南北的重要战略地位，是全国公路干线网中最大的节点城市之一。

西安既是除首都北京外全国高速公路网中最大的节点城市，也是高速公路密度最大的城市，在全国高速公路网中占据重要地位。公路建设形成了一个以西安为中心，有9条国家高速在此交汇，贯通陕西省、辐射周边省市的高等级“米”字形辐射状干线公路系统，有公路2800多千米，有6条国道干线通过。近年来，西安进一步优化完善高速公路网络，加快国省干线升级改造，推动综合交通枢纽建设，目前西安已形成“一环十二辐射”的高速公路网络。对内已实现与省内各城市的高速连接，对外与周边省份主要城市，如南京、合肥、武汉、郑州、太原、兰州、成都、银川等已形成“千公里一日交通圈”。西安在全国高速公路路网中东联西进、沟通南北的主枢纽地位已经确立。

铁路方面，西安是陕西省“米”字形铁路交通的重要枢纽，到2016年，陕西铁路基本形成了“两纵五横八辐射”的骨架网。近年来，新建成的铁路干线与原有铁路线相结合，构建了通达江海的铁路干线网和高速铁路网，共同打造了跨省“一日交通圈”。以西安北站为出发点，省内交通时长1小时以内，2小时可以到达郑州、3小时可以到达太原、4小时可到武汉、5小时可到达北京、6小时可到达长沙、8小时可到达广州、10小时可到达上海，真正形成了“一日交通圈”。

境外交通方面，从西安东北部新筑车站出发的“长安号”班列，抵达新疆维吾尔自治区的阿拉山口仅需76小时，货物运抵哈萨克斯坦的阿拉木图只需要6天，货物运输目的地遍布哈萨克斯坦等中亚5国的44个城市和站点。

航空运输方面，西安咸阳国际机场位于我国内陆中心，是中国西北地区最大的空中交通枢纽，是我国第5大机场，吞吐量居全国第8位。从西安咸阳国际机场出发，3小时航程可以覆盖全国所有省会城市，国际航线31条，初步形成了辐射港台，连接亚洲、欧洲和美洲的国际航线网络。近年来，西安陆续开通了直达阿拉木图、伊斯坦布尔、罗马等“丝绸之路经济带”沿线重要城市的通航点，打通向西开发的空中走廊。西安还是中国西北首个72小时过境免签城市。连通西安市至机场的轨道交通已经开工建设，未来这里将形成航空、城轨、高速公路与城市公交的立体综合交通体系，空港新城将成为“丝绸之路经济带”上最便捷的开放门户。

西安便利的交通条件是其建设全国性物流中心的优势之一，区域经济中用来度量地区交通便利程度的重要指标是交通的通达性。通达性是指区域内某一节点经交通网络到其他所有节点的距离之和，用节点在区域交通网络中的地位因素考察节点的交通通达性。通达性又分为空间距离通达性和时间距离通达性，本书用各个城市间的铁路里程数衡量城市交通的空间距离通达性，用从一个城市到另一个城市所花费的时间衡量交通的时间距离通达性，此距离越短，表明该节点的通达性越好。

表14－1显示了西安及其周边城市相互之间通过火车、汽车、高铁往来所需时间，表14－2显示了各类交通工具所需时间的排序。由表14－2可以看出，在汽车与高铁两种交通方式下，与其他主要城市相比，西安往来于周边主要城市所花费的时间最短，而在铁路运输方式下，西安往来于周边主要城市所需时间略长于太原。西安为28.87小时，而太原为25.32小时，相差不到4小时，差距较小。因此我们可以得出，无论是以空间距离衡量还是以时间距离衡量，总体而言，西安的交通通达性都优于周边主要城市，建设全国性物流中心更具优势。

表 14－1 西安及其周边城市相互之间往来所需时间 单位：小时

城市	交通方式	西安	太原	郑州	武汉	重庆	成都	兰州	合计
西安	火车	0.00	4.85	3.65	4.91	5.63	5.00	4.82	28.87
	汽车	0.00	8.48	6.38	8.59	9.87	8.75	8.45	50.53
	高铁	0.00	2.65	2.00	2.68	3.08	2.73	2.65	15.80
太原	火车	4.85	0.00	4.12	0.07	10.20	0.24	5.85	25.32
	汽车	8.48	0.00	7.20	0.12	17.85	0.42	16.93	51.00
	高铁	2.65	0.00	2.25	0.04	5.60	0.13	5.30	15.97
郑州	火车	3.65	4.12	0.00	4.12	10.02	4.28	8.47	34.65
	汽车	6.38	7.20	0.00	7.20	17.53	7.49	14.83	60.64
	高铁	2.00	2.25	0.00	2.25	5.50	2.34	4.65	18.99
武汉	火车	7.32	8.25	6.42	8.36	8.27	8.49	12.15	59.25
	汽车	12.80	14.45	10.27	14.62	14.48	14.86	21.25	102.73
	高铁	4.02	4.53	3.67	4.59	4.53	4.67	6.67	32.68
重庆	火车	5.63	10.20	10.02	10.37	0.00	10.37	10.47	57.05
	汽车	9.87	17.85	17.53	18.14	0.00	18.14	18.32	99.85
	高铁	3.08	5.60	5.50	5.69	0.00	5.69	5.73	31.30
成都	火车	6.00	10.65	10.87	10.83	3.60	10.89	8.37	61.21
	汽车	10.52	18.65	19.02	18.97	6.30	19.07	14.65	107.17
	高铁	3.30	5.85	5.97	5.95	1.97	5.98	4.58	33.60
兰州	火车	4.82	5.85	8.47	5.99	10.47	6.17	0.00	41.76
	汽车	8.45	16.93	14.83	17.18	18.32	17.49	0.00	93.20
	高铁	2.65	5.30	4.65	5.38	5.73	5.47	0.00	29.18

表 14－2 西安及其周边省市相互之间往来所需时间排序 单位：小时

城市	汽车	排序	火车	排序	高铁	排序
西安	50.53	1	28.87	2	15.80	1
太原	51.00	2	25.32	1	15.97	2
郑州	60.64	3	34.65	3	18.99	3
武汉	102.73	6	59.25	6	32.68	6
重庆	99.85	5	57.05	5	31.30	5
成都	107.17	7	61.21	7	33.60	7
兰州	93.20	4	41.76	4	29.18	4

14.1.2 政策条件

为促进现代物流业发展，在《国务院关于印发物流业调整和振兴规划的通知》的基础上，陕西省政府陆续出台了《关于促进物流业健康发展的实施意见》和《陕西省物流业发展中长期规划（2015—2020 年）》等一系列政府支持性文件，制定了一系列针对物流业发展的优惠政策，切实减轻物流企业负担，认真实施物流业税收优惠政策，清理涉及物流业的各类收费；保障物流业发展用地，增加“对纳入国家、省物流业发展规划的物流园区、物流配送中心，为生产配套服务的仓储等物流项目用地，享受工业仓储用地”政策；促进物流车辆便利通行，降低物流车辆通行费用；控制收费公路规模，逐步取消政府还贷二级公路收费，提高通行效率，建立大件运输联络机制，支持甩挂运输，加快建立城市物流配送体系；推进物流技术创新和标准化建设，加快推进物流信息化，加强物流业标准化建设，有序做好物流资源整合等。

在国家提出“一带一路”倡议的重要历史性机遇期，西安作为古丝绸之路的起点城市，从开辟伊始就在整个中外经济及文化交流的国际经贸通道上发挥着至关重要的作用，在两千多年后的今天，习近平总书记提出的建设“新丝绸之路经济带”和“21 世纪海上丝绸之路”的战略构想，赋予了古丝绸之路崭新的时代内涵。丝绸之路的本质就是服务于亚欧之间的商贸和物流通道，因此首先要有现代交通和物流的基础保障部署加快现代物流业的发展。在此背景下，西安将不断加强与丝绸之路沿线中西亚各国的联系，与丝绸之路沿线国家的贸易往来将为西安带来大量的物流需求，极大地促进现代物流业的发展。

此外，国家批准建设西安保税物流中心也为西安物流发展提供了重要机遇。陕西西咸保税物流中心作为“丝绸之路经济带”上核心的通关平台，将发挥重要的功能配套作用，使航空物流产业在这里实现快速集凑、分拨和配送，进而构建完整的临空经济产业链条，为全省对外开放打开了空中通道。依托机场发展的企业将充分享受国内出口货物进入保税物流中心退税，国外货物进入保税物流中心后保税及出口退税、进口保税的优惠政策，航空物流将成为发展跨境电子商务的重要依托。

国际港务区的建设也将极大地促进西安打造全国性物流中心目标的实现。国际港务区现代物流业发展主要集中在保税物流、集装箱物流、城际物流、物流供应链管理等重点领域。保税物流积极探索海关特殊监管区域的政策和制度创新，依托西安综合保税区“境内关外”的独特优势，发挥海关特殊监管区在税收、外汇、通关方面的政策优势，开展保税仓储、国际物流、运输配送、进出口和转口贸易、物流信息处理、方案设计等增值服务；积极推动大宗商品交易中心建设，探索开展航材租赁、民用飞机融资租赁等创新业务。

集装箱物流依托西安铁路集装箱中心站、西安公路港，形成以海铁联运、公铁联运、空铁联运为核心的多式联运体系，主要开展集装箱拆拼装箱、仓储、堆存、集散、理货、分拣、包装、配送、转运、检验、维修等业务。

城际物流依托保税物流和集装箱物流的集成优势，以物联网技术的应用为手段，形成以西安为核心节点的城际物流网络，实现公共物流信息的资源共享，城际物流辐射关中、陕北、陕南、西北五省、西部地区乃至全国，在已开通的西安至兰州、太原、郑州、北京、上海、广州等地区的城际物流专线的基础上，扩大专线涉及范围。

物流供应链管理重点发展提供融资咨询、融资担保、结算、通关、信息管理及相关增值服务的供应链管理企业；引进为电子商务交易提供物流及相关增值业务的综合服务型企业；鼓励区内企业承接采购、销售等相关外包服务，搭建国际采购、国际配送和全球集拼分拨管理中心。

14.2 “十四五”时期西安建设全国物流中心的总体思路和目标

随着“一带一路”倡议的实施，新亚欧大陆桥的建设，西安保税物流中心以及国际港务区的建设，西安物流业必将迎来发展的重大机遇期，其区位优势以及作为西北地区中心城市的经济优势将更好地发挥作用，物流业发展的巨大潜力将得到充分释放，逐步成为全国物流中心城市。

14.2.1 总体建设思路

（1）指导思想

以习近平总书记系列重要讲话精神为指导，全面贯彻党的十九大精神，按照国家“五位一体”总体布局和“四个全面”战略布局，牢固树立并贯彻落实以“创新、协调、绿色、开放、共享”为核心的“五大发展理念”。牢牢抓住“一路一带”国家战略的历史机遇，深刻理解“五通”战略的核心之一——“贸易通”的重要内涵和意义，将区域经济、对外开放与现代物流业发展相结合，增强开放意识和现代物流理念，将西安市物流业的发展融入“一带一路”的国家战略中。同时，在国家大政方针和发展战略的指导下，全面贯彻落实中央、省委、省政府、市委和市政府的各项决策部署。在深入理解和遵循《陕西省物流业发展中长期规划（2015—2020 年）》《西安国际化大都市发展战略规划》和《西安国际港务区“十三五”经济和社会发展规划纲要》等重要文件的基础上，立足于西安市经济社会发展总体目标以及物流业发展整体规划，发挥西安市在区位条件、基础设施、产业基础、政策支持和人力资本等多方面优势，顺应和把握商业模式深刻变革的趋势，紧紧围绕国家“一带一路”和自由贸易试验区战略，以发展市域、省域物流为基础，以构建西北地区物流中心为依托，以建成全国物流中心为目标，以打造国际物流重要节点城市为战略方向，大力发展现代物流业，全面提高西安市物流业的综合实力和竞争力，推动西安市发展成为全国乃至国际重要的物流中心。

（2）总体建设思路

在陕西省“大交通、大枢纽、大物流、大服务”的总体格局和部署之下，遵循陕西省和西安市物流业发展规划、产业发展规划、城市建设规划和综合交通体系规划等各项规划意见及文件，科学合理地确定西安建设全国物流中心的发展定位、建设规模、功能布局、分期目标、配套设施等。西安市物流业的发展和物流中心的建设要充分发挥西安市在区位、交通、产业、政策和人力资本等多方面优势，确立西安市现代物流业发展的模式及其作为全国物流中心的功能和定位，以基础设施的建设和完善为支撑，以科技创新为动力，以产业发展集聚为基石，以物流人才的培养和引进为重要条件，加快资源整合，加快基础设施及信息平台建设，大力引进和培育现代物流业龙头企业，致力于建立多层次、多形态、全方位、开放统一的大市场和流通体系，全面提升物流业发展水平，推动西安建设成为全国物流中心、"一带一路"国际商贸中心乃至国际物流的重要节点。

第一，明确西安物流中心的定位。依据西安的区位条件和国家级交通枢纽城市的地位，将西安建设成为承东启西、连接南北的全国物流中心。向东沿陇海线辐射洛阳、郑州、连云港、北京等城市；向西利用铁路、航空连接丝绸之路沿线城市和国家，以中欧班列（西安）拓展线路拓展国际业务，以连霍高速公路辐射天水、兰州、乌鲁木齐、伊宁、霍尔果斯等地，由"长安号"班列直通新疆阿拉山口以及哈萨克斯坦等中亚 5 国的 44 个城市和站点，以青兰线、青藏线连接青海、西藏，航线直通阿拉木图、伊斯坦布尔、罗马等丝绸之路沿线重要城市；向南通过宝成线、成昆线连接成都和昆明及沿线城市，通过襄渝线辐射湖北、重庆，以福银线连通襄阳、武汉、南昌、福州等地，沿包茂高速辐射达州、邻水、重庆、怀化、桂林、茂名等地；向北以包西线、京通线、京哈线连接内蒙古、东北。由此，形成以西安为核心，服务西部、辐射全国、连接世界的重要交通枢纽和国家级物流中心。

第二，物流发展模式选择商业带动型和交通枢纽型共同发展的模式，同时立足于物流园区的规划建设，有序推进具有统一标准和国际水准的综合物流中心的形成与发展。西安市作为我国地理中心、西部地区交通枢纽、商业活动较为集中的特大型中心城市以及西部大开发桥头堡，在区位优势、政策支持、经济发展水平与基础设施水平逐步提高和完善等各方面的优势下，已初步具备建设物流中心的基本条件。要在此基础上实现西安市物流业的跨越式发展与全国物流中心的建设，就应主动融入“一带一路”建设的大格局中，建设和发展现有物流中心、港务区、保税区及出口加工区等平台，同时抓紧建设西安国际陆港电商产业园、西安港现代铁路综合物流园区、西安大宗生产资料交易市场、跨境电子商务物流配送中心、西安临潼现代物流园等。充分发挥物流园区和物流枢纽的辐射带动作用，实现从传统的货流向货流与商流、资金流、技术流、信息流的大集聚，以点带面，全面提升西安物流业的服务能力、综合实力、创新活力和国际竞争力，为全国物流中心的建设发展打下坚实基础。

第三，构建布局合理、连续贯通、有机结合、高效智能的现代综合交通体系，推动具有全程性、连续性和无缝化特点的一体化交通运输的发展。因此，要加快构建西安综合交通运输发展格局，建设集航空、高铁、地铁、城际轨道、公路运输于一体的立体化综合交通枢纽，早日将西安建设成为西部地区门户枢纽和国家综合交通枢纽。一是在铁路方面，以西安为核心不断形成和继续完善铁路干线网，提高铁路网运输效率，强化枢纽辐射体系。同时，立足于构建大交通体系的战略方向，推进铁路与航空、公路等多种运输方式的有效衔接和深度融合。二是在航空方面，加快开展西安咸阳国际机场三期扩建工程，积极拓展国际国内航线，形成以机场及周边地区为核心、向外延伸辐射的立体化综合交通网络，增强西安市辐射西部、连接全国、通达世界的能力。三是在公路方面，加快建设国家高速公路网、省级高速公路网以及国省干线公路网，在城市边缘的主要交通走廊建设城东、城西、城南和城北等一批功能全面、衔接畅达、产业聚集的综合公路枢纽，不断提升西安公路主枢纽地位和路网服务能力，进一步扩大西安的经济辐射范围和提升西安交通枢纽地位。

第四，建立物流信息平台，为现代物流业水平的提升和持续发展提供支持。现代物流业的发展和物流信息平台的建立要以现代化的信息网络作为基础和支撑，加强物流信息管理，同时利用物联网、云计算、大数据等基于互联网技术的应用拓展和相关服务，对物流各环节实时跟踪和全面管理，通过网络平台和信息技术将以企业、园区和政府等为主的不同主体和以航空、铁路与公路等为主的不同运输方式的信息连接到一个物流信息平台上，从而形成覆盖全市、互联全国、通畅国际的物流信息传输网络，为企业物流信息的提供和西安现代物流业的发展提供有力支撑。因此，一要推进数字化、宽带化、综合化、智能化信息网络建设，加快互联网骨干节点升级，并重点建设一批互联网数据中心、云计算基地和大数据产业园等。二要大力支持企业和科研机构进行物流信息技术和软件的开发与应用，采取产学研相结合的多元开发模式，积极引进国内外先进的信息管理理念、技术和人才，同时加强区域内外的多领域合作与交流，推动西安市的物流信息技术水平实现大幅提升。三要推进物流信息标准化工作，商定数据传输协议，出台接口规范、语言规范等技术标准，实现整个关中城市圈乃至全国的物流信息交换一体化。

第五，大力培养和引进现代物流业人才，为西安物流业的发展提供持续动力。一是在人才培养方面，充分发挥西安市高等院校的教学和科研优势，科学制订人才培养计划，合理构建物流专业课程体系，鼓励高等院校开展物流专业本科、硕士乃至博士等多层次的专业学历教育，培养专业基础知识扎实、实践能力强、综合素质高的专业人才。同时，促进高校与物流企业之间的交流与合作，建立物流储备人才实习基地，为在校学生提供赴物流企业实习的机会，培养和提高学生实际工作能力与创新能力，促进专业基础教育与社会工作实践相结合；高校依靠科研优势指导企业进行试验和生产实践，促进理论创新与科技创新相结合，推动西安市物流业的创新发展实现重大突破。另外，物流企业要加强对从业人员的岗前培训、在职培训等，提高专业技能和素质；政府要加强职业资格认证和管理，建立物流从业人员信息库，重视提高物流业全行业从业人员的整体素质。二是在人才引进方面，制定更加优惠灵活的政策吸引国内外优秀的物流专业人才和管理人才，促进物流企业科技创新能力和管理能力迅速提升，增强西安市物流业发展的创新活力与竞争力。

14.2.2 总体目标与分期目标

(1) 总体目标

2025年以前，要充分依托西安市的区位、交通、政策以及人力资源等多重优势以及现有产业基础、物流园区建设和市场需求等条件，大力支持并全方位发展西安市现代物流业，全面推动西安市物流业综合服务提升、物流产业集聚、物流交通枢纽建成、物流人才汇聚等，从而将西安市建设成为立足陕西、辐射西北、面向全国、连接世界的全国物流中心及世界物流的重要节点。

在物流园区建设和发展方面，继续完善物流园区和各类设施的建设，同时显著提升物流园区管理水平和运营效率，大幅提高其集约化水平和辐射带动能力，形成布局合理、功能健全、经济高效的物流园区网络体系，实现物流园区功能达到国际一流水平。在交通基础设施建设方面，加快建设包括航空、铁路、公路及管道运输等多种方式在内的交通基础设施建设，形成布局合理、安全高效、绿色智能的现代综合交通运输体系，构筑以西安为中心的四重物流服务时域圈，建成国家级综合交通枢纽和国际物流运输的节点城市。在物流信息平台建设上，通过构建“物流网络和设施、物流公共信息、物流研发”三大平台，形成覆盖陕西、辐射西部、延伸全国乃至连通世界的物流信息网，实现物流、商流、海关、电子商务等系统之间的对接和信息交换的一体化，有效提高物流业企业的运输效率和信息化水平，全方位服务于实现物流业企业的各项经营和发展目标。在物流业企业的发展与合作方面，形成一批龙头物流企业落户西安并开展全方位、多层次的深入合作，以大企业带动大物流，通过现代发展理念、尖端技术产品和高素质人才的引入，全面提升西安市现代物流业的发展水平。在物流人才的培养和引进方面，建成一套完善且运作成熟的物流人才培养机制和吸引人才的政策措施，包括在校课程设置、校企合作模式、职业培训体系等，形成一流物流人才在西安市会聚、储备人才不断培养以及从业人员素质不断提升的人力资本优势，为西安市现代物流业的发展和物流中心的建立提供强劲驱动力。

（2）分期目标

西安市物流业发展和物流中心的建设目标分为近期与远期两部分，近期为 2020—2022 年，即本研究实施的 5 年之内；远期为 2023—2030 年，即第十五个五年规划结束之际。其中，近期目标的实现是基础和关键，对西安市物流业的长期发展、全国物流中心的建成以及远期目标的实现起到尤为重要的作用。

一是近期目标（2020—2022）：基本形成现代物流体系，建成城市群骨干物流基础设施及全省和西北地区物流共享信息平台，推动物流业发展水平得到大幅提升，逐步成为西北地区物流枢纽，初步建成全国物流中心。

在物流园区建设和发展方面，继续大力推动西安国际港务区的基本建设、业务拓展和功能完善，基本形成集港口、通关、保税、信息平台、商务中心和综合居住配套等功能于一体的城市综合新区，为将西安市建设成为“中国内陆第一大港”打下坚实基础。在交通基础设施建设方面，建设“米”字形高速网，实现西安成为拥有八条铁路交汇点的全国最发达的高速铁路交通枢纽；完成西安咸阳国际机场三级扩建工程，国内外行业和业务量实现跨越式增长；推进“西安港”建设，初步形成西安国际中转枢纽港。在物流信息平台建设方面，制定统一的物流信息标准，初步建成包括大数据、云计算、“互联网＋”等在内的先进网络技术信息平台，协助企业高效进行原材料采购供应、产成品分销配送、电子商务配送、国际多式联运等业务。在物流业企业的发展与合作方面，一方面，要继续深化与京东、海航、华南城等现代物流大企业的合作，确保企业在落户西安之后的发展得到持续支持，争取在本阶段形成产值超过千亿元的产业集群；另一方面，要提高招商引资的速度和力度，吸引一大批物流企业加盟大西安、发展大物流。在物流人才的培养和引进方面，形成多层次的物流人才培养体系，在物流企业建立高校学生实习基地，完善高层次物流人才培养制度体系，初步建成高端人才培养平台。

二是远期目标（2023—2030）：在将西安市建设成为“一带一路”沿线上的国际大都市和国家中心城市的大环境下，现代物流业实现跨越式发展，形成完善的现代物流体系，高端物流业服务业态发展迅猛，物流业成为西安市第三产业的支柱产业。具体而言，实现将西安港务区建设成为“中国内陆第一大港”；建成与国际化大都市要求相适应的多方式、一体化的现代交通体系和国家级综合交通枢纽；打造“空中丝绸之路”和“中国孟菲斯”；形成全国最通达的铁路枢纽和公路枢纽；汇聚一大批国内外知名物流、航空、电子商务、快递等企业的总部机构、地区总部机构或职能型总部机构，同时吸引一大批国内外一流物流专业人才和管理人才。

14.3 “十四五”时期西安建设全国物流中心的总体方案设计

14.3.1 建设原则及规划策略

（1）指导原则

西安建设全国物流中心，要以“大物流”为指导原则。“大物流”是陕西省的全局概念，要发挥“成全大我、发展小我”的全局观，即在宏观战略、中观策略以及微观技术路径上依托全省、全国乃至全球的经济社会发展形式，建设符合当代经济社会背景、具有时代前瞻性发展潜力的“大物流”中心。

具体而言，在宏观战略上要将区域经济、对外开放与现代物流业发展相结合，增强开放意识和现代物流理念，将西安市物流业的发展融入“一带一路”的国家战略中；要结合自身区位优势，围绕打造“通江达海”的立体交通枢纽和国际商贸物流中心的目标，将西安建成“丝绸之路经济带”上最大的物流集散中心。在中观策略上，要发挥市场经济与各种所有制经济的活力，建设商业带动型、交通枢纽型共同发展的物流模式，立足于物流园区及产业群的建设，依托四大自贸区的落地有序推进具有统一标准和国际水准的综合物流中心的形成与发展。在微观技术路径上要抓住第三次科技革命的机遇，引进先进的技术革命成果，实现以基础设施、园区建设、商业发展以及人才引进为核心的物流发展模式，建立以大数据、云计算、人工智能为核心的“互联网+物流”的现代智慧物流体系。

（2）规划策略

根据以上建设原则，西安建设全国物流中心应围绕“大型物流园区+智慧型物流模式+现代商贸中心”的核心策略进行规划，在现有规模基础上打造西部、全国乃至全球物流中心。具体策略主要从以下方面进行规划：

第一，规划完善基础设施建设。围绕西安咸阳国际机场，打造空、铁、公、轨无缝连接的关中城市群综合立体交通枢纽。

第二，规划扩大、新建物流园区。主要包括两大国家级综合物流园区及若干大型现代化专业物流中心，并在已有规模的园区内积极引进国内外大型、知名品牌企业，培育壮大一批物流龙头企业，按照综合动态管理模式，筛选出一批专业化、信息化、网络化的重点物流企业，进一步加大扶持力度。

第三，完善物流园区周边硬件建设。推动园区水、电、路、通信设施和多式联运设施建设。注重配套设施的导向性作用，配套设施必须建立在客户及市场需求导向之上，而不是简单的硬件罗列组合和软件服务拼凑，市场的物流需求模式已从原来简单的快速周转运输进化为快速订单机制，因此无论通道建设还是延伸服务都应关注个性化、定制化物流解决方案的设计。

第四，规划完善现代物流中心所需服务配套及相关支持平台建设，主要包括物流中心运行过程中涉及的日常维护、金融支持、技术支持以及数据研究等方面。具体包括：物流结算及金融服务中心、商贸合作引进交流平台、人才交流平台、物流科技支持与研究平台、物流贸易数据研究平台等。

第五，规划新的商贸模式，依托西安四大自贸区的落地，开发新的贸易和消费模式。在大数据、云计算及人工智能盛行的今天，新的商贸模式将成为物流中心持续发展的重要动力。因此，现代商贸中心的建设应作为西安市建设全国物流中心的重要长远策略之一。

14. 3. 2 总体建设任务

2020—2025 年，西安充分依托“一带一路”建设的有利区位、交通、政策以及人力资源等多重优势以及现有产业基础、物流园区建设和市场需求等条件，将西安市建设成为立足陕西、辐射西北、面向全国、连接世界的全国物流中心及世界物流的重要节点。

第一，在物流园区方面：在原有“1—2—4”三级物流节点网络的基础上（1 个一级物流基地新筑；2 个二级物流基地：栎阳、渭南；4 个三级物流基地：西安南、新丰镇、咸阳、空港），继续扩建两大综合物流园区；新建 10 ~ 15 个大型现代化物流中心；综合改造、整合原有小型物流园区。

第二，在基础交通设施方面：①在航空运输设施方面，将建设西安咸阳国际门户枢纽机场，打造以全货机运输为重点的货运基地。打造西安咸阳国际机场“国际航空枢纽”地位，构建西安连接五大洲的客运航线网络和国际航空物流港。②在陆运设施方面，将拓展中欧班列“长安号”线路，加密往返班次，完善“两干多支两节点”（两干：西线、中线；多支：分支到莫斯科、汉堡、华沙等；两节点：西安枢纽、欧洲枢纽节点）国际铁路物流网络，同时新建 10 个大型货运场站。

第三，在配套设施方面，支持经济开发区建设丝路金融创新试验区和国际港务区，建设西部新金融产业示范高地，打造西部区域性金融中心、探索物流交易结算。最后预计建设商贸合作引进交流平台、人才交流平台、物流科技支持与研究平台、物流贸易数据研究平台等服务支持平台。

14. 3. 3 建设方案

（1）园区建设

第一，按照功能区划分建设作业区域。

从宏观来看，现代物流园区一般包括 8 个功能：综合功能、集约功能、信息交易功能、集中仓储功能、配送加工功能、多式联运功能、辅助服务功能、停车场功能。其中，综合功能是传统物流园区的主要功能，具体内容包括具有综合各种物流方式和物流形态的作用，可以全面处理储存、包装、装卸、流通加工、配送等作业方式以及不同作业方式之间的相互转换。根据传统功能物流园区主要建设模块，包括进货模块、仓储管理模块、流通加工模块、分拣集模块、发货模块、补货模块、退货模块以及物流配合作业模块八大功能区。

现代物流中心除传统八大功能外，还需依托自贸区建设，大数据、云计算、人工智能等科技发展物流系统设计、物流园区咨询以及物流技术开发等新功能。根据功能区的划分，在园区内部进行对应的作业区域划分。

西安各大物流园区的建设需在传统功能的基础上，进一步按照各自市场地位及发展规划进行定制化、个性化的园区内部功能的具体划分。这里的定制化依据主要包括两种类型：一是以物流园区自身的位置与开发合作模式为依据；二是以入驻的大型物流企业自身特色与发展战略为依据。

①以两大国家级物流园区为例。一是西安国际港务区物流园区。其以现有铁路、公路等运输手段为依托，以沿海国际港口合作为基础，在内陆形成海陆联运的聚集地和结合点。港务区形成以 B 型保税物流中心为核心的发展战略，故国际港务区不仅着重发展新筑物流具有普通物流园区的基本功能，还具有保税、仓储、海关、检验检疫、结汇银行、保险公司、船务市场及船运代理等国际港口所具有的多种功能。二是西安航空港经济综合实验区，预计占地 400 平方千米，在口岸通关、财税金融、土地管理、服务外包等方面享有国家政策支持；现有 0.36 平方千米的空港保税物流中心将拓展为 10 平方千米的综合保税区。同时，空港物流园区是以航空物流、航空维修与制造、航空总部经济等产业为主导，构建临空经济产业链。故空港新区除传统功能区以及现代配套外，还需增加“航空维修与制造配套功能区”。

②以龙头物流企业入驻为例。一是海航布局西安物流中心，发展以航空货运、物流仓储、冷链物流为基础的实体物流运营平台，为客户提供海陆空多式联运、仓运配、信息一体化解决方案，构建高效物流运输网络，

打造专业第三方物流服务商。年新增飞机数量不低于 10 架，年新增国内外航线不少于 20 条，新增货站不少于 10 个；机场管理方面计划年内管理输出或投资控股的机场数目不低于 10 个；且目前正在抢占技术高点，与 IBM、亚马逊、Google 等科技巨头深入沟通全面对接，洽谈人工智能、量子计算、区块链等尖端技术在物流领域的应用，实现供应链控制塔的上线，并完成智能机场、智能仓储、智能货站样板的落地。因此，物流园区功能区中应包括“协调中心”“科技合作中心”及“供应链控制中心”。二是京东布局西安物流中心，依托大数据和人工智能的深入应用，使其在仓储布局、拣货路径优化、智能排产、路网规划、动态路由规划等领域显著提升了效率。无人仓、无人机、无人车组成的智慧物流更是智能化商业版图中的关键环节，提升全社会的物流效率。因此，该物流园区功能区还应包括“无人机技术研发中心”重点研制载重 200 ~ 2000 公斤、半径超过 500 千米的支线级中大型无人机。三是圆通布局西安，成为又一家民营快递企业，开始仿效美国联邦快递的枢纽中转形式，建设自己的航空货运网络。圆通在西安物流中心不仅围绕航空物流枢纽，更将圆通承接的“物流信息互通共享技术及应用国家工程实验室”的部分核心模块，以及智能设备研发等项目聚集到西安。因此，该物流园区功能区还应包括“物流信息共享建设区”。

第二，按照商品类别划分作业流程线。

从微观来看，由于不同商品在周转率、特性以及面对客户群体方面存在差异，因此各商品在物流园区内部的作业流程是不同的。建设现代化物流园区需要对不同类别商品进行差异化分析，从而找出同种类别商品的最优作业流程，继而简化物流园区建设过程中不必要的计算及设置，为功能区划分、功能区营运能力评估、功能区联动性综合管理提供分析依据。

①按照商品的周转率划分主要包括三种商品类型。一是周转率最高，在物流园区停留时间最短的直接转运型商品，这类商品流程简易，仅涉及进货、验收、装配、送货几个主要物流功能。因此，建设时应建设为全自动化“无人机分拣功能区”。二是周转率较高，在物流园区停留时间较短

的配送型商品，这类商品主要包括生鲜等食品，一般不设置存储区，而使用现代化移动仓储系统。因此，园区内应配备移动仓储机器人以及相关技术支持功能区。三是周转率较低，在物流园区停留时间较长的储存型商品，如粮食等。这类商品流动性较低，需要大规模仓储系统。因此，园区内部应建设例如智远 SSERP 智能化仓储物流应用系统等“智能化仓储及支持功能区”。

②按照商品的生产性质划分为两种类型。一是无加工过程的生产资料产品，这些产品可以直接进入消费领域，主要包括日用品、食品、能源类等。此类产品需要专用的工具或设备，应通过与大数据、云计算的结合，做到数据流、信息流合一。进而在需求端做到实时反应，在园区内建立无车承运平台、智慧供应链、移动仓储及新能源智能物流车等功能区。二是需要加工的生产资料商品，这些产品根据种类与需求量的不同，包括部分食品、半成品以及能源化工等需要初级加工的产品。这类商品的作业流程较为复杂，涉及传统物流园区的各个环节，主要包括：进货—验收—卸载—加工—存储—分拣—装配—送货。因此，首先需要建立交易信息统筹中心，其次在验收、卸载、分拣、装配几大流程中需要人工智能处理中心，在存储过程中需要移动存储中心等功能区，以快速对接上下环节、节约作业线时间，提高物流效率。尤其对能源物联网的建设主要依托于 RFID 等技术、传感器技术、大数据技术等时下发展最迅速的新兴科技技术手段，对从生产到运输再到消费的各个阶段实行全面的控制和检测，提高效率，避免风险，减小损失，节约成本。

③根据商品下游客户的类型划分，一是根据物流范围划分为国际产品、国内产品、省际产品、市内产品四种类型。国际产品主要物流线路为航空物流，国内产品主要为“航空 + 高铁”物流，省际产品主要为“高铁 + 公路”物流，市内产品主要为“公路 + 轨道”物流。因此，以上客户类型应分别对应建立不同的物流作业路线、相应的物流出口交通线，通过园区的联动效应提高内部流转速度。二是根据消费终端划分为产业链下游产品、企业商用产品以及个人消费者产品。根据以上消费终端的不同需要

建立定制化物流服务，依托国际先进的供应链管理技术和服务方案，打造“数据 + 平台 + 仓储 + 运力 + 服务”的供应链服务生态体系。

（2）配套设施建设

第一，基础设施建设。

西安建设全国物流中心主要依托于基础设施的建设，从航空层面，增加国际航线的建设；从铁路层面，形成衔接 8 条高铁、7 条普速铁路和 4 条城际铁路，共 11 个方向的大型环形放射状铁路枢纽。在机场、高铁与城市轨道交通之间发挥快速衔接、快进快出的作用，完成高铁物流与空中物流相互衔接，增加 2 条城际铁路市域快线，东西向快线长度为 46 千米，南北向快线长度为 67 千米。轨道交通线网由市区线和市域线两大部分组成，共有 23 条轨道交通线路，其主体网络形态呈棋盘放射型结构，线网总规模为 986 千米。最终形成对外“米”字形国家高铁枢纽、对内环线完善的大交通新格局。

第二，配套工程及服务建设。

①配套基建。在物流园区周边进行水、电、路、通信设施和多式联运设施建设。水、路、电符合基本规划。在通信设施建设中，按照园区面积与规模建设网络基站与大型交换服务机。

②维修维护。建立航空、铁路、公路、轨道等就近维护网点。同时，对高精密、高技术设备引进国内外先进维修维护企业，做到专业支持、放心支持。在东航和法国赛峰起落架系统公司合资的西安东航赛峰起落架系统维修有限公司落户，国际知名的民用单通道窄体客机起落架深度维修企业带动的基础上，继续引进国内外强大的维修维护设备企业，且在园区内部建立维修与沟通中心，保障园区的有序运行。

（3）支持与研究平台

①技术支持。为发展现代“互联网 + 物流”模式，需要先进的新兴技术支持。建立现代物流技术研究平台，在京东无人机，天猫菜鸟智慧物流系统，申通自动分拣机器人，亚马逊“Amazon Prime Air”项目无人机临时停靠点的技术新专利，DHL 物流链无人直升机，劳斯莱斯遥控器控制的集

装箱船，谷歌新版具有无缆绳、自我导航、目标识别机器人 Atlas 等人工智能风暴中迅速适应科技步伐，随时更新物流体系。

②数据支持。数据在变革车货匹配、运输线路分析、销售预测与库存、设备修理预测、供应链协同管理等方面发挥着潜移默化的作用，影响着物流中心的发展。因此，与西安已有大数据中心合作，建立贸易数据一体化平台、实时研究反馈贸易数据是定制化物流时代的重要支持。

③人才支持。物流、无人机、人工智能、大数据、互联网、金融等专业性人才储备是西安建设全国物流中心的重要保障。要依靠城市面貌和发展环境的改善、人才引入及支持新政，提升城市竞争力，加强高校人才引入机制，为国内外学子、企业和西商回归创业提供广阔空间。

④金融服务。与西安已有金融“金三角”紧密合作，同时建设经济开发区丝路金融创新试验区和国际港务区西部新金融产业示范高地，在物流园区内设立物流交易结算中心以及相关金融合作平台，为园区建设“物流 + 现金流”的现代物流发展模式提供保障。

参考文献

[1]洪银兴. 准确认识供给侧结构性改革的目标和任务[J]. 中国工业经济,2016(6).

[2]林兆木. 坚持以供给侧结构性改革为主线[J]. 新湘评论,2019(5).

[3]任保平. 供给侧改革与需求管理相结合的经济增长路径[J]. 甘肃社会科学,2016(4).

[4]叶初升,方林肖. 供给侧结构性改革的增长效应:潜在经济增长率的视角[J]. 社会科学战线,2019(8).

[5]周密,刘秉镰. 供给侧结构性改革为什么是必由之路?——中国式产能过剩的经济学解释[J]. 经济研究,2017,52(2).

[6]陈佳贵,黄群慧,钟宏武. 中国地区工业化进程的综合评价和特征分析[J]. 经济研究,2006(6).

[7]付保宗. 当前我国工业转型升级的进展、障碍与对策[J]. 经济纵横,2016(3).

[8]魏后凯,王颂吉. 中国"过度去工业化"现象剖析与理论反思[J]. 中国工业经济,2019(1).

[9]杨红梅. 试论科技创新对工业经济的支撑作用:以江苏省海安县为例[J]. 中国集体经济,2018(24).

[10]2018 年地方国资国企改革分析报告[R]. 国务院国有资产监督管理委员会,2018.

[11]钱贞,王倩. 直面陕西国有企业困境 探寻健康成长新路径[J]. 商场现代化,2017(15).

[12]张永军,张静．国企改革进入新的提速期:陕西国有企业改革成效综述[J]．西部大开发,2017(10).

[13]董帆,李艳花．国企改革“三供一业”分离移交研究:以陕西有色集团为例[J]．广西质量监督导报,2019(6).

[14]任宗哲．陕西经济发展报告(2018)［M］．北京:社会科学文献出版社,2018.

[15]刘琦,李宝怀．工业化、人口转型与农民收入增长的关系:以陕西省为例[J]．贵州农业科学,2018,46(9).

[16]关于实施乡村振兴战略的实施意见[R]．中共陕西省委陕西省人民政府, 2018.

[17] 关于抓好“三农”领域重点工作确保如期实现全面小康的意见[R]．中共中央国务院, 2020.

[18] 何爱平, 李清华．新中国成立70年来我国城乡居民收入差距历史变迁与未来展望[J]．经济纵横, 2019(10).

[19] 洪银兴, 刘伟, 高培勇, 金碚．“习近平新时代中国特色社会主义经济思想”笔谈[J]．中国社会科学, 2018(9).

[20] 黄少安．改革开放40年中国农村发展战略的阶段性演变及其理论总结[J]．经济研究, 2018(12).

[21] 陕西乡村振兴战略发展路径研究[R]．陕西省统计局, 2018.

[22] 闫周府, 吴方卫．从二元分割走向融合发展:乡村振兴评价指标体系研究[J]．经济学家, 2019(6).

[23] 张可心, 刘科伟, 程永辉, 赵丹．乡村振兴的理论逻辑及发展重点研究:以陕西关中地区为例[J]．中国农业资源与区划, 2019(3).

[24] 张挺, 李闽榕, 徐艳梅．乡村振兴评价指标体系构建与实证研究[J]．管理世界, 2018(8).

[25] 杜琦, 姚波．陕西省民营经济发展的度量及路径选择[J]．经济纵横, 2008(7).

[26] 杜琦, 姚波．提升陕西省民营经济竞争力的对策[J]．统计与决策, 2008(18).

[27] 范维."一带一路"建设驱动陕西民营经济发展的路径研究[J]. 经济研究导刊, 2018(3).

[28] 剧宁. 民营经济创新发展方略[J]. 开放导报, 2019(6).

[29] 王力涛,葛敏,等. 2013 年西北地区民营经济发展报告[R]. 中国民营经济发展报告 No. 11(2013—2014), 2015.

[30] 王胜利, 高鹤. 陕西省民营经济转型升级试验状况分析:以府谷县为例[J]. 商业经济, 2018(4).

[31 习近平. 在民营企业座谈会上的讲话[M]. 北京:人民出版社, 2018.

[32] 杨新铭. 促进民营经济发展的政策选择[J]. 学习与探索, 2019(11).

[33] 中共陕西省委 陕西省人民政府关于推动民营经济高质量发展的若干意见[EB/OL]. 工业和信息化部,2019 - 09 - 23. http://www.miit. gov. cn/newweb/n1146285/n1146352/n3054355/n3057527/n7407498/c74365 29/content. html.

[34]中共中央国务院关于营造更好发展环境支持民营企业改革的意见[N]. 经济日报, 2019 - 12 - 22.

[35] 曹虹剑, 张建英, 刘丹. 模块化分工、协同与技术创新:基于战略性新兴产业的研究[J]. 中国软科学, 2015(7).

[36] 储德银, 杨姗, 宋根苗. 财政补贴、税收优惠与战略性新兴产业创新投入[J]. 财贸研究, 2016, 27(5).

[37] 贺正楚, 吴艳, 蒋佳林, 陈一鸣. 生产服务业与战略性新兴产业互动与融合关系的推演、评价及测度[J]. 中国软科学, 2013(5).

[38] 黄海霞, 张治河. 基于 DEA 模型的我国战略性新兴产业科技资源配置效率研究[J]. 中国软科学, 2015(1).

[39] 黄先海, 张胜利. 中国战略性新兴产业的发展路径选择:大国市场诱致[J]. 中国工业经济, 2019(11).

[40] 霍国庆, 李捷, 王少永. 我国战略性新兴产业战略效应的实证研究[J]. 中国软科学, 2017(1).

[41] 李晓华, 刘峰. 产业生态系统与战略性新兴产业发展[J]. 中国工业经济, 2013(3).

[42] 林学军．战略性新兴产业的发展与形成模式研究[J]．中国软科学，2012(2)．

[43] 刘亭立，蔡娇娇，杨松令．市场竞争会驱动过度投资吗？——基于战略性新兴产业的经验证据[J]．管理评论，2019，31(12)．

[44] 薛伟贤，田鹏，孙姝羽．战略性新兴产业技术供需协同研究：以陕西为例[J]．科研管理，2016，37(S1)．

后　记

“十三五”时期既是陕西践行习近平总书记“五个必须”要求，推进实现追赶超越的关键期，也是陕西经济社会取得长足进步的五年。2020年，既是“十三五”的收官之年，也是“十四五”的开局之年。如何全面总结“十三五”、科学展望“十四五”是当前极具现实意义的重要课题。《陕西宏观经济发展报告2020：面向“十四五”时期的陕西经济》的研究框架正是基于这样一个大的宏观背景，旨在深入探讨“‘十四五’陕西经济发展展望”，为政府有关部门的相关决策提供数据支持和政策建议。本报告是《陕西宏观经济发展报告》年度系列报告的第4本，每部报告我们均基于上一年度陕西宏观经济发展过程中的重大战略问题展开深入研究，充分发挥高校的智库作用。

本报告由我选定报告主题，拟定报告大纲初稿，之后经过讨论完善大纲。报告大纲确定后，经过多次务虚讨论，形成各章节的基本研究内容，之后由我和吴振磊组织西北大学经济管理学院部分师生，分工进行撰写。报告的具体分工如下：第1章，任保平；第2章，任保平、郭晗、李梦欣；第3章，任保平、王思琛、张倩、张星星、何苗、宋雪纯；第4章，任保平、李辉、师博、郭晗；第5章，任保平、李辉、师博、郭晗；第6章，葛鹏飞、吴振磊；第7章，翁宇雷；第8章，张莉；第9章，岳利萍；第10章，李林阳；第11章，史贝贝；第12章，茹少峰、蒋晚珍；第13章，任保平；第14章，任保平、郭晗、李梦欣。各章初稿完成后，我和吴振磊教授进行了最初的统稿，最后统一由我加工润色。

在报告的撰写过程中，西北大学校长郭立宏教授经常关心本报告的进度，在百忙之中为本书作序。同时感谢陕西省委常委卢建军秘书长，陕西省发展和改革委员会张晓光主任、刘迎军副主任、李雄斌副主任，陕西省人民政府研究室杨三省主任，陕西省文化和旅游厅任宗哲厅长，陕西省发展和改革委员会规划处徐田江处长，陕西省委宣传部理论处何军处长，西北大学经管学院杜勇书记、马莉莉副院长，西北大学发展规划与学科建设处汪涛处长，实验室处李剑利处长，社科处马朝琦处长、李丰庆副处长的关心与支持。学术界的一些师长和朋友也经常给予鼓励和支持。

本报告得到西北大学“双一流”建设项目、陕西省宏观经济研究院年度报告项目、陕西省宏观经济软科学研究基地项目、教育部人文社科重点研究基地——中国西部经济发展研究中心项目、陕西省哲学社会科学重点研究基地——陕西省宏观经济与经济增长质量协同创新中心项目等支持，在此表示感谢。恳请学术界和实际工作部门不吝指教，以使我们研究报告的质量进一步提升。

任保平

2020 年 2 月 9 日于西北大学长安校区